자녀 양육, 그 고귀한 부르심

영적인 어머니의 가치관, 비전, 그리고 성품

진 플레밍

TO KNOW CHRIST AND TO MAKE HIM KNOWN

네비게이토 선교회는
국제적이며 복음적인 기독교 기관이다.
예수 그리스도께서는 자기를 따르는 자들에게
"너희는 가서 모든 족속으로 제자를 삼으라"
(마태복음 28:19)는 지상사명을 주셨다.
네비게이토 선교회는 세계 모든 국가에서
예수 그리스도의 일꾼들을 배가시켜
이 지상사명의 성취를 돕는 것을
근본 목표로 하고 있다.

네비게이토 출판사는
네비게이토 선교회의 문서 선교를 담당하고 있다.
본 출판사에서는 그리스도인의 영적 성장을 돕는
서적과 자료들을 출판하여,
그리스도인의 삶의 기초가 견고한
헌신된 제자로 성장하게 하고,
나아가 성숙한 인격과 지도력을 갖춘
일꾼이 되도록 돕고 있다.

A MOTHER'S HEART

JEAN FLEMING

Translated by permission.
Title originally published in English as
A MOTHER'S HEART
by NavPress, a ministry of The Navigators, USA.
ⓒ 1982 by Jean Fleming.
Revised edition ⓒ 1996 by Jean Fleming.
All rights reserved.
Korean Copyright ⓒ 2004 by Korea NavPress.

나를 지금과 같은 어머니가 되도록
도와준 남편과 우리 세 자녀에게,
그리고 나를 키워 주신 어머니께
이 책을 드립니다.

차 례

추천의 말 11
머리말 13
개정판을 내면서 17
 1. 어머니로 부르심을 받다 19
 2. 자녀 양육을 위한 비전 31
 3. 올바른 가치관 51
 4. 시작은 당신 자신으로부터 75
 5. 하나님의 몫과 나의 몫 89
 6. 하나님과 보조를 맞춤 101
 7. 자녀를 위한 기도 129
 8. "엄마, 날 사랑해?" 151
 9. 집에서 가르치기 171
10. 징계와 훈련 195
11. 뿌리와 날개 213
12. 모든 환경을 다스리시는 하나님 231
13. 자녀 양육-두려움이 아니라 믿음으로 241

저자 소개

저자는 남편 로저 플레밍과 함께 네비게이토 선교사로서 한국과 일본과 미국에서 주님을 섬겼으며, 제자삼는 사역에 평생을 드리고 있습니다.

저자는 'Quiet Time으로의 초대'(네비게이토 출판사 간)를 비롯하여 여러 책을 저술하였으며, 세계 각처의 수양회 등에서 말씀을 전하고 있습니다.

추천의 말

저자를 처음으로 만난 것은 한 수양회에서였습니다. 당시 그의 가족은 한국에서 선교 사역을 마치고 이제는 일본에서 선교하기 위해 곧 임지로 떠날 무렵이었습니다. 아장아장 걷는 단계였던 아들 매슈는 그의 치맛자락을 붙잡고 있었고, 젖먹이인 베스는 팔에 안겨 있었습니다. 많은 사람들이 이 사랑하는 선교사 자매와 이야기를 나누고 싶어서 주위에 몰려들었습니다. 그는 멀리 떠나 있어서 오랜만에 만났는데, 이제 또다시 헤어져 먼 나라로 떠날 예정이었습니다.

저자는 이 사람 저 사람과 은혜롭게 이야기를 나누고 있는 중에도 아이들을 귀찮게 여기지 않았을 뿐 아니라 끊임없이 관심을 쏟고 있었습니다. 아이들도 그것을 분명히 느끼고 있었습니다. 오히려 그 아이들은 저자의 관심의 초점이었으며, 저자는 친구들을 자기 가족들 속으로 다정하게 이끌어 들여 함께 대화를 나누고 있었습니다.

몇 년 후 플레밍 부부는 해외 선교지에서 돌아왔고 한동안 우리와 가까운 곳에서 살았습니다. 그 사이에 둘째 아들 그레이엄이 태어나서 그 가족의 일원이 되어 있었습니다. 나는 저자를 만날 수 있는 기회가 많았던 덕분에 그가 아이들을 키우는 것을 지켜볼 수 있었습니다. 저자한테서 배운 바는, 시간을 들여 각 자녀의 장점과 필요를 파악한 후, 계획을 세워서 장점을 발전시켜 주고 필요를 채워 주는 것이 중요하다는 것이었습니다. 저자는 격려와 자극을 통해 자녀들을 신체적인 면과 예술적인 면과 사회적인 면에서 계발시켜 주고 있었으며, 나는 이를 눈여겨보았습니다.

가정생활에 유머와 재미와 '깜짝 놀라게 하기'라는 요소를 더함으로써 저자는 자녀 양육을 한층 더 효과적으로 하고 있었습니다. 그의 집은 재미가 있고 즐거움이 있는 곳입니다.

플레밍 부부는 아이들을 위해 창의적인 계획을 짤 뿐만 아니라, 늘 자녀들을 위해 기도하며 부모 된 자신들을 위해서도 기도합니다. 진지한 마음으로 그들은 자녀들이란 하나님께서 자신들에게 맡겨 주신 것이라고 여기고 있습니다.

자녀 양육에 관한 자신의 풍부한 경험과 다른 사람들의 연구 결과를 토대로 하여, 저자는 자녀 양육에 진정한 관심이 있는 부모들에게 동기를 부여해 주고 여러 가지 실제적인 제안도 하고 있습니다. 본서에서는 동기 부여와 실제적인 제안, 이 두 가지가 균형을 잘 이루고 있습니다.

저자는 자녀 양육에 헌신하는 삶으로 여러분을 초대하고 있습니다. 내가 아이들을 키울 때 이 책이 있었다면 얼마나 좋았을까 하는 생각이 듭니다. 여러분은 아마 이 책을 몇 번이고 들춰보면서 자녀 양육에 필요한 도움을 받고, 아이디어를 얻고, 격려를 받게 될 것입니다.

1982년에

메리 화이트

머리말

아이를 키우는 것에 대해 조언하고 있는 것을 들어 보면 혼란스러울 때가 자주 있고, 우스꽝스러울 때도 가끔 있으며, 불합리하게 느껴질 때도 더러 있지만, 항상 흥미롭습니다.

대개는 점심 먹고 나서 잠시 낮잠을 재우는 것이 가장 좋다. 점심 식사가 끝나면, 부드럽고, 기분 좋고, 확신이 있는 말투요, 단호하면서도 거칠지 않고, 힘이 있으면서도 강압적이지 않고, 조용하면서도 잘 들릴 수 있을 말투로 "이제 낮잠 잘 시간이지"라고 말하라. 계속 그런 식으로 잘 해 왔다면, 모든 아이는 아니라도 대부분의 아이, 항상은 아니라도 대개는, 군말 않고 침대로 갈 것이다. (자녀 양육에 관한 글에서)

날마다 아이에게 매질을 하라. 매를 맞을 만한 어떤 일을 했는지 당신은 몰라도 그 애는 알 것이다. (옛날 격언)

곧장 가서 아이가 뭘 하는지 보고, "하지 마"라고 하면 돼. (어떤 만화에서.)

이런 조언은 아이를 키우다가 이미 좌절감을 맛보고 있는 어머니들에게는 별로 도움이 되지 않습니다. 우리는 자신의 생각을 구체화하는 데 도움이 되는 정보를 원하며, 자녀들을 더 잘 훈련하는 방법에 관한 실제적인 제안을 원하고 있습니다.

완벽한 아버지인 하나님께도 반항적이고 예측할 수가 없는 자녀들이 있었습니다. "내가 자식을 양육하였거늘 그들이 나를 거역하였도다"(이사야 1:2).

이러한 사실을 곰곰 생각하면서 깨달은 것이 있는데, 그것은 비록 부모들이 자녀 양육이라는 하나님께서 주신 책임을 가지고 있기는 하나 각 자녀가 결국 어떤 사람이 되는가에 대해 전적인 책임을 질 수는 없다는 사실입니다. 오히려 부모 된 우리의 목표는 자녀들이 잘 성숙해 가도록 돕는 것입니다. 우리 자녀들이 인생에서 어떤 길로 나아갈지는 궁극적으로 그들 자신이 결정해야 하기 때문입니다.

우리가 자녀 양육에 관한 뛰어난 기술을 터득한다고 해서 우리 자녀들이 현재나 장래의 삶에서 하나님과 우리 보기에 흡족한 선택만 하는 것은 아닙니다.

이 책에서는 말씀에서 보여 주는 몇 가지 원리에 대해 토의하고, 자녀들을 가르치는 데 관한 몇 가지 의견들을 나누며, 이러한 진리들을 실제적인 예를 통해 설명해 나가려고 합니다. 여기서 소개하는 실례나 제안을 대할 때 명심하여야 할 것이 있습니다. 내가 그러한 것을 소개하는 목적은 당신이 그대로 하도록 하려는 것이 아니라 당신의 생각을 자극하기 위한 것입니다.

똑같은 가정은 없으며, 똑같아야 하는 것도 아닙니다. 각 가정의 생활양식은 부모의 확신과 가치관과 개성을 반영해야 합니다. 성경에 나와 있는 원리들은 우리 모두에게 똑같이 해당되지만 그 원리들을 매일의 삶에서 실행하고 적용하는 방법은 다를 것입니다.

그러므로 본서에 나와 있는 원리와 실제적인 제안들을 공부해 나갈 때, 그 원리와 제안들에 대해 곰곰이 생각해 보며 부부가 함께 토의해 보십시오. 그리고 어떻게 이 원리들과 아이디어들을 가정생활에 적용하기 원하시는지 하나님께 여쭤 보십시오. 그것이 가장 중요합니다.

이 책은 주로 어머니들을 대상으로 씌어졌으며, 아직도 배우고 있는 한 어머니, 때로 힘들어하기도 하는 한 어머니의 마음속에 있는 생각들을 담고 있습니다. 그러나 어머니들만을 대상으로 했다는 것이 자녀 양육에 대해 어머니들에게만 책임이 있다거나 어머니가 더 중요한 역할을 감당한다는 의미는 아닙니다. 아버지가 하는 역할 또한 중요하며 똑같이 강조되어야 합니다.

본서에 나의 남편 로저에 관한 이야기가 자주 나옵니다. 사랑 가운데 발휘되고 있는 그의 리더십은 우리 가족에게 절대적인 영향을 미치고 있기 때문입니다. 그런 까닭에 아버지들이 이 책을 읽는다면 무척 반길 만한 일입니다. 부부가 함께 본서를 읽기를 권장합니다. 그럼에도 내가 책을 쓸 때 주로 염두에 둔 것은 어머니들입니다.

말라기 4:6에서 하나님께서는 훗날 세례 요한이 할 일에 대해 이렇게 말씀하셨습니다. "그가 아비의 마음을 자녀에게로 돌이키게 하고 자녀들의 마음을 그들의 아비에게로 돌이키게 하리라."

하나님께서 이 책을 사용하셔서 어머니들의 마음을 자녀들에게로 돌이켜 주시길 기도합니다.

1982년에

진 플레밍

개정판을 내면서

이 책의 초판이 나온 지도 15년이 흘렀습니다. 나는 멈춰 서서 고개를 돌려 어깨 너머로 지난날을 돌아봅니다. 나 자신의 어린 시절, 그리고 어머니로서 살아온 세월들을 돌아보는 것입니다. 다시 고개를 돌려 앞에 펼쳐지고 있는 미래를 바라봅니다. 현시점이라는 이 고갯마루에서 앞을 내다보면, 우리 자녀들이 어른으로 성장하고, 손자 손녀들이 태어나 한 살 또 한 살 먹어 가며, 언젠가는 그들 또한 자녀를 낳아 키우는 것이 눈에 선히 보이는 듯합니다.

옛날을 생각해 보면 시대가 바뀌고 있음을 압니다. (우리 어머니의 말에 따르면, 내가 아기였을 때 엄마는 낮잠을 재운다며 나를 바깥에 내놓았는데 추운 날씨에도 그렇게 했고, 생후 6개월에 벌써 아기용 변기를 사용하는 훈련을 시켰다고 합니다.) 어떤 독자들은 이 책이 시대에 뒤떨어졌을 것으로 생각할지 모릅니다. 그러나 이 책을 살펴보면, 15년이나 흘렀어도 당시에 쓴 모든 내용이 지금도 여전히 나의 생각을 잘 대변하고 있습니다.

개정판을 내면서 13장을 추가했고, 여러 부분에서 최신 정보로 바꾸었으며, 빼거나 추가하거나 다시 쓴 부분도 있습니다. 그리고 각 장의 끝에는 질문을 추가하여 개인적인 묵상이나 다른 사람과 토의를 하는 데 도움이 되도록 했습니다. 그런 식으로 좀 바꾸기는 했지만 기본적인 취지나 내용은 크게 달라지지 않았습니다.

겸손한 마음으로 이 책을 다음 세대의 어머니들에게 전달하고자 합니다. 그들 또한 지난 세대의 어머니들처럼 그들 나름의 양육법을 터득해 가야 합니다. 아이를 키우는 것은 창의적인 예술이며, 그 방법은 어머니들 각자가 선택해야 합니다. 한편 자녀 양육은 완전히 백지 상태에서 발전시키거나 실행해 온 예술이 아닙니다. 각 세대의 어머니들은 그 뒤를 잇는 어머니들에게 모델이 되며, 그 어머니들에게 부르심과 해야 할 일이 무엇인지를 어느 정도 보여 줍니다. 각 어머니들은 다음 세대의 어머니들에게 말합니다. 어머니들마다 다음 세대들에게 유산을 남깁니다.

이 책이 오늘날의 여성들에게 자녀 양육이 갖는 크나큰 의미를 깨닫게 하는 데 도움이 되기를 기도합니다. 이 책에서 나는 그 어떠한 약속도 하지 않습니다. 그 어떤 방법의 효과에 대해 장담하지도 않습니다. 결코 실패하는 일이 없는 무슨 양육 비법을 가르치지도 않습니다. 내가 나누는 내용은 나 자신이 이상적으로 생각하는 것이요, 실패를 통해서나 진지한 노력을 통해서 배운 것이요, '하나님께서 집을 세우지 않으시면 나의 수고는 헛되다'라는 견고한 확신에서 나온 것들입니다.

이 책은 일종의 '유산'이며 내가 다음 세대에 물려주고 싶은 것입니다. 하나님께서는 전 역사를 통해 늘 어머니들을 이끌어 주셨던 것처럼 이 세대의 어머니들에게도 충분한 도움을 주시리라 믿습니다. 이러한 확신을 가지고 다음 세대의 어머니들에게 횃불을 전달합니다.

1996년에
진 플레밍

제1장
어머니로 부르심을 받다

종이 울리면서 유치원의 오전반 수업이 끝납니다. 다섯 살짜리 남자 아이 하나가 혼자서 텅 빈 아파트로 돌아갑니다. 쿠키와 콘칩으로 점심을 때우고 텔레비전을 켜더니 엄마가 일터에서 돌아오는 다섯 시 반까지 계속 텔레비전 앞에 붙어 있습니다.

* * *

옷을 잘 차려 입은 젊은 부부가 응급실에서 네 살짜리 아들 곁에 서 있는데 그 아이는 거의 의식 불명 상태입니다. 그 부모는 의사에게 아이가 벽난로에 넘어졌다고 했습니다. 실제로는 그 애 팔에 신문지를 감아서 불을 붙였던 것입니다. 아동 학대를 한 것입니다.

* * *

창백한 얼굴에 깡마른 체구인 십대 소녀가 자꾸 만져서 너덜너덜해진 화장지를 손가락에 감았다가 풀었다 하며 초조해하고 있습니다. 그 소녀는 긴장으로 몸이 굳어진 채 의사를 만나려고 기다리고 있는 중입니다. 열네 살의 나이에 낙태 수술을 받기 위해서입니다.

* * *

명랑하기도 한 열한 살짜리 꼬마가 책 정리를 하려고 책을 한 아름 안고 엄마 아빠의 침실 앞을 지나가다가 잠시 멈춰 섰는데 엄마 소리가 들렸습니다. "더 이상 집 안에 처박혀 있기 싫어요. 당신과 애들이 내 삶을 좌지우지하는 데 진저리가 났어요. 이 집구석에서 벗어나고 싶어요. 아이들은 당신이 데리고 있든지, 그게 싫으면 당신 어머니한테 보내든지, 아니면 애들을 데리고 있을 다른 사람을 구하든지 좋을 대로 하세요."

* * *

여덟 살 때부터 그 아이는 혼자서 모든 것을 해결했습니다. 부모와 같은 집에서만 살 뿐 사실상 내팽개쳐져 있었습니다. 그 애는 자기가 자명종을 맞추고, 음식도 자기가 만들어 먹고, 빨래도 자기가 했습니다.

이제 열일곱 살이 된 그 아이는 여자 친구를 집으로 데려옵니다. 엄마가 방 하나를 가리키며 "그 애를 저 방에 재워라. 너는 네 방에서 자고."

그러자 엄마를 노려보며 대꾸합니다. "나에게 엄마가 필요할 때 엄마는 어디 있었어요? 간섭 마세요. 내가 알아서 할 거야."

* * *

어머니들이여, 모든 집에 다 문제가 없는 건 아닙니다. 애석한 일이지만 앞에서 소개한 것들은 실화이며, 그런 일은 날마다 일어나고 있습니다. 남의 집에서 거두고 있는 열매를 바꾸기 위해서 우리가 할 수 있는 일은 별로 없을 것입니다. 하지만 이러한 비극적 이야기를 들을 때에 어머니로서 우리 자신의 태도와 행동을 살펴보는 것은 지혜로운 일입니다.

아이 키우는 일을 경시하거나 아동 학대를 하는 사람의 밑바닥에 깔려 있는 태도가 당신의 자녀 양육에도 슬그머니 자리를 잡았을지 모릅니다. 당신은 자녀를 학대하거나 거리로 내쫓은 적이 한 번도 없고, 먹이고 입히지 못한 적도 없을지 모릅니다. 그러나 이 시대에 널리 퍼져 있는 생각이 당신의 자녀 양육에도 영향을 끼쳐 왔을지 모릅니다. 그리하여 자기중심적 생각에 빠지거나, 자녀 양육에 헌신하지 않거나, 자주 집을 비우거나, 당신 자신의 이익과 관심사에만 온통 사로잡혀 있을 수 있습니다.

당신 집은 모든 것이 제대로 돌아가고 있습니까?

좋은 어머니가 되기 원하는 어머니들

이 글을 쓰고 있을 때 한 가지 사실이 확신 있게 다가오는데, 거의 예외 없이 '모든' 어머니들은 아이들에게 좋은 엄마가 되기 원한다는 것입니다. 당신이 이 책을 읽고 있다는 것은 당신도 그런 사람임을 분명히 보여 줍니다. 그러나 점점 더 복잡다단해지고 있는 세상에서 아이 키우는 일은 결코 단순하거나 쉬운 일이 아닙니다. 자녀와의 관계에는 먹이고 입히고 보호해 주는 것 그 이상이 필요하다는 사실을 아는 어머니들에게는 그 일이 특히 어렵게 느껴집니다.

당신이 어머니라면 당신에게는 하나님께로 말미암은 부르심이 있습니다. 하나님께서는 한 생명을, 한 사람의 미래를, 장래 세계의 일부를 당신의 보살핌 아래 두십니다. 당신은 오늘날 우리가 당면한 문제를 심화시키는 데 한 몫을 담당할 수도 있고, 그 문제를 해결하는 데 한 몫을 담당할 수도 있습니다.

문제가 많은 사회

종교 지도자들뿐 아니라 정치가, 심리학자, 교육 전문가, 치안 담당자, 그리고 의학 전문가들도 가정에 대해 우려를 나타내고 있습니다. 그들은 하나같이, 요사이 겪고 있는 가정 문제는 성장 과정에서 제대로 필요를 채움받지 못한 젊은이들이 가정을 이룰 때면 한층 더 심각해질 것으로 예상하고 있습니다. 우리의 잘못된 태도가 고의적인 폭력으로 나타나든 아니면 고의성은 없는 무관심으로 나타나든 간에, 우리는 자녀들이 절실히 필요로 하고 있는 것을 채워 주지 못하고 있습니다.

가정만한 곳은 없다

비록 어떤 전문가들은 앞으로 더 많은 제도적 해결책을 강구하면 될 것으로 생각하고 있지만, 새롭게 이루어진 여러 연구 결과를 보면 아이들의 필요를 채우는 일에 관한 한 "가정만한 곳은 없다"라고 결론짓고 있습니다. 아이들의 권익을 대변하고 있는 한 단체는 연간 보고서의 서두를 가정의 중요성을 강조하는 것으로 시작하고 있습니다.

가정이 아동들의 건강한 성장에 꼭 필요하다는 데 대해 거의 모든 사람들이 동의하고 있다. 아동들에게는 자신이 필요한 존재라는 느낌과 용납받고 있다는 느낌이 필요하다는 것이 일반 통념이었는데, 전문가들과 조사 연구를 하는 사람들은 이 통념이 옳았다는 것을 입증하고 있다. 아동들은 친부모나 정신적인 부모와의 관계에서 지속성이 필요하고, 성장에 따른 여러 요구에 대처하기 위해 인도자가 필요하며, 세상에는 늘 의지할 곳이 하나 있다는 느낌을 갖는 것이 필요하다.[1]

주목할 만한 사실은 자녀들과 보내는 시간을 줄이고 있는 부모들이 점점 더 많아지고 있는 이때에 어머니 역할의 중요성은 점점 더 부각되고 있다는 것입니다.
어머니가 곁에 있는 것이 언제 특히 중요합니까? 어릴 때 가장 중요하다는 것이 정신과 의사이자 교수인 잭 라스킨스 박사의 생각입니다.

아이가 어릴 때 자기를 돌보는 사람들과 떨어지지 않고 가까이 붙어 있는 것이 열쇠이다. 너무 많은 시간 동안 떨어져 지내게 되면 아이의 인격에 평생 파괴적 영향을 미칠 수 있는 특성이 깊이 새겨지게 된다. 사람들은 청소년기의 약물 남용, 임신, 자살, 그리고 아이들이 빠져들고 있는 사교(邪敎) 집단 등에 관해 많이 듣고 있다. 그러나 그 모든 것의 뿌리는 같다. 그 뿌리란 우울증과 정서적인 상실감이다. 이것들은 어렸을 때 인격에 뿌리를 내리는데, 갓난아이 시절에 아이들 곁에 있어 주지 않고 애정 표현과 접촉을 충분히 해주지 않아 생긴다. 자기를 사랑해 주는 사람, 자기의 필요를 채워 주는 사람 곁에 있는 그것이 아이들의 인격의 기초를 놓는다.[2]

엄마가 집에 있는가?

경제적인 필요, 가사 노동의 따분함, 여성 운동의 영향 등으로 직장에 나가는 어머니들의 수가 점점 더 많아지고 있습니다. 매년 더 많은 어머니들이 일터에 나가는 쪽을 택하고 있으며, 취학 전의 자녀들을 다른 사람들의 손에 맡기고 있습니다.

메리 아인스워스 박사는 다음과 같이 말했습니다.

> 아이가 어린 시절에 부모의 보살핌을 잘 받는 것이 훗날의 정신적 건강에 지극히 중요하다는 사실이 점점 분명해졌다. 이는 정신 의학계에서 지난 25년간 이룩한 가장 중요한 진보 가운데 하나이다.[3]

유아기부터 학교에 들어갈 때까지 계속 엄마가 함께 있어 주는 것이 중요한데, 이는 아이의 첫 5년 동안에 그 어떤 시기보다 더 많은 학습이 이루어지기 때문입니다. 전문가들은 5세까지 아이들의 성품의 85퍼센트가 형성되고, 어린 시절에 어떻게 양육을 받았는지에 따라 아이의 지능지수가 최소한 20 정도는 영향을 받는다는 데 의견을 같이하고 있습니다.

초등학교 시절은 어떻습니까? 이 연령층의 아이들에 대한 어머니의 영향에 대해서는 사람들이 관심을 덜 기울이고 있지만, 그렇다고 이 시기의 자녀들의 필요를 분명히 알기 위해 향후 전문가들의 연구 결과가 나올 때까지 기다려야 합니까? 초등학교에 다니는 연령층은 친구들과 선생님들의 영향도 받게 되는데, 엄마가 함께 있어 주며 관심을 기울여야 다른 사람들의 영향을 분석하고, 강화해 주고, 맞서고, 조절해 줄 수가 있습니다.

　십대 자녀들의 경우에도 엄마 아빠가 함께해 줌으로써 계속 삶에 영향을 줄 수 있습니다. 하지만 최근의 연구 결과에 따르면 십대 자녀들의 삶에 가장 중요한 영향을 미치는 자로서의 위치를 부모들은 상실했습니다. 1960년대에는 십대들이 자신에게 가장 큰 영향을 미치는 사람으로 부모를 꼽았지만, 오늘날은 친구들이 가장 큰 영향을 미치는 자리에 있습니다.[4] 친구와 텔레비전과 음악과 컴퓨터가 오늘날의 십대들에게 영향력을 확대해 가고 있습니다.

　우리는 그 자리를 내놓기로 했습니까? 의식적으로든 아니든 우리는 다른 일에 관심을 쏟고 다른 목적을 이루는 데 더 힘을 쏟아 오지 않았습니까?

우리가 맡은 과업

하나님께서는 가정을 인간 발달에 가장 좋은 환경이 되도록 하셨습니다. 하나님의 계획 안에서 가정은 사랑과 안전이 있는 터전을 제공하며, 그곳에서 아이는 정서적으로, 지적으로, 신체적으로, 영적으로 자라나게 됩니다. 가정은 양육해 주고 가르치고 훈련해 주는 곳이 되어야 합니다.

　가정이라는 환경 속에서 아이는 '나는 누구이며, 주위 세상과 어떤 관련이 있는가'에 대해 처음으로 이해합니다. 그곳에서 아이는 하나님이 누구시며 어떻게 자신의 삶을 하나님과 하나님의 목적에 맞추는지도 배울 수 있습니다. 아이는 가정이라는 환경 속에서 가치관을 형성하고, 꿈을 키우고, 확신을 키우고, 목표를 설정하며, 건전한 판단과 결정을 내리는 법을 배우고, 어떻게 분별력을 가지고 삶을 바라보는지도 배웁니다. 또한 가정을 통해서, 아이는 서로 사랑하고 헌신하는 배우자가 된다는 것이 어떤 것이며, 사랑 많고 책임감 있는 부모가 된다는 것이 무엇을 의미하는지 그 나름의 견해를 갖게 됩니다. 부모가 이러한 필요들에 역점을 두어 돕지 못하면, 그 아이의 삶을 위해서도 사회를 위해서도 큰 손해를 끼치게 됩니다.

어머니 역할을 한다는 것이 쉽거나 단순하였던 적은 한 번도 없습니다. 각 시대를 사는 어머니들은 그 시대 특유의 어려움을 겪습니다. 이전에 어머니들은 전쟁으로 폐허가 된 땅에서, 전염병이 창궐하는 마을에서, 기근으로 굶주리는 난민 캠프에서, 또는 위험과 고난이 도사리고 있는 짐마차 속에서 자녀들을 길렀습니다. 지금 우리 앞에 있는 복잡한 일과 어려운 일들은 그들의 것과는 다릅니다. 그러나 그 어머니들처럼 우리도 자기 슬하의 자녀들을 어떻게 키울지 잘 알아야 합니다.

몇 년 전 한 젊은 어머니를 만났는데, 자기는 둘째 아이가 태어나고 난 후 직장을 그만두고 집에서 아이들을 돌보기로 결정했다고 했습니다. 그는 뜻은 좋았지만 막상 집에 있으려니 무엇을 해야 할지 감을 잡을 수 없었다고 했습니다. 또한 '집에서 애 키우는 엄마'가 되는 것은 자기처럼 지적이고 능력 있는 사람에게는 너무나 보잘것없는 일처럼 생각되기도 했습니다. 그때 어떤 사람의 권유로 이 책의 초판을 읽게 되었는데, 그 결과 자녀들의 삶에 기여해야 할 영역이 많고도 중요하다는 것을 알게 되었습니다. 이전에는 생각지도 못한 영역들이었습니다. 그는 "이제는 제가 그 일을 감당할 능력이 있는지 모르겠어요"라고 했습니다.

전심으로 함께하는 어머니

몸만 같이 있을 뿐 여전히 자녀들을 적극적으로 돌보지 않을 수가 있습니다. 집에 있기는 하나 온 마음으로 함께하지는 않을 수가 있습니다. 마음은 수만 리나 멀리 떨어져 있을 수 있고 당신의 에너지는 다른 일로 바닥이 날 수 있습니다. 당신의 관심은 온통 자신의 "할 일 목록"이나, 텔레비전 프로, 읽고 싶은 책, 집안 장식에 쏠려 있을 수 있고, 그 때문에 아이들의 필요에 대해서는 둔감할 수 있습니다. 너무 바쁘거나 다른 일에 마음이 빼앗겨서 아이들에게 중요한 영향을 미치지 못할 수가 있는 것입니다.

예수님께서는 요한복음 10장에서 선한 목자와 삯꾼의 차이를 보여 주십니다. 선한 목자는 자기 양들에게 깊은 관심을 기울이고 있습니다. 그는 기꺼이 양들을 위해 목숨을 버립니다. 양들은 자기 양이며, 그는 그 양들을 사랑합니다.

그러나 삯꾼의 태도는 너무나 다릅니다. 양들은 자기 양이 아닙니다. 양 떼를 돌보는 것은 한낱 일거리에 지나지 않습니다. 그래서 이리가 오면 양들을 버리고 도망갑니다. 그가 도망을 치는 것은 양들에게 별로 관심이 없기 때문입니다.

자녀들에 대한 헌신의 정도에서 우리는 선한 목자의 본을 따를 수도 있고 삯꾼의 본을 따를 수도 있습니다.

우리가 선한 목자라면 부지런히 자녀들을 보살필 것입니다. 모든 마음을 쏟아 사랑의 손길로 자녀들이 가장 잘되도록 도울 것이요, 어떤 대가를 치르든 개의치 않을 것입니다.

탁아소 사람이나 아이 봐주는 사람이나 유치원 교사들이 우리만큼 사랑으로 아이들을 돌봐 줄 것으로 기대할 수는 없습니다. 이는 당연한 일입니다. 자기 아이가 아니기 때문입니다. 하나님께서는 우리가 자녀들에 대한 책임을 지게 하십니다.

어머니로의 부르심

웹스터 사전에 보면 '부르심'이란 '신성한 직분, 또는 특정 행동 과정을 밟게 하는 강한 내적 촉구'를 의미한다고 되어 있습니다.

어머니들이 반드시 응답해야 할 부르심은, 자기 아이의 어머니가 '되고,' 자기 아이를 위해 어머니의 일을 '하라'는 것입니다. 당신 자녀의 어머니 역할은 그 누구도 대신할 수 없습니다. 어머니들은 다른 일을 해서는 안 된다는 말은 아니지만, 만약 어머니로의 부르심을 거부하게 되면 자녀들은 결국 필요를 다 채움받지 못한 채 자라게 됩니다. 어머니가 남긴 빈자리는 여러 대에 걸쳐 영향을 미칩니다.

물론 어머니들이 모든 사회악의 원인도 아니요, 나라를 구하는 것이 어머니들에게 달려 있는 것도 아닙니다. 하지만 분명한 것은 앞으로 이 사회가 어떻게 되느냐는 우리 슬하에 있는 자녀들에게 우리가 어떻게 하느냐에 따라 상당히 영향을 받는다는 사실입니다. 어머니로의 부르심, 이보다 더 하나님께 중요하고 더 하나님을 영화롭게 할 수 있는 부르심이 있을까요?

하나님께서는 우리가 어머니로서의 직분에 높은 수준의 헌신을 하며, 분명한 비전과 더불어 성경적 가치관에서 비롯된 바른 시야를 갖기 원하십니다. 당신은 하나님의 부르심에 응하겠습니까?

✱ 묵상과 토의를 위한 질문 ✱

1. 당신은 어머니로 부르심을 받았습니다. 이 사실을 생각하면서 당신이 할 일을 설명해 보십시오.
2. 아마 당신은 전쟁으로 폐허가 된 땅이나 난민 캠프에서 자녀를 기르고 있지는 않을 것입니다. 하지만 당신 또한 나름대로 겪고 있는 어려움이 있을 것입니다. 어떤 것이 있습니까?
3. '전심으로 함께하는' 어머니와 '선한 목자'가 공통적으로 가지고 있는 자질은 무엇입니까?
4. 이러한 묵상을 해본 결과 당신은 어떤 어머니가 되기 원하십니까? 그런 어머니가 되기 위해 어떤 결정을 내리겠습니까?

주 :

1. As quoted by Roger Wilkins, in "An Indictment of Child Care," *The New York Times*, 9 March 1979, p. A-13.
2. As quoted by Dale Douglas Mills, in "To Work or Not to Work After the Baby Comes," *The Seattle Times Magazine*, 1 July 1979, p.8.
3. Mary Salter Ainsworth and John Bowlby, "Deprivation of Maternal Care: A Reassessment of Its Effects," *WHO Public Health Papers*, number 14 (Columbia University Press), p.13.
4. Based on a study of growth strategies for Junior Achievement, August 1979-March 1980, p.8.

제 2 장
자녀 양육을 위한 비전

아이 머리에 묻은 케첩을 씻어 내고 기저귀를 갈아 주고 있는 동안 당신의 청춘이 다 날아가고 있습니까? 아이를 키운다는 것이 시시하고 보잘것없고 약간은 품위를 떨어뜨리는 일로 보입니까? 당신의 재능과 은사는 잠자고 있고, 따놓은 학위는 무용지물이 되고 있는 것 같아 안타깝습니까? 혹시 '대기 상태'에 있다고 느끼지는 않습니까? 다시 말해, 어서 아이가 학교에 들어갈 나이가 되어 당신이 삶다운 삶을 다시 살 날을 손꼽아 기다리고 있지는 않습니까?

좌절감이란 어머니들만 느끼는 것이 아닙니다. 어떤 일, 어떤 직업에 종사하는 사람이든 자기 일이 너무 따분하다거나, 너무 과중하다거나, 별로 사람들의 인정을 못 받고 있다거나, 무료하다거나, 자기에게 어울리지 않는다는 느낌을 가질 때가 있습니다. 그러나 하나님께서는 눈앞의 상황에만 시선이 고정되어 있는 우리의 고개를 들어 주시고, 우리에게 맡겨 주신 일에 대한 새로운 시야를 주고 싶어 하십니다.

오늘날의 세계는 이와 같은 시야를 가진 어머니들을 절실히 필요로 하고 있습니다. 그러나 세상으로부터는 "자유롭고 만족스런 삶을 살기 위해서는 뭔가가 더 필요하다"라고 주장하는 소리가 자꾸 들려옵니다.

자신의 정체성, 역할, 사명에 관해 혼돈에 빠져 있는 어머니들이 있다는 것은 전혀 놀라운 일이 아닙니다. 당신도 다음과 같은 질문과 씨름하고 있을지 모르겠습니다. "정말로 중요한 것은 무엇일까?" "삶을 어디에 드려야 하나?" "내가 지금 하고 있는 것에 대해 훗날 후회하지나 않을까?"

영향력 있는 여성

한 선교사의 묘비에는 이렇게 새겨져 있었습니다. "내 생명이 천 개라도 한국을 위해 다 바치리라." 이 여성이 한국을 위해 가졌던 꿈과 비전은 너무 커서 한평생을 통해서는 다 성취할 수 없었습니다. 나는 그의 이름을 모릅니다. 그러나 그의 말은 나에게 깊은 감동을 주었습니다. 그는 생명이 천 개라도 하나도 남김없이 한국을 위해 바치고 싶어 했습니다. 그는 이국땅에 사는 사람들을 위하여 평생을 드렸지만 결코 후회하지 않았습니다. 오로지 그는 몇 번이고 같은 삶을 살 수 있기를 바랐습니다. 그런데 아쉽게도 그에게는 우리처럼 생명이 하나밖에 없었습니다.

나는 어머니가 되는 것에 대해서도 같은 생각을 합니다. 비록 많은 여성들이 그 일 말고 뭔가를 더 해야 한다는 강박 관념을 가지고 있지만, 나는 세상을 한 번 더 산다 해도 또다시 주부와 어머니로 살고 싶습니다.

나는 그 일이 광범위한 일이라서 좋습니다. 자녀를 기르는 일은 내가 하기에 따라 얼마든지 폭이 넓어질 수 있습니다. 어머니가 하게 될 역할의 엄청난 다양성을 한번 생각해 보십시오. 교사도 될 수 있고, 간호사, 영양사, 심리학자, 운전기사, 트레이너, 재봉사, 야구 코치, 실내 장식가도 될 수 있습니다.

아침 먹고 설거지를 하다가 고개를 드니, 이웃집 부인이 신문 배달용 손수레를 끌며 우리 집으로 통하는 길로 내려오고 있는 것이 보였습니다. 그가 신문을 넣으려고 우리 현관에 도착할 무렵 나는 나가서 잠시 그와 대화를 나누었습니다. 그 집 아들(원래 우리 집에 신문을 배달하는 아이)이 무슨 경연대회에 나가 우승을 하여 지금 캐나다에 가 있기 때문에 그 아이의 엄마와 남동생이 대신해서 신문을 돌리고 있었습니다.

그 부인은 떠나면서 "내가 신문 배달원이 될 줄은 꿈에도 몰랐어요"라고 감개무량한 듯이 말했습니다. 애를 키우다 보면 어머니들은 별의별 일을 다 해보게 됩니다.

자녀 양육과 관련하여 가장 격려가 되는 것은 내가 우리 아이들의 삶에 평생 동안 지속될 영향을 미치고 있다는 것입니다. 나는 영향력 있는 여성입니다. 나는 가치관을 심어 주며, 창의성을 길러 주고, 동정심을 길러 주며, 약점들을 완화시켜 주고, 강점들을 더 강화시켜 줍니다. 나는 삶이 무엇인지 아이에게 가르칠 수 있으며, 아이가 삶을 잘 살아가도록 도울 수 있습니다.

아이에게 이야기책을 읽어 줄 때면 나는 아이를 즐겁게 해주는 것 훨씬 그 이상을 하고 있습니다. 거기에 나오는 문장과 낱말과 내용과 상상력을 통해 그 아이의 세계를 확장해 주고 있는 것입니다.

밤에 아이의 침대에서 아이와 이야기를 나누고 기도를 할 때 나는 잠자리 습관을 계발해 주는 것 이상을 하고 있습니다. 나는 아이의 생각을 이해하며, 하루를 어떻게 보냈는지를 파악하고, 두려워하고 있는 것, 바라는 것, 그리고 의문을 갖고 있는 것에 대해 귀를 기울입니다. 이러한 시간을 통해 나는 아이가 예수님을 바라보도록 해주며, 예수님께서 함께하고 계신다는 사실을 일깨워 줍니다.

어젯밤 잠자리에 들 시간에 다툼이 있었습니다. 화장실에서 두 아이가 티격태격 큰 소리로 다투는 소리가 들렸습니다. 둘 사이에 무슨 오해가 있었던 모양인데, 서로 네가 잘못했느니 내가 잘못했느니 언성을 높이고 있었습니다. 그래서 우리 세 사람은 내 침대 위에 털썩 주저앉아 함께 대화를 나누었습니다. 남편은 3주 예정으로 여행을 떠나 2주째 집을 비우고 있었습니다. 나는 하나님의 특별한 도움이 필요하다는 것을 절실히 느꼈습니다. 지혜가 필요했습니다. 아이들에게 그 마찰을 해소하게 돕기 위해서도 필요했고, 무엇이 가정에 화목을 가져오는지 잘 이해하도록 돕기 위해서도 필요했습니다.

우리가 침대에 앉았을 때 나는 둘 사이에 발생한 그 문제를 해결할 수 있는 지혜를 주시도록 하나님께 소리 내어 기도했습니다. 베드로전서 4:8 말씀이 떠올랐습니다. "무엇보다도 열심으로 서로 사랑할지니 사랑은 허다한 죄를 덮느니라." 우리는 하나님의 사랑이 어떻게 우리의 허다한 죄를 덮어 주셨는지 이야기를 나누고 나서, 우리가 서로 사랑하면 상대방의 허물을 보지 않고 함께 조화를 이루며 살 수 있다는 것에 대해 함께 이야기했습니다.

나는 우리 결혼 생활에 지금까지 큰 영향을 미치고 있는 사건 하나를 이야기해 주었습니다. 수술로 베스를 낳고 난 다음이었는데, 남편은 내 병상 곁에 앉아서 진정제를 먹은 내가 잠이 드는 모습을 지켜보고 있었습니다. 내가 잠이 들기를 기다리면서 남편은 성경을 읽고 있었는데, 다음 구절이 눈에 들어오는 순간 마치 심장이 멎는 것 같았습니다. "'인자야, 내가 네 눈에 기뻐하는 것을 한 번 쳐서 빼앗으리니'… 내가 아침에 백성에게 고하였더니 저녁에 내 아내가 죽기로…"(에스겔 24:16,18).

깜짝 놀란 남편은 주님께 여쭈었습니다. "아니, 주님! 제 아내가 죽는다는 말씀이십니까?" 사랑의 감정이 북받쳐 올랐습니다. 그는 우리 결혼 생활에서 가끔 화나게 했던 몇몇 사소한 것들에 대해 생각해 보았습니다. 지금 그런 것들은 그가 느끼고 있는 사랑에 비하면 아무것도 아니요 별로 중요하지 않은 것으로 느껴졌습니다. 그래서 그는 사소한 것들이 우리에게서 큰 사랑을 앗아가지 못하게 하리라 결심했습니다. 후에 나도 같은 결심을 했습니다.

우리 두 사람 모두 완벽하지 않으며, 완벽할 필요도 없습니다. 서로를 향한 우리의 사랑은 수많은 허물을 덮어 줍니다. 우리의 초점은 서로를 사랑하는 데 있을 뿐 상대방의 약점을 지적하는 데 있지 않습니다. "노하기를 더디하는 것이 사람의 슬기요 허물을 용서하는 것이 자기의 영광이니라"(잠언 19:11).

나는 지난밤에 이러한 내용들을 아이들과 나누었습니다. 둘 사이의 마찰을 해소하고자 하는 마음을 불러일으키기 위해서였습니다. 나는 그 단 한 번의 대화(혹은 그와 같은 것)가 과연 어떤 영향을 미칠지는 가늠할 수 없습니다. 믿음으로 나는 하나님께서 자신의 말씀과 이러한 일들을 사용하셔서 아이들의 삶에 지속적인 영향을 미치시리라 생각합니다.

지난주 시애틀타임스 지의 기사 제목 하나가 눈길을 끌었습니다. "바쁘게 움직이던 조그만 손, 현장에서 발각." 그 기사는 어떻게 어머니가 두 살 난 아이에게 상점에서 물건을 슬쩍하도록 가르쳤는지 자세히 보도하고 있었습니다. 그 꼬마는 상점에서 어머니와 떨어져 있을 때 내의 한 벌을 훔쳐서 쇼핑백 안에 숨겼습니다. (그 어머니가 그 아이에게 영향을 주었다는 것은 그 누구도 부인할 수 없는 사실입니다. 그 어머니는 분명 부정적인 영향을 끼친 사람이자 부정적인 본이었습니다.)

한나 조웻 또한 영향을 끼친 어머니였습니다. 그는 영국 요크셔에서 재단사이자 포목상이었던 사람의 아내였습니다. 그의 삶과 가르침은 아들인 존 헨리 조웻에게 지대한 영향을 미쳤습니다. 조웻은 설교자로서 그리스도를 섬겼으며 세계 곳곳의 사람들에게 큰 영향을 주었습니다. 그의 전기를 쓴 아더 포릿은 이렇게 썼습니다.

> 조웻은 평생 동안 그의 어머니를 칭송해마지 않았다. 그 어머니는 죽음이 가까웠을 무렵 조웻의 극진한 보살핌을 받았다. 조웻은 자신이 자기 어머니로부터 크나큰 은혜를 입었다고 늘 말하곤 했다. "나는 어머니 무릎에서 최고의 영감들을 얻었다"라고 한 적도 있다. 적절한 예화를 들어 설명하는 그 능력이 어디서 비롯되었느냐는 친구의 질문에 그는 이렇게 대답했다. "어머니한테서라네! 바로 우리 어머니께서 나에게 잘 살펴보게 가르치셨네. 사물과 그 사물 속에 감추어진 것들을 살펴보게 하셨다는 말이네."[1]

어머니들이여, 하나님께서는 당신 자녀들에 대한 당신의 사역을 사용하여 그리스도를 위해 전 세계에 영향을 미치기 원하십니다.

세상에 영향을 미치는 어머니

어머니로서 경건한 비전을 가지려면 우리 삶이 하나님과 하나님의 목적들과 연관되어 있어야 합니다. 우리가 반드시 알아야 할 것은 하나님께서는 가정을 위한 목적을 가지고 계시다는 사실입니다. 그리스도인의 가정은 섬 같은 존재가 아닙니다. 우리 가정은 그 자체가 목표가 아니라 더 큰 목표를 이루는 수단이 되어야 합니다. 하나님께서는 그리스도인의 가정이 하나님의 목적과 계획을 이루는 데 참여하기를 원하십니다.

인류 역사를 간단히 표현하자면 창조와 반역과 구속(救贖)의 역사입니다. 하나님께서는 자신의 영광을 위해 인간을 창조하셨으나, 인간은 반역했습니다(아담부터 시작하여 오늘날까지 계속됨). 그러나 잃어버린 영혼들을 구원하는 것이 하나님의 계획입니다. 하나님께서 사람이 되셨으며, 사람의 가족으로 태어나셨고, 그리스도께서는 우리 죄를 위하여 십자가 위에서 죽으셨으며, 죽은 자 가운데서 다시 살아나셨고, 다시 오실 것입니다.

하늘나라로 돌아가시기 전 예수님께서는 따르는 자들에게 다음과 같은 임무를 주셨습니다. 도전이 되는 임무입니다.

> 하늘과 땅의 모든 권세를 내게 주셨으니, 그러므로 너희는 가서 모든 족속으로 제자를 삼아 아버지와 아들과 성령의 이름으로 세례를 주고, 내가 너희에게 분부한 모든 것을 가르쳐 지키게 하라. 볼지어다. 내가 세상 끝 날까지 너희와 항상 함께 있으리라. (마태복음 28:18-20)

그리스도께서 우리에게 맡겨 주신 사명은 선택의 여지가 있는 것이 아닙니다. 그리스도께서는 따르는 자들에게 자신의 구원의 메시지를 전 세계에 전하도록 명하십니다.

그리스도인들은 흔히 그리스도께서 맡기신 이 일을 지상사명이라고 부릅니다. 그것은 거대한 과업입니다. 그리스도께서 마지막으로 하신 말씀을 진지하게 받아들이는 사람은 그 누구도 그 일을 따분하거나 시시한 일로 여기지 않을 것입니다. 우리 삶을 주님의 지상사명에 연관시키지 않는다면 우리 자신이나 자녀들을 위한 목표가 얼마나 훌륭한 것이든 과녁을 벗어나는 삶을 살게 됩니다. 우리 자신이 구원을 받아야 하고, 또한 다른 사람이 구원받도록 돕는 일에 우리 삶을 드려야 합니다.

하지만 때로 우리는 하나님의 일을 하는 데 자녀들이 방해물이 된다고 생각하기도 합니다. 어린아이를 잘 놀게 해주면서 성경공부를 인도하려고 해본 사람이나 뒤에서 아기가 울고 있는데 친구에게 상담을 해주려고 해본 사람이라면 얼마나 그것이 어려운 일인지 잘 압니다. 우리 스스로 상기해야 하고 다른 사람들에게도 상기시켜야 할 사실이 있습니다. 가족은 우리의 주된 사역의 대상이지 '진짜' 사역의 짜증스러운 방해물이 아닙니다.

남편이 외지에 나가고 없던 어느 날 밤이었습니다. 한 아이는 앓고 있고 또 한 아이는 기생충 감염으로 괴로워했습니다. 이 두 가지 때문에 그날 밤에 여섯 번이나 일어나야 했습니다. (정말입니다. 세어 보았습니다.)

이튿날 피곤하기는 했지만, 그렇다고 기생충 퇴치를 위한 의사의 지시를 따르지 않을 수도 없는 노릇이었습니다. 약물 치료를 해야 할 뿐 아니라, 일주일 동안은 하루도 빠짐없이 침대보를 바꾸고, 모든 잠옷을 빨고, 집 구석구석을 진공청소기로 청소해야 했습니다.

그 주간의 어느 날 저녁에는 대학생들과 직장 여성들에게 말씀을 전해야 했습니다. 당일 날은 노트를 다시 정리하고 시각 자료들을 준비할 작정이었습니다. 그러나 옷 빨래, 침대보 교체, 진공청소기로 하는 집안 구석구석의 청소에다 일상적인 일(식사 준비, 아이들 돌보기, 전화 통화)까지 하고, 게다가 말씀 전할 준비를 하기에는 하루가 턱없이 짧았습니다. 몸이 열 개라도 안 될 것 같은 상황에서 나는 정신없이 뛰어다녔습니다. 웃어야 할 장소에 가기 전 나는 그만 울음을 터뜨리고 말았습니다.

이런 일은 어머니라면 흔히 겪는 일입니다. 아이들을 위해 해야 할 일과 다른 사람들을 섬기기 위해 해야 할 일이 충돌하는 것처럼 보일 때 좌절감을 느끼기가 쉽습니다. 어린아이가 당신의 치맛자락에 매달려 있는데 주님을 위해 세상으로 나아간다는 것은 쉬운 일이 아닙니다. 하나님과 사람들은 우리더러 주님의 일을 하라는 것 같은데, 아이들이 이를 막는 것처럼 보입니다. 그래서 좌절감이나 분노를 느낍니다. 우리 아이들은 주님을 위한 '진짜 일'을 하지 못하게 하는 장벽이거나 적어도 둘러가게 만드는 존재로 보입니다.

이러한 좌절감에서 벗어나려면, 복음을 전파하고 사람들을 구원하는 하나님의 전략에서 가정이 중요한 역할을 담당하고 있음을 깨달아야 합니다. 열심을 내고 있으나 우리는 어쩌면 우리 집 안에 있는 잠재적인 제자들을 못보고 있었을지 모릅니다. 우리는 또한 가족 대 가족의 전도와 제자삼는 일을 통해 가정이 발휘할 수 있는 영향력을 무시해 왔을지 모릅니다.

자녀들을 가르침

하나님께서는 우리 자녀들에게 영적 도움을 주라고 명하십니다.

…두렵건대 네가 그 목도한 일을 잊어버릴까 하노라. 두렵건대 네 생존하는 날 동안에 그 일들이 네 마음에서 떠날까 하노라. 너는 그 일들을 네 아들들과 네 손자들에게 알게 하라.… 곧 너와 네 아들과 네 손자로 평생에 네 하나님 여호와를 경외하며 내가 너희에게 명한 그 모든 규례와 명령을 지키게 하기 위한 것이며, 또 네 날을 장구케 하기 위한 것이라.… 오늘날 내가 네게 명하는 이 말씀을 너는 마음에 새기고, 네 자녀에게 부지런히 가르치며, 집에 앉았을 때에든지 길에 행할 때에든지 누웠을 때에든지 일어날 때에든지 이 말씀을 강론할 것이며. (신명기 4:9, 6:2,6-7)

하나님께서는 우리에게 자녀들과 손자 손녀들까지 하나님에 대해 가르치라고 명하셨습니다. 그리하여 그 아이들이 장차 자기 자녀들을 가르치고 그들이 또 자기 자녀들을 가르칠 수 있게 하라고 하셨습니다. 그리하여 세대에서 세대로 이어지는 '진리의 사슬'이 이루어지게 해야 하는 것입니다. 시편 기자는 다음과 같이 말했습니다.

여호와께서… 우리 열조에게 명하사 저희 자손에게 알게 하라 하셨으니, 이는 저희로 후대 곧 후생 자손에게 이를 알게 하고, 그들은 일어나 그 자손에게 일러서, 저희로 그 소망을 하나님께 두며 하나님의 행사를 잊지 아니하고 오직 그 계명을 지켜서, 그 열조 곧 완고하고 패역하여 그 마음이 정직하지 못하며 그 심령은 하나님께 충성치 아니한 세대와 같지 않게 하려 하심이로다. (시편 78:5-8)

하나님께서는 한 집안이 여러 대를 이어 가며 충성스럽게 그분 자신을 섬기는 것을 보고 싶어 하십니다.

하나님께서는 대를 이어 육신의 아버지에게 순종한 사람들의 본으로서 레갑 족속을 드시고 나서, 이것을 이스라엘 백성들이 하나님 아버지께 불순종한 것과 비교하셨습니다. 레갑 족속이 여러 대에 걸쳐 선조의 명령에 순종한 것은 하나님을 기쁘시게 했습니다. 하나님께서는 그들이 선조의 명령에 대해 줄곧 충성스러웠기 때문에 축복하셨습니다. "레갑의 아들 요나답의 자손은 그 선조가 그들에게 명한 그 명령을 준행하나…"(예레미야 35:16). 그러나 이스라엘 자손들은 꾸짖으셨습니다. "…너희가 내 말을 들으며 교훈을 받지 아니하겠느냐?"(예레미야 35:13). 지금도 하나님께서는 레갑 족속이 여러 대에 걸쳐 선조들을 따랐던 것과 같은 열심을 가지고 우리가 그분 자신을 따르기를 간절히 바라십니다.

하나님께 순종한 가계(家系)가 신약성경에도 소개되어 있는데 그 가운데 하나는 할머니와 어머니와 아들을 포함하고 있습니다. 바울은 디모데에게 전달된 이 경건한 영적 유산에 대해 썼습니다. "이는 네 속에 거짓이 없는 믿음을 생각함이라. 이 믿음은 먼저 네 외조모 로이스와 네 어머니 유니게 속에 있더니 네 속에도 있는 줄을 확신하노라"(디모데후서 1:5). 디모데는 경건한 할머니와 어머니 슬하에서 자라는 축복을 누렸는데, 그 두 사람은 그리스도에 대한 믿음에서 본이 되었으며 어릴 때부터 디모데에게 성경 말씀을 가르쳐 주었습니다(디모데후서 3:15 참조).

　신약성경의 서신 가운데 두 개가 디모데에게 보낸 것이지만 우리는 그의 외조모 로이스나 어머니 유니게에 대해서는 아는 바가 별로 없습니다. 우리가 분명히 아는 것은 하나님께서는 살아 있는 믿음을 디모데에게 전달하는 일에 그 두 사람이 한몫 한 것으로 여기셨다는 사실입니다. 그 두 사람은 무슨 공적인 사역을 하지는 않았지만 디모데를 통해 주님의 일에 크게 기여하였습니다.

고기 잡는 그물

우리 아이들을 통하여 영적 배가가 이루어지는 것을 생각할 때면 가슴이 부풀어 오릅니다. 나는 그리스도께서 다시 오실 때까지 우리 가족이 대를 이어 충성스럽게 주님을 섬김으로 사슬과 같은 연쇄를 이루어 가도록 기도해 왔습니다. 나는 우리 아이들이 모두 하나님을 사랑하고 하나님과 충성스럽게 동행하도록 기도합니다. 그 아이들의 아기 시절부터 나는 하나님께서 그들을 위해 배우자를 선택해 주시도록 기도해 왔습니다. 나는 그들의 자녀들, 그리고 그 자녀들의 자녀들을 위해 기도합니다. 그들 모두가 그리스도께 뜨거운 헌신을 하고, 그리스도를 위해 사람들에게 영적 영향을 주는 일에서 열매 풍성하도록 기도합니다.

　그러나 그러한 배가의 과정을 마음속으로 그려 보다가 '사슬'이라는 말은 그러한 과정을 표현하는 데 좀 미흡한 면이 있다는 결론에 도달했습니다. 그보다는 고기 잡는 그물이 훨씬 낫다는 생각이 들었습니다! 사슬은 결박하지만 그물은 건져 올립니다. 그리고 예수님께서는 우리가 사람 낚는 어부가 되게 해주시겠다고 하셨습니다(마태복음 4:19 참조). 당신 부부로부터 시작되거나, 혹은 당신의 부모나 조부모가 그리스도를 따르는 분들이었다면 그들로부터 시작되어, 당신이 자녀들과 손자 손녀들을 더함에 따라 넓어져 가는 '가족 그물'을 상상해 보십시오. 그리스도께서 당신의 가족으로 이루어진 그물을 통해 수많은 사람들을 건져 올리시는 것을 그려 보십시오.

자녀를 기르는 것은 눈앞의 필요를 채우는 것 이상의 의미는 없는 일 같고, 그 자체로 끝나고 마는 일처럼 보일 수 있습니다. 그러나 주님을 위해 세상에 영향을 미치는 방법 가운데 자녀를 통한 것만큼 자연스러운 것이 없습니다. 하나님께서 주신 우리 자녀들보다 더 집중적으로 삶에 영향을 줄 수 있는 대상을 찾아보기 힘듭니다. 이 사실이 내포하는 바를 생각하면 두려울 뿐입니다.

자녀들에게 들이는 시간을 제자리걸음을 하면서 허비하는 시간으로 여겨서는 안 됩니다. 그 시간을 최고의 사역 기회 중 하나에 대한 투자로 여겨야 합니다. 자녀들이 우리 삶의 유일한 초점이 되어서는 안 되지만, 다른 사역 기회들을 살리느라 자녀들을 소홀히 하면 훗날 당신은 자녀 양육에 대한 성서적 시야가 부족했음을 깨닫게 될 것입니다.

비전을 키움

어머니 역할에 대한 헌신이 느슨해진다면, 이는 그 일이 너무 하찮거나 할 만한 일이 아니라서가 아니라 우리의 비전이 너무 작기 때문일 것입니다. 우리가 자녀 양육과 관련해 가지고 있는 꿈이 너무나 작고 빈약할지 모릅니다. 우리는 하나님의 부르심을 듣지 못하고 있으며, 우리 앞에 얼마나 놀라운 가능성이 펼쳐져 있는지 보지 못하고 있습니다. 그러는 대신 우리는 판에 박힌 듯한 일에만 초점을 맞춥니다. 기저귀를 갈아 주고, 대소변 가리는 훈련을 시키고, 어질러진 것을 치우고,

문을 쾅 닫지 말라고 몇 번씩이나 얘기해야 하는 것 등등. 그러다 보니 더 고차원적인 부르심을 알지 못하고 있습니다.

어머니들이여, 고개를 들고 앞을 내다보십시오! 자신에게 물어 보십시오. 앞으로 5년, 10년, 20년, 혹은 40년 후에, 오늘을 생각하면서 '그때 …을 했더라면' 하고 아쉬워하겠습니까? 후회하면서 생을 마치기를 원하는 사람은 없습니다. 장래를 미리 내다보면서 무엇이 참으로 중요한 것인지를 결정하고, 그것에 따라 오늘을 살기로 하십시오.

솔로몬은 "슬기로운 자는 재앙을 보면 숨어 피하여도 어리석은 자들은 나아가다가 해를 받느니라"(잠언 22:3)라고 했습니다. 잠언 27:12에서도 같은 말을 했습니다. 솔로몬이 같은 말을 두 번이나 한 것은 아마도 사람들 중에 앞을 내다보면서 현재 상황을 평가하고 필요하면 방향 전환을 하는 사람은 별로 없기 때문일 것입니다.

몇 년 전에 나는 어떤 헌신된 선교사가 자기가 만약 자녀 양육을 다시 한다면 어떻게 달리할 것인지 이야기하는 것을 들은 적이 있습니다. 이 여성은 주님과 주님의 일에 헌신되어 있었고 다른 사람들을 섬기는 데 삶을 드려 왔습니다. 그의 삶은 깊이가 있고 질적인 삶이었기에 나는 큰 관심을 가지고 그의 말에 귀를 기울이게 되었습니다. 그는 자녀들을 위해 좀 더 집에 있고, 좀 더 친절하고, 좀 더 신앙 성장을 돕겠다고 했습니다.

좀 더 집에 있으라

비록 그는 결혼생활의 대부분을 아시아 선교사로서 보내게 될 것을 알고 있었지만, 본격적인 언어 공부는 자녀들과 떨어지지 않고도 할 수 있을 때까지 미루었을 것이라고 했습니다. 그 언어 공부 때문에 그는 취학 전인 아이들과 여러 해 동안 떨어져 지냈던 것입니다.

나 또한 우리 아이의 삶에서 참으로 중요한 이 시기에 미쳐야 할 영향에 대해 큰 관심을 기울이고 있습니다. 아이들에게 무엇이 선한 것인지 가르치고, 정서적 발달을 도와주며, 순종하고 존경할 줄 알게 훈련시키고, 지적 호기심을 자극하며, 새로운 것을 시도하도록 격려하고, 함께 놀아 주기 위해서입니다. 한 번밖에 오지 않고 곧 영원히 사라져 버릴 이 시기를 나는 즐기고 싶습니다.

좀 더 친절하라

우리는 모두 '아이들에게 좀 더 친절했더라면' 하는 그 선교사의 바람에 공감이 될 것입니다. 좀 더 상냥한 말, 좀 더 부드러운 손길이 필요한 것입니다.

친절하거나 상냥한 것과는 거리가 먼 어머니를 보면 그러한 바람이 더 간절해질 것입니다. 슈퍼마켓 같은 곳에서 그런 어머니를 본 적이 있지 않습니까? 나는 보았습니다. 그 어머니는 턱없이 부족할 것 같은 돈, 한쪽 바퀴가 휜 쇼핑용 손수레, 나이 어린 세 아이와 씨름하고 있었습니다. 식료품 손수레 위에 타고 있는 아이는 진열대 위의 상품들을 잡아당기고 있고, 한 아이는 엄마의 치맛자락을 붙잡고 따라다니고 있으며, 또 한 아이는 엄마가 살 계획이 없던 과자 상자에서 과자를 꺼내 먹고 있었습니다.

그 어머니는 셋째 아이가 과자 상자에 손을 푹 집어넣고 있는 것과 자기가 지나온 길을 따라 과자 부스러기가 흩어져 있는 것을 보고는 마침내 소리를 꽥 질렀습니다. 그는 어린 딸을 붙잡고 마구 흔들어대며 거칠고 잔인한 말로 냅다 호통을 쳤습니다. 매서운 말로 계속 퍼붓는 소리가 통로에 울려 퍼졌습니다.

나는 그 어머니가 느낀 좌절감이 이해가 갑니다. 그러나 마음이 참으로 아픕니다. 나는 우리 자녀들에게 좀 더 다정하고 친절하게 대하기를 원합니다.

좀 더 신앙 성장을 도우라

매일의 삶은 자녀들에게 영적 진리를 가르칠 수 있는 기회로 가득 차 있습니다. 일상적인 일들을 그런 기회로 삼을 수 있습니다. 목욕을 시키면서 예수님께서 어떻게 우리 죄를 씻으셨는지를 설명해 줄 수도 있고, 함께 정원을 가꾸면서는 씨 뿌리는 비유를 설명해 줄 수도 있으며, 머리를 빗겨 주면서는 예수님께서 그 머리카락 숫자까지도 세고 계신다고 말해 줄 수도 있습니다. 빵을 자를 때는 이를 기회로 삼아 예수님께서 생명의 떡이라고 말해 줄 수도 있고, 사람이 떡으로만 사는 것이 아니라고 말해 줄 수도 있으며, 어떻게 예수님께서 보리떡 다섯 개와 물고기 두 마리로 오천 명을 먹이셨는지에 대해 말해 줄 수도 있습니다. 당신 자녀의 마음속에 심을 수 있는 진리의 씨앗이 여기저기서 기다리고 있습니다. 그러나 그 씨앗을 심는 것은 당신 몫입니다.

평가

당신의 자녀 양육에 대해 평가를 해보는 것이 좋을 것입니다. 자신에게 다음과 같은 질문을 해보십시오.

나는 아이들을 위해 건설적이고 장기적인 비전을 가지고 있는가?

나는 앞을 내다보고 있는가? 아니면 어느 날 아침에 잠을 깨면서 다음과 같이 한탄할 것인가?

"우리 아이들과 시간을 더 보냈어야 했는데."
"애들의 영적 훈련에 좀 더 신경을 썼더라면 좋았을 텐데."
"애들의 말에 좀 더 귀를 기울일걸."
"애들이 집에 있을 때 좀 더 즐거운 시간을 갖지 못한 게 아쉽군."
"애들한테 좀 더 다정하게 대할걸."
"너무 바깥으로 나돌았던 것이 한스러워."

이미 해버린 것은 다시 할 수도, 돌이킬 수도 없습니다. 지난날의 실수와 태만을 없었던 것으로 할 수도 없고, 그 잘못 때문에 지금 나타나고 있는 결과들을 모두 없앨 수도 없습니다. 그러나 하나님께 우리를 용서해 주시고 우리 실수의 잿더미로부터 아름다운 것을 일으켜 주시도록 기도할 수는 있습니다. 다 커버린 자녀들의 삶에 우리 자신이 영향을 미치기에는 너무 늦을 수도 있으나, 하나님께서는 우리를 통하지 않고도 일하실 수 있습니다. 다른 사람을 사용하실지도 모릅니다. 우리에게는 기도만 하게 하실 수도 있으나, 하나님께는 결코 너무 늦은 때란 없습니다. '쓸데없는 후회'라는 설교에서 존 헨리 조윗은 다음과 같이 말했습니다. 이 내용을 통해 격려를 받도록 하십시오.

우리가 실수를 했다고 합시다. 그래서 '과거로 돌아가 새로 선택을 할 수만 있다면 다른 결과를 얻을 수 있을 텐데' 하는 생각이 든다면 어떻게 해야 합니까? 우리 하나님이 누구십니까? 그 이름이 무엇입니까? 어떤 성품을 가지고 계십니까? 하나님께서는 인생에서 올이 풀린 부분을 수선하실 수 없는 분입니까? 더없이 자비로운 방법으로 다시 온전케 하실 수 없습니까? 우리의 모든 실수에 관해서도 결코 다함이 없는 하나님의 선하심에 자신을 내맡기십시오. 테레사처럼 "오 주여, 저를 책임져 주소서"라고 기도하십시오.

하나님께서는 망가진 것을 수선하실 수 있습니다. 이 사실은 참으로 놀라운 은혜의 복음입니다. 하나님께서는 상한 갈대의 부러진 마디를 원상회복시키실 수 있습니다. 실의에 빠진 마음이 다시 힘을 얻게 하실 수 있습니다. 깨어진 서약을 되돌리실 수 있습니다. 하나님께서 이 모든 것을 하실 수 있다면, 우리의 실수인들 치유하지 못하겠습니까? 몰라서 곁길로 벗어나고 잘못된 방향으로 갔을지라도 하나님께서는 한없는 사랑으로 우리의 실수를 바로잡고 굽은 것을 펴주시지 않겠습니까?[2]

✽ 묵상과 토의를 위한 질문 ✽

1. 훗날을 내다보십시오. 지금부터 20년 후, 오늘을 생각하며 '그때 했어야 하는 건데' 하고 생각할 것은 무엇이겠습니까? 오늘 하고 있는 것 가운데 20년 후 '그때 그렇게 하길 잘했다'고 생각할 것은 무엇이겠습니까?
2. 이를 토대로, 바로잡을 것 세 가지를 든다면 어떤 것입니까?
3. '쓸데없는 후회'에 나오는 말을 다시 읽고, 후회되는 바들을 기도로 하나님께 내놓으십시오. 바로잡아 주시고, 치유해 주시고, 그 밖에 필요한 것을 해주시도록 하나님께 기도하십시오.

4. 다음에서 하나를 골라, 구체적인 실천 계획을 작성해 보십시오.
   1) 무엇이 선한 것인지 가르친다.
   2) 정서적 발달을 도와준다.
   3) 순종하고 존경할 줄 아는 아이로 훈련시킨다.
   4) 지적 호기심을 자극한다.
   5) 새로운 것을 시도하도록 격려한다.
   6) 함께 놀아 준다.

주 :

1. Arthur Porrit, *John Henry Jowett* (New York: Hodder & Stoughton, 1900), p.4.
2. John Henry Jowett, *Things That Matter Most* (New York: Revell, 1913), p.206.

제3장
올바른 가치관

한 남자가 괴로워하며 상담자에게 소리쳤습니다. "내 인생은 완전히 끝장났습니다. 아내와 자녀들이 떠나갔단 말입니다. 그런 나를 보고 어떻게 성공했다고 하십니까?"

그는 찢어지게 가난한 홀어머니 밑에서 자랐습니다. 젊은 시절 그는 반드시 성공해야겠다고 다짐했습니다. 마침내 뜻을 이룬 그는 어머니에게 멋진 집을 사드렸으며, 경제적으로도 안정된 삶을 살게 했습니다. 자기 가족은 좋은 집에서 살았고, 아이들은 좋은 학교에 다녔으며, 가족들은 쪼들린다는 것이 무엇인지 모르고 살았습니다.

그러나 그는 더없이 불행했습니다. 아내는 이혼 소송을 제기했고, 아이들은 엄마 편을 들었습니다. 그런데 어떻게 이 상담자는 그를 성공한 사람이라고 말할 수 있었습니까?

"당신은 분명 성공한 사람입니다. 자부심을 느껴도 됩니다. 당신의 목표를 이루었으니까요"라고 그 상담자는 말했습니다. "당신의 목표는 어머니와 아내와 아이들에게 돈을 넉넉하게 주는 것이었습니다.

그 목표를 이루었습니다. 그러니 성공한 사람입니다. 하지만 당신은 또한 불행한 사람입니다. 목표를 잘못 설정했기 때문이지요."

이 사람의 문제는 물질주의적인 가치 체계였습니다. 돈 버는 일에는 크게 성공했지만 삶의 진정 중요한 영역에서는 실패자였습니다. 아내는 그 사람을 떠나가고 있었습니다. 아내가 원했던 것은 그 사람이지 그의 돈이 아니었기 때문입니다. 자기는 경제적 안정을 더 중시했다고 인정하지 않겠지만, 스스로 속고 있었습니다. 그의 행동이 이를 말해 주었습니다. 그 사람은 잘못된 목표를 위해 살았고, 잘못된 가치관을 가지고 살았으며, 원하지는 않았으나 가족들을 멀리해 왔습니다.

어머니들이여, 우리 또한 자신의 가치관에 대해 착각하고 있을지 모릅니다. 그 사람만큼이나 자기를 잘 모르고 있을지 모릅니다. 우리의 목표를 달성하고 명예를 얻을 수는 있으나 후회하며 살지 모릅니다. 잘못된 영역에서 성공하기로 선택했기 때문입니다.

훌륭한 어머니가 되는 것은 가치관의 문제입니다. 우리의 가치관은 무엇이 중요하고, 가치 있고, 바람직한 것인지를 우리 자신에게 말해 줍니다. 우리의 가치관은 선글라스와 같아서 그 가치관을 통해 삶을 보게 합니다. 가치관은 우리의 결정, 목표, 생각, 돈과 시간 사용에 영향을 미칩니다. 이처럼 우리의 가치관은 자신의 삶의 방향과 질에 너무나 중대한 영향을 미치기 때문에 자신의 가치관을 알아내고 필요하다면 바꾸는 것이 중요합니다.

하나님으로부터 시작하라

올바른 가치관을 가지려면 하나님으로부터 시작해야 합니다. 우리 창조주께서는 무엇이 진정한 가치가 있는지를 아십니다. 하나님께서는 우리를 버려두지 않으셨습니다. 아무 도움도 지침도 없이 살게 내버려두지 않으신 것입니다. 우리는 되는 대로 살거나 막연한 생각 가운데 살 필요가 없습니다.

하나님께서는 이 면에서 우리에게 지침과 지혜를 주시기 위해 성경을 주셨습니다. 안경사가 안경의 렌즈를 갈아서 우리의 시력을 교정해 주고 명료하게 해주는 것처럼, 성경을 정기적으로 읽고 개인적으로 공부하고 실제적으로 적용하는 것은 무엇이 영속적인 가치를 지니는 것인지에 대한 확신을 명료하게 해줄 것입니다.

성경을 읽으면서 하나님께 이렇게 여쭤 보십시오.

"하나님께서는 무엇을 가치 있게 여기십니까?"

"하나님께서 가치 있게 여기시는 것을 저도 가치 있게 여기고 있습니까?"

"하나님의 가치관과 좀 더 일치하는 삶을 살려면 제게 어떤 변화가 필요합니까?"

하나님께서는 관계를 중요시하신다

하나님께서는 우리와의 관계 및 우리와 다른 사람의 관계를 중요시하십니다. 십계명은 하나님의 가치 체계를 보여 줍니다. 처음에 나오는 네 계명은 우리와 하나님의 관계를 다루고 있으며, 나머지 여섯 계명은 우리와 다른 사람의 관계를 다루고 있습니다.

신약성경에서 한 서기관이 예수님께 와서 모든 계명 가운데 가장 큰 계명이 무엇인지 물었습니다. 예수님께서는 하나님을 사랑하는 것이 가장 큰 계명이고, 이웃을 사랑하는 것이 다음으로 큰 계명이라고 하셨습니다(마가복음 12:29-31).

당신은 하나님과의 관계를 중요시합니까? 그 관계가 그 어떤 것보다 중요합니까? 날마다 말씀을 읽고 기도하는 시간을 갖고 있습니까? 하나님께서 당신에게 말씀하시고 당신도 하나님께 말씀드리는 그런 시간을 갖느냐는 말입니다. 좋은 관계를 계발하려면 높은 수준의 의사 소통을 하는 것이 꼭 필요하며, 하나님과의 관계에서는 특히 그러합니다. 날마다 말씀을 읽고 기도하는 시간을 갖는 것은 하나님과 데이트를 하는 것과 같습니다. 그것은 하나님을 알아 가는 시간이요 하나님과 함께 있는 것을 즐기는 시간입니다.

하나님께서 당신에게 말씀하신 것을 행하고 있습니까? 순종은 하나님과의 관계를 발전시키는 데 꼭 필요합니다. 예수님께서는 "너희가 나를 사랑하면 나의 계명을 지키리라"(요한복음 14:15)고 말씀하셨습니다. 하나님께서는 완벽한 수준을 요구하지는 않으시나, 신중하게 순종의 발걸음을 한 걸음 한 걸음 내딛기를 원하십니다.

당신의 생각을 사로잡고 있는 것이 무엇입니까? 하나님과의 관계를 중요시한다면 새로운 사고 패턴을 계발해야 합니다. "그러므로 너희가 그리스도와 함께 다시 살리심을 받았으면 위엣 것을 찾으라. 거기는 그리스도께서 하나님 우편에 앉아 계시느니라. 위엣 것을 생각하고 땅엣 것을 생각지 말라"(골로새서 3:1-2). 하루 종일 하나님과 대화를 나누는 가운데 생각을 하나님께 집중시키십시오.

하나님께서는 또한 우리와 다른 사람들과의 관계에 높은 가치를 부여하십니다. 예수님께서는 다른 사람을 우리 몸과 같이 사랑해야 한다고 말씀하셨습니다(마태복음 22:39). 신약성경을 주의 깊게 공부해 보면 어떻게 다른 사람과 더 좋은 관계를 형성할 수 있는지를 알 수 있습니다.

한국에 있는 어떤 선교사가 아름다운 장미를 키우고 있었는데, 그를 찾아온 사람이 애들을 장미 꽃밭에서 놀게 내버려둬서는 안 된다고 하자 그 선교사는 "나는 장미가 아니라 아이들을 키우고 있습니다"라고 대답했다고 합니다. 그 선교사는 하나님의 가치 체계를 이해하고 있었습니다. 사람들, 그리고 사람들과 우리의 관계는 어떤 물건이나 그 꽃보다 더 중요합니다.

남편의 숙모는 정신 장애자들을 위한 시설에서 지내고 있습니다. 남편은 숙모가 어떻게 지내는지 알 수가 없어 걱정이 되었습니다. 그래서 우리는 그 시설의 위치도 알아볼 겸 그곳을 방문하기로 계획했습니다. 거기서 본 것은 전혀 예기치 못한 것이었습니다.

플로리다 주의 조그만 도시에 있는 큼직한 흰색 건물에 스물두 명의 여성들이 그리스도인 중년 부부와 함께 살고 있었습니다. 바로 게스킨스 부부였습니다. 우리는 깔끔한 시설과 자상하게 잘 보살펴 주는 운영자를 보기 원했는데, 우리 눈으로 본 것은 그 이상이었습니다. 게스킨스 부부는 주립 정신병자 시설에서 옮겨 온 여성들을 돌보아 주는 집을 운영하고 싶어서 이를 위해 5년 동안이나 기도했던 사람들입니다. 이제 그들은 부모가 자녀들에게 베풀기도 쉽지 않을 것 같은 사랑과 보살핌을 베풀고 있었습니다.

주일날 아침, 식사를 끝낸 그 여성들은 식당 바깥에 줄을 서서 기다렸습니다. 게스킨스 부인은 한 사람 한 사람 머리를 손질해 주고 분과 립스틱도 발라 주었습니다. 비록 그 여성들은 차례를 기다리고 있었지만, 게스킨스 부인은 똑같은 방식으로 그들을 대하지는 않았습니다. 각 사람에게 전적인 관심을 쏟았습니다. 선택한 립스틱의 색깔은 각 사람의 피부색이나 옷차림에 잘 어울렸습니다. 부인은 상냥한 말투로 상대방을 치켜세우면서 각 사람에게 말했습니다. "아주 예뻐 보여요. 당신을 사랑해요. 위층으로 올라가 당신을 위해 사 둔 목걸이를 해봐요. 당신 옷은 목장식을 하는 것이 잘 어울려요." 그리고 나서 각 여성은 교회에 가기 위해 나섰는데, 다 매력적으로 보였고, 사랑받고 있다고 느끼고 있었습니다.

게스킨스 부부는 이 여성들이 중요하다고 믿고 있으며, 한 사람 한 사람과 사랑의 관계를 유지하고 있었습니다. 그들은 사람들이 중요하다는 것을 믿고 있었으며, 이를 삶을 통해 보여 주고 있었습니다.

당신은 사람들과의 관계를 중요시합니까? 남편 및 자녀들과의 관계를 발전시키기 위해 무엇을 하고 있습니까? 남편과 자녀들이 그 무엇보다 더 중요합니까? 가구, 당신의 출세, 그리고 장미 꽃밭보다 자녀들을 더 중요시합니까?

하나님께서는 성품을 중요시하신다

하나님께서는 경건한 성품을 가치 있게 여기십니다. 하나님의 가치 체계는 우리와 현격한 차이가 납니다. 우리는 권력과 자리를 중요시합니다. 그러나 예수님께서는 "너희 중에 누구든지 크고자 하는 자는 너희를 섬기는 자가 되고, 너희 중에 누구든지 으뜸이 되고자 하는 자는 너희 종이 되어야 하리라"(마태복음 20:26-27)라고 말씀하셨습니다.

우리는 외모를 중시합니다. 그러나 하나님께서는 중심을 보십니다. "그 용모와 신장을 보지 말라. 내가 이미 그를 버렸노라. 나의 보는 것은 사람과 같지 아니하니, 사람은 외모를 보거니와 나 여호와는 중심을 보느니라"(사무엘상 16:7).

하나님께서는 사람들의 가치 체계를 완전히 뒤바꾸셨습니다. "사람 중에 높임을 받는 그것은 하나님 앞에 미움을 받는 것이니라"(누가복음 16:15).

사람은 외적인 것들에 관심을 가지나 하나님께서는 내적인 자질들에 관심을 기울이십시오. 사람들은 외모, 지적 능력, 재산, 권력을 중 요시하나 하나님께서는 순결한 마음을 중요시하십니다.

정직성과 성실성이 하나님께는 성공보다 더 가치가 있습니다. 하나님께서는 "온유하고 안정한 심령의 썩지 아니할 것"이 아름다운 얼굴과 멋진 옷보다 더 가치가 있다고 하십니다(베드로전서 3:4). 외적 아름다움보다 내적 아름다움이 더 가치가 있는 것입니다.

당신과 자녀들을 위한 당신의 목표는 무엇입니까? 아름다운 외모나 우수한 학업 성적이나 뛰어난 운동 실력이나 높은 사회적 지위나 막강한 권력입니까? 아니면 경건한 내적 성품입니까?

자녀들과 함께 보내는 시간

우리의 가치관을 보여 주는 것 가운데 하나는 자녀들과 함께 보내는 시간의 양입니다. 하워드 헨드릭스 박사는 댈러스 신학교의 기독교 교육학 교수였으며 많은 부모들에게 상담을 해주었는데, 부모들이 자녀들과 너무 많은 시간을 보낸 것에 대해 후회하는 소리를 들어본 적이 없다고 했습니다.

자녀들과 함께 시간을 보내는 것은 참으로 중요합니다. 이 말에 동의하지 않는 부모는 별로 없을 것입니다. 최근의 연구 결과는 자녀들과 갖는 시간이 얼마나 중요한지, 그리고 그러한 시간을 얼마나 일찍부터 갖기 시작해야 하는지를 보여 줍니다. 두뇌의 발달에 관한 한 저서에서 리처드 레스택은 유아의 뇌 세포의 성장은 아이를 껴안아 주고, 흔들어 주고, 귀여워해 주는 것과 같은 것에 의해 촉진된다는 것을 보여 줍니다. 레스택은 이렇게 말합니다.

유아들에게 몸으로 사랑을 많이 표현해 주고 신체 접촉을 많이 해주는 사회에서 성장한 사람들은 성격이 비교적 거칠지가 않다. 이 면에서는 예외가 별로 없다. 껴안아 주는 것과 안고 다니는 것은 유아의 정상적인 정신적, 사회적 성장을 가져오는 데 가장 중요한 요소로 밝혀졌다.[1]

어머니가 자녀를 돌보는 것의 중요성을 강조하는 한 저서에서 셀마 프레이버그는 이 문제를 다루고 있습니다.

나는 이웃 사람에게나 낯선 사람, 또는 탁아소에 마치 짐짝처럼 맡겨 놓은 아기들과 유아들이 걱정이 된다. 아기와 부모가 처음으로 견고한 유대 관계를 형성하는 시기요, 자신을 양육해 주는 사랑을 통해 아기가 사랑과 신뢰와 기쁨과 자기 가치를 알게 되는 시기에, 미국에서는 수백 만 아기들이 아기 수용 시설에서 생존을 위한 가치관을 배우고 있을 것이다. 그 아기들은 공동으로 사용하는 놀이 시설에서 왜곡된 정의를 배울 것이다. 그 아기들은 집 바깥의 세계는 무관심의 세계 내지는 심지어 적대적인 세계라는 것을 배울 것이다. 또한 모든 어른들은 편의에 따라 이랬다저랬다 한다는 것, 사랑은 변덕스럽다는 것, 사랑은 위험한 투자라는 것, 사랑은 자신을 위해 비장해 두어야 생존에 유리하다는 것을 배울 것이다.[2]

프레이버그의 주장에 따르면 어머니와의 지속적인 관계를 누리지 못하고 성장한 아동들은 훗날 삶에서 지속적인 인간관계를 맺지 못합니다. 어머니가 늘 함께해 주는 것이 중요하다는 사실에 대해 우리

사회가 눈을 뜬다면 급상승하는 이혼율이 떨어지지 않을까요?
　곁에 없는 어머니, 다른 일에 마음이 빼앗긴 어머니, 무관심한 어머니로 인해 아이들 마음속에 우리가 알고 있는 것보다 더 큰 빈자리를 만들어 왔을 것으로 생각합니다.

질과 양

"중요한 것은 자녀들과 얼마나 많은 시간을 보내는가가 아니라 당신이 보내는 시간이 과연 질적이냐 하는 것이다"라는 말을 들을 때 두려운 생각이 들었습니다. 누구 쪽에서 볼 때 질적이란 말인가? 질적인 시간이라는 것을 어떤 필요를 잘 채우는 시간으로 정의한다면, "누구 쪽의 필요를 채우는 시간인가?"라고 물어야 합니다. 네 살짜리를 위한 질적인 시간은 엄마가 같이 있어서 긁힌 상처를 살펴봐 주고 붕대를 감아 주는 것입니다. 아홉 살짜리는 학교가 끝나 집으로 뛰어 들어왔을 때 자기와 이야기를 나누기 위해 엄마가 바로 시간을 내어 주면 그것을 질적인 시간이라고 여길 것입니다.
　어느 날 아침 다섯 살짜리 우리 아들 매슈가 집으로 뛰어 들어오면서 "엄마, 엄마, 빨리 와 봐요!"라고 외쳤습니다.
　무슨 사고나 큰일이 벌어져 있는 광경이 머릿속을 스쳤습니다. 그 애가 서둘러 나를 데리고 뒷문 바깥으로 나갈 때 어떤 일이 벌어지고 있을지 염려가 되었습니다.
　그때 그 애는 손가락을 입술에 갖다 대면서, 매우 아름다운 나비 한 마리를 가리켰습니다. 여태 본 적이 없는 그런 나비였습니다. 아들과 나는 멋진 순간을 함께 즐겼습니다. 그것이 질적인 시간입니다.
　우리 자녀들을 위한 질적인 시간은 흔히 미리 계획할 수가 없습니다. 우리는 자신의 편의에 맞추어 미리 계획해 둔 시간을 마치 질적인 시간인 양 생각함으로 스스로를 속입니다. 하지만 우리 자녀들을 속일 수는 없습니다. 날마다 함께 있으면서 그때그때 일어나는 일을 통해 영향을 주어야 합니다. '내 편의에 맞춰서 가끔 시간을 같이 보내 주면 되겠지'라고 생각해서는 안 됩니다.

지난여름에 있었던 일입니다. 어느 날 저녁, 이 책의 원고를 책상 위에 펼쳐 놓고 내가 말하고자 하는 내용을 적절하게 전달할 수 있는 아이디어와 단어를 찾느라 골몰하고 있었습니다. 고민에 고민을 거듭한 끝에 마침내 아이디어가 떠올랐습니다. 나의 생각은 명확하게 정리가 되었고, 나는 열심히 써 나가기 시작했습니다.

바로 그때 우리 딸 베스가 이야기를 나누고 싶어서 왔습니다. 베스는 방금 텔레비전에서 '초원의 집'이라는 프로를 보았는데, 그 드라마 속에 등장하는 부모가 어떤 사건을 어떻게 다루었는지에 대해 대화를 나누고 싶어 했습니다. 그 사건의 줄거리는 그 애의 마음속에 정리되어 있었습니다. 그 애는 바로 그 자리에서 묻기도 하고 느낀 바도 이야기하고 싶어 했습니다. 그래서 나는 글 쓰던 일을 뒤로 하고 그 애에게 모든 관심을 쏟았습니다. 대화를 나눌 때 베스를 위해 내어 준 그 시간이 풍성하게 느껴졌습니다. 10분 내지 15분 정도 이야기를 나누고 다시 글을 쓰기 위해 돌아오면서 '나중에 잠자리에서 이야기하자고 했어도 우리의 대화가 과연 지금처럼 질적이었을까?' 하고 생각해 보았습니다. 그렇게 했어도 우리는 똑같이 밀도 있는 대화를 나눌 수 있었을까요?

당신은 자녀와 함께 있으면서, 누가 자녀의 감정을 상하게 했을 때 꼭 껴안아 주기도 하고, 학교에서 있었던 재미난 이야기에 귀를 기울여 주기도 하고, 방과 후 부엌에서 예기치 않았던 대화를 나누기도 합니까?

애리조나에 살 때였습니다. 남편은 아이들 하나하나와 매주 한 시간씩 함께 시간을 보내기로 계획했습니다. 아빠와 어떻게 시간을 보낼지를 아이들이 결정할 수 있었습니다. 살림이 빠듯했기 때문에 아이들이 저마다 아이스크림이나 팬케이크를 먹으러 바깥으로 나가자고 하면 어떡하나 염려도 되었습니다.

그러나 애들은 돈이 드는 것을 요구한 적은 별로 없었습니다. 매슈는 아빠와 함께 도서관으로 가서 범선을 그렸습니다. 베스는 아빠에게 길가에서 롤러스케이트 타는 것을 도와달라고 했습니다. 그레이엄은 아빠와 함께 우리 골목 끝에 있는 모래 언덕에서 장난감 트럭을 가지고 놀았습니다. 이러한 시간은 무슨 색다른 것도, 돈이나 시간을 많이 들인 것도 아니었지만, 아이들은 그런 시간을 질적인 시간으로 여겼습니다. 짧지만 즐거웠던 시간, 즉 아빠와 함께 데이트를 했던 그런 시간을 추억해 보는 것도 때로는 질적인 시간이 되기도 합니다.

최근에 아이에게 이야기책을 읽어 준 적이 있습니까? 언제 그랬습니까? 젖을 먹이거나 기저귀를 갈아 줄 시간이 아닌데도 아기를 안아 주고 얼러 준 것은 언제입니까? 마루에서 아이와 함께 장난감을 가지고 놀아 주거나 장난감 트럭을 밀어 준 지는 얼마나 오래 되었습니까? 또는 아이의 침대 곁에 앉아 여느 때와 달리 긴 대화를 나눈 것은 언제입니까?

텔레비전 앞에 앉혀 두거나 요람에 눕혀 두는 것으로 아이 보는 것을 대신하고 싶은 유혹을 물리치십시오. 당신이 직접 아이의 필요를 채워 주지는 않고 자신의 일시적 편의를 위해 아이를 소홀히 하는 일이 없도록 하십시오. 아이들을 즐겁게 해주기 위한 도구들은 많습니다. 하지만 무릎 위에 아이를 앉히고 이야기책을 읽어 주는 것이 녹음기 곁에 아이를 앉혀 놓고 같은 이야기를 듣게 하는 것보다 수천 배 낫습니다. 그런 도구들은 개인적으로 돌보아주는 것을 보완할 수는 있으나, 결코 그것을 대신해서는 안 됩니다.

"소원을 성취하면 마음에 달아도…"(잠언 13:19)라고 했습니다. 하지만 그 소원이 올바른 가치관에서 비롯된 것이 아니면 성취해 봐야 달콤함보다는 쓰라림을 느끼게 될 것입니다. 하나님께서는 자녀 양육에 기쁨으로 드려지지 못하게 방해하는 것 세 가지가 내 삶에 있음을 알게 해주셨습니다.

즉각적인 만족 추구

그 가운데 하나로 '즉각적인 만족 추구'라는 것이 있는데, 이에 대해 어느 날 나는 명확하게 깨닫게 되었습니다. 그때 나는 잠시 멈추고 왜 하루를 마무리할 때 어떤 때는 만족감을 느끼고 어떤 때는 허송했다는 느낌이나 실망감 같은 것을 어렴풋이 느끼게 되는지 생각해 보았습니다.

마침내 깨닫게 된 것은 만족감을 느끼는 '좋은' 날은 그날의 '할 일 목록'에 했다는 표시가 많은 날이라는 것이었습니다. '좋지 않은' 날은 번듯하게 내놓을 만한 결과가 별로 없는 날이었습니다.

실망감은 '좋지 않은' 날의 저녁 식사 직전에 절정에 도달합니다. 제자 훈련을 받기 위해 우리 집에 사는 젊은이들과 남편이 귀가하는 때가 바로 그때입니다. 그때 집이 엉망이면 나의 자존심은 나에게 손가락질을 하면서 꾸짖습니다. "그들은 네가 하루 종일 아무것도 안 했다고 생각할 거야. 하루를 보내고 내놓을 만한 게 뭐가 있니? 하나도 없잖아!"

정말이었습니다. 그날 하루에 대해 내놓을 만한 것이 없었습니다. 그러나 나는 하나님과 시간을 가졌습니다. 자녀들에게 관심을 쏟았습니다. 나는 일을 성취하는 것보다 사람들을 더 중시했습니다. 하나님의 가치관을 따라 살려고 했습니다. '좋은 날과 나쁜 날 증후군'에 대해 곰곰이 생각하면서 깜짝 놀랄 만한 사실을 알게 되었습니다. 그것은 일과를 끝냈을 때 뿌듯하게 느끼게 해줄 것을 위해 살면, 정작 중요한 것에는 내 삶을 드리지 못하게 된다는 것입니다.

내가 상기하고 또 상기해야 할 것은, 눈에 보이는 결과를 추구하는 이 세상이 아무리 끈질기게 그런 것을 요구해도 그 때문에 내 삶을 어리석게 낭비해서는 안 된다는 것입니다. 하나님의 가치 체계를 따라 산 결과는 말끔하게 닦인 창이나 새로 바른 벽지처럼 바로 드러나지는 않습니다. 그러나 먼 훗날이 되면 내가 하나님과 보냈던 시간과 자녀들과 함께 보낸 시간은 반짝이는 창유리보다 훨씬 더 빛나는 결과를 가져올 것입니다. 하나님의 은혜로 말미암은 것입니다. 그러므로 장기적인 안목을 갖는 게 필요합니다. 하루를 마무리할 때의 만족감에 연연하지 말고, 평생을 돌아볼 때 만족을 느끼게 할 것을 선택해 나가야 합니다.

집안일에서는 즉각적인 만족을 추구하다가 영속적 가치가 있는 것을 놓치기가 쉽습니다. 우리가 하는 활동들은 그 자체로는 좋은 것일지 모릅니다. 신앙 활동을 하고 직업에 몰두하고 취미 생활을 하고 기술을 배우는 것은 더 인정받고 자부심을 가지며 만족을 누리는 데 도움이 될 것입니다. 하지만 즉각적인 만족이 주는 달콤함은 훗날 쓰라림으로 둔갑하지 않을까요?

아이를 키울 때 즉각적으로 만족을 누리는 경우는 별로 없습니다. 자녀들이 당신의 손을 잡으며 이렇게 말하는 경우는 잘 없습니다.

3 올바른 가치관 :: 63

"엄마, 난 정말로 엄마가 얼마나 지혜로운지도 알고, 날마다 우리를 위해 얼마나 희생하고 있는지도 잘 알아요. 고마워요. 엄마 때문에 내 삶은 윤택해지고 있고, 엄마 덕분에 이렇게 잘 자라 가고 있어요. 엄마가 하고 있는 모든 일에 대해 정말로 감사하고 있어요." 계속 엄마로서 살아가려면, 정말로 중요한 것에 대한 내적 확신에 의해 동기를 얻어야 합니다.

지금은 해야 할 때라네…
개울 속으로 들어가며
햇볕에 앉으며,
문 곁에 있는 진흙탕 속에
발을 집어넣으며
네 살짜리 아들의 세계를 탐구해야 할 때라네.

지금은 책과
꽃과
달팽이와
그리고 구름의 모양을 공부하고,
밤에 하나님께서는 어디서 주무시는지,
왜 모기들은 그렇게 심하게 무는지에 대해
깊이 생각할 시간이라네.

나중에는 그 애가
고치고 청소하고,
거실에 산뜻하고 부드럽게 녹색을 칠하고

새로운 커튼을 하고
바닥을 매끈하게 손질할 날이 있을 것이라네.
나중에… 그 애가 겨우 네 살이 아닐 때.
아이린 포스터

물질적 풍족을 추구함

두 번째 것은 '물질적 풍족 추구'입니다.
그리스도께서 탄생하시기 400년 전 소크라테스는 당시 사람들의 가치관에 대해 염려하면서 이렇게 말했습니다.

아테네의 가장 높은 곳에 올라갈 수 있다면 거기서 목소리를 높여 이렇게 외치리라. "시민 여러분, 여러분은 돈을 벌기 위해 돌을 그처럼 정성들여 다듬으면서, 언젠가는 모든 것을 물려주어야 할 자녀들에게는 왜 그렇게 신경을 쓰지 않습니까?"

눈가에 슬픔이 깃든 귀여운 십대 소녀가 불만을 토로하는 것을 얼마 전에 들은 적이 있습니다. "내가 우울할 때 왜 엄마는 나를 데리고 쇼핑을 가기 원하죠? 난 엄마가 날 꼭 껴안아 주었으면 좋겠는데." 그리고 자녀 양육에 관한 세미나에서 또 다른 십대 소녀는 이렇게 말했습니다. "십대가 되면 엄마 아빠는 왜 뽀뽀를 안 해 주는 거죠?"
자녀들에게 우리 자신만 빼놓고 온갖 것을 다 주는 그런 잘못을 저지르고 있지 않습니까? 우리가 전달하고 있는 가치관은 어떤 것입니까?
오드리와 조안과 마르타는 제각기 일하러 나가기로 작정했습니다.

저마다 그 결정의 토대로 삼은 것은 어떻게 하는 것이 아이들에게 득이 될 것인가 하는 것이었습니다. 오드리는 물질적 지원을 해주기 위해서는 일을 나가야 한다고 했습니다.

오드리의 아이들은 아홉 살과 열한 살인데 똑똑한 아이들입니다. 그러나 남편 월급만으로는 대학을 못 보낼 것 같았습니다. 그래서 오드리는 아이들을 위하여 일을 합니다. 그 아이들의 장래를 위해서입니다.

조안은 가난한 가정에서 자라났습니다. 그러다 보니 옷은 하나같이 물려받은 것이었습니다. 조안은 자기 애들에게는 그런 헌옷을 입히지 않겠다고 다짐했습니다. 그는 자신이 어릴 때 누리지 못했던 것을 자녀들은 누리게 하려고 일을 합니다. 그의 아이들은 다섯 살, 여섯 살, 그리고 열두 살입니다.

마르타는 학교에 들어갈 때가 된 아이들을 사립학교에 보낼 만한 학비를 마련하기 위해 일을 합니다. 11개월 된 딸을 이웃 사람에게 맡겨 두는 것이 마음에 걸리기는 하지만, 그 정도의 희생은 감당할 만하다고 여기고 있습니다.

이 엄마들이 내린 결정들은 각자의 가치관에 토대를 두고 있습니다. 나가서 돈을 버는 것이 자녀들에게 득이라고 생각하고 있습니다. 이들은 자기가 집을 비우는 것이 정말로 가족들에게 유익한지 따져 봐야 합니다. 이 세 엄마가 스스로 물어 보아야 할 질문은 이것입니다. "대학에 보내고 좋은 옷을 입히고 좋은 학교에 입학시키기 위해 돈을 버는 것이 내가 집에 있는 것보다 더 가치가 있는가?" 집집마다 문제가 되는 것이 무엇이며, 대안은 어떤 것이 있는지 파악해야 합니다. 그리고 이해득실을 잘 따져 보고 성경적인 가치관에 비추어 결정을 내려야 합니다.

이 과정에서 다음 질문들이 도움이 될 것입니다.

내가 집을 비우면 다른 사람이 우리 아이들을 돌보아야 하는가? 아이들은 하루에 몇 시간이나 다른 사람의 보살핌을 받게 될 것인가? 그 사람은 나를 대신하여 우리 아이들을 키우고 영향을 줘도 될 사람인가? 그 기간 동안 나를 대신하여 엄마 노릇을 할 사람이 얼마나 될 것인가? 그것은 아이들에게 어떤 영향을 미칠 것인가?

일에 에너지를 다 소모하는 바람에 심신이 피곤하여 아이들에게 질적인 시간을 내주지 못하게 되는 것은 아닐까? 나의 창의성과 지혜와 최상의 노력을 바깥일에 다 쏟아 붓게 되지는 않을까? 가족들은 겨우 남은 찌꺼기만 가져가게 되는 것은 아닐까?

시편 101편의 한 구절이 나에게 도전과 더불어 확신을 주고 있습니다. "내가 완전한 마음으로 내 집안에서 행하리이다"(2절). 사랑하는 일에 대해 하나님께서 말씀하실 때면, 이 구절은 먼저는 우리 가족들에게, 다음에 다른 사람들에게 사랑을 실천하도록 상기시켜 줍니다. 이 말씀을 생각할 때 이런 질문을 해보게 됩니다. "나는 집 바깥에서 더 영적이고 더 사랑이 많고 더 즐거워하는 것은 아닌가? 나에게서 가장 좋은 것을 얻는 사람은 과연 누구인가? 나의 가족인가, 다른 사람들인가?"

윌프레드 피터슨은 자신의 한 저서에서 다음과 같이 말했습니다.

사랑, 친절, 기쁨, 이해, 동정, 용납, 용서 등과 같이 가슴에서 나오는 선물을 줄 때 우리 자신을 아낌없이 주는 것이다.
　아이디어, 꿈, 목적, 이상, 원리, 계획, 이야기, 과제, 시 등과 같이 머리에서 나오는 선물을 줄 때 우리 자신을 아낌없이 주는 것이다.

격려해 주고, 북돋아 주고, 방향을 제시하는 등, 말로 된 선물을 줄 때 우리 자신을 아낌없이 주는 것이다.

에머슨이 그것을 잘 표현했다. "반지나 보석은 선물이 아니라 선물의 대용품일 뿐이다. 진정한 단 하나의 선물은 바로 당신 자신이다."

여러 가지 압력

새벽 3시 30분에 눈이 떠졌습니다. 잠을 이룰 수가 없었습니다. 해야 할 일도 많고, 하고 싶은 일도 많고, 다가오는 행사도 많고, 마감 날짜를 앞두고 있는 것도 많아 머리가 어지러울 정도였습니다. 때로는 침대에 누운 채 이 세세한 것들을 기도로 하나님께 맡겼습니다. 때로는 일어났습니다. 할 일 목록을 만들고 몇 가지 일을 처리한 후 다시 잠자리에 들었습니다. 아이들이 학교에 가 있는 동안에는 더 열심히 일했습니다. 일이 마구 쌓이기 전에 미리 해치우기 위해서였습니다.

이럴 때는 자녀들과의 관계에서 내 목소리가 거칠어지는 것을 깨닫게 되었습니다. 고통스러웠습니다. 아이들에게 날카로운 어조로 대꾸할 때마다 괴로웠습니다.

이 일에 대해 친구와 대화를 나누었습니다. 친구는 "아이들에게 짜증을 부리면서 자녀 양육에 대하여 책을 쓴다는 건 모순 아냐?"라고 했습니다. 친구의 뼈있는 대답을 듣고 나는 계속 조심하게 되었습니다.

책을 쓰는 것은 내가 느끼는 압력 가운데 일부에 지나지 않았습니다. 그러나 한 몫을 차지하는 건 분명했습니다. 그래서 다른 압력들이 사라질 때까지 책 쓰는 일은 제쳐 두기로 했습니다. 자녀 양육에 기쁨으로 드려지지 못하게 하는 것 가운데 세 번째가 바로 이와 같은 여러 가지 압력입니다.

그 친구의 말에는 여러 상황에 적용할 수 있는 진리의 핵심을 담고 있습니다. 예를 들면, 곧 손님이 오기 때문에 집안 정리를 하려는데, 아이들이 마치 훼방을 놓으려고 애쓰는 것처럼 보인 적이 있습니까? 내 말 뜻을 이해하리라 생각합니다. 마루에 걸레질을 겨우 끝냈는데 아이가 뒤따라오며 발자국을 남기고 티끌과 검불들을 여기저기 흘려 놓습니다. 세면장을 청소하려고 들어갔더니, 마침 아이들이 강아지 목욕을 시키고 있습니다.

손님맞이의 압력 때문에 나의 가치관이 뒤흔들리기가 얼마나 쉬운지요. 손님들은 우리 집에 겨우 몇 시간 정도 머물 사람들입니다. 그러나 우리 아이들과는 오랜 세월을 함께 살 것입니다. 그래서 나의 집안 관리나 손님 접대에 대한 손님들의 평가를 "완전한 마음으로 내 집안에서 행하는 것"보다 더 중요시하지 않기로 결심했습니다.

균형 잡힌 시야를 가짐

지금까지는 자녀들과 시간을 함께 보내는 것의 중요성을 강조해 왔습니다. 요즘 시대에는 그것을 강조할 필요가 있기 때문입니다. 그러나 균형을 잡기 위해 몇 마디 해야겠습니다.

1. 어머니는 아이들만 끼고 살아서는 안 된다. 아이들이 하나님이나 남편보다 더 중요하지는 않습니다.

그 아이들의 행복과 당신의 결혼 생활의 행복을 위해 아이들이 알아야 할 사실은 엄마한테는 자기들이 아빠 다음이라는 것입니다. 아이들은 부부라는 견고한 관계가 있고 그 관계의 틀 속에 자신이 있음을 알아야 합니다. 이것은 그들이 결혼에 대한 성경적 개념을 확립하는 데 도움이 될 것입니다.

요즘은 자녀들이 품을 떠나고 나면 부부가 이혼하는 경우가 많은데, 이는 어떤 인간관계보다 배우자와의 관계를 우선적으로 발전시켜 나가는 것이 얼마나 중요한지 잘 보여 줍니다.

2. 자녀들은 집안일보다 더 중요하나, 부모는 자기 일도 해야 한다. 우리는 아이들이 자신들이 집보다 더 중요하다는 것을 알기 원합니다. 또한 그 아이들이 사람들은 누구나 해야 할 일이 있다는 사실을 배우기 원합니다. 우리는 아이들이 우리를 부지런하고 열심 있고 여러 책임을 기쁨으로 감당한 어머니로 기억하기 원합니다. 그러므로 언제나 우리가 하던 일을 중단하고 아이들과 놀아 주어야 하는 것은 아닙니다. 아이들은 참을성 있게 기다리는 법도 배워야 합니다.

3. 엄마도 사람이다. 아이들은 엄마의 힘이나 인내력이 무한한 것이 아님을 알 필요가 있습니다. 어머니들은 자녀들의 유익만을 위해 존재하는 것이 아닙니다. 어머니들은 자신들을 위한 시간이 필요하고 그런 시간을 가질 만한 자격이 있습니다.

대가를 지불하기

단지 어떤 것이 가치 있는지를 분별하는 것으로 다 된 것은 아닙니다. 가치 있는 것들을 우리 것으로 삼기 위해서는 값을 지불해야 합니다. 모든 것에는 값이 있습니다. 공짜는 없습니다.

"하지만 구원은 값없이 받는 선물이잖아요"라고 말할지 모르겠습니다. 맞습니다. 하지만 예수님께서 값을 지불하셨습니다.

누군가가 언제나 값을 지불합니다. 모든 승리, 모든 성공은 어떤 것 혹은 어떤 사람을 대가로 치른 끝에 찾아옵니다. 로저 헐은 이렇게 말합니다. "삶을 마치 무슨 슬롯머신처럼 여기는 사람들이 있습니다. 가능한 한 적게 집어넣고 대박을 터뜨리기 원하는 것입니다. 현명한 사람들은 삶을 견실한 투자로 여깁니다. 그것은 투자한 액수에 따라 배당을 받습니다."[3]

그리스도인 부모들은 누구나 자녀들이 성장해 가면서 하나님을 영화롭게 하는 사람이 되기 원합니다. 그러나 그 과정에 기꺼이 자신을 드리지는 않으면서 좋은 결과만을 기대할 수가 있습니다. 그 값을 치를 만큼 우리는 자녀들을 중요하게 여기고 있습니까?

남편이 아이들과 했던 그 데이트가 돈이 드는 경우는 별로 없었습니다. 그러나 시간을 들여야 했습니다. 남편은 바쁜 사람이요 해야 할 일은 많았으며, 시간은 언제나 부족했습니다. 우리 모든 사람과 똑같이 남편은 시간을 들일 것과 미룰 것을 결정하는 것이 필요하였습니다.

딸애와 대화를 나누기 위해 글 쓰던 일을 뒤로 미룰 때 나는 값을 지불했습니다. 한창 잘 써나가고 있었는데 맥이 끊기게 되었습니다. 그러나 그만한 대가를 치를 만한 가치가 있었습니다. 나는 글 쓰는 것보다 아이들과 함께 시간을 보내는 것에 더 가치를 둡니다.

어느 해 봄이었습니다. 학년 말이 가까워 옴에 따라 근심이 깊어져 갔습니다. 아이들의 삶에서 또래들이 부정적 영향을 미치고 있다는 낌새가 있어 염려가 되었습니다. 걱정스러운 태도와 행동이 아이들에게서 관찰되었습니다.

같은 또래들의 영향이라는 것은 성장 과정에 으레 있게 마련입니다. 우리 아이들을 바람직하지 않은 모든 영향으로부터 차단한다는 것은 불가능할 뿐 아니라 바람직하지도 않습니다. 그렇지만 나는 여름이 가까워 오면서 방학을 이용하여 어떻게 아이들을 다시 내 영향 아래로 이끌어올까 생각했습니다.

  그것이 쉽지 않으리라는 것은 알고 있었습니다. 그해 여름 우리 집 현관 벨은 하루 종일 울렸습니다. 우리 집은 이웃집 아이들의 모임 장소가 되다시피 했습니다. 나는 재미있고 활동이 많은 여름이 되도록 계획해야겠다고 생각했습니다. 그렇게 하면 우리 아이들이 친구들과 많이 놀지 못하는 것을 아쉬워하지 않게 될 것입니다. 나는 아이들이 친구들과 보내는 시간을 통제하고 아울러 주된 영향력을 끼칠 수 있었을까요? 나는 빡빡한 시간표를 짜기만 하면 그렇게 될 것이라고 생각했습니다.

  그래서 그 생각을 조지아와 나누었습니다. 그는 내가 매우 존경하는 어머니 가운데 한 사람입니다. 나는 이렇게 말했습니다. "난 그 애들이 허드렛일을 끝내고 나면 수영장에 데려가고, 오후에는 공예를 가르치려고 해요. 시간표를 빡빡하게 짜두면 아이들이 다른 애들과 노는 시간의 양을 통제하기가 더 쉬울 것 같아서요. 이웃집 아이들이 놀러 오면 오후 3시 반에 다시 오라고 할 겁니다."

  조지아는 한 마디 짧은 말로 도전해 주었습니다. "매슈 엄마, 실제로 그렇게 되도록 당신 자신이 노력해야 해요."

  그의 말이 나에게 자주 상기해 주는 것은, 아이들을 키우는 일의 핵심은 창의적인 아이디어나 뛰어난 통찰력이 아니라 값을 치르고자 하는 결단과 자원하는 마음이라는 사실입니다. 당신이 가치를 두고 있는 것들이 자녀들의 삶에서 실현되도록 그들의 생각을 다듬어 주고 생활양식을 계발시켜 주려면 기꺼이 시간을 투자해야 합니다.

  인생은 너무나 짧습니다. 당신은 무엇에다 가치를 두고 살겠습니까? 시간은 너무나 한정되어 있습니다. 당신은 무엇에 가치를 두고 시간을 투자하겠습니까?

　우리 어머니들이 성취할 수 있는 것은 제한되어 있습니다. 우리는 무엇에다 가치를 두겠습니까?

✼ 묵상과 토의를 위한 질문 ✼

1. 성경을 통해 하나님께서 중요시하시는 것을 알 수 있습니다. 하나님과 동일한 가치관을 가지려면 아무리 바빠도 매일 성경을 읽어야 합니다. 이를 위한 창의적인 아이디어가 있습니까?
2. 당신의 삶에서 꼭 성공하고 싶은 영역은 어떤 영역입니까? 다섯 가지만 드십시오.
3. 지난 한 주 동안 자녀와 가졌던 시간을 돌아보십시오. 당신의 자녀가 질적인 시간으로 여길 시간은 어느 것입니까?
4. 당신의 경우, 즉각적인 만족을 추구하는 마음 때문에 하나님의 가치관을 따라 사는 것이 위협받는 영역은 무엇입니까?

주 :

1. Richard M. Restak, *The Brain: The Last Frontier*, as quoted in *The Evangelical Newsletter*.
2. Selma Fraiberg, *Every Child's Birthright: In Defense of Mothering* (New York: Bantam Books, 1978), pp.129-130.
3. Roger Hull, as quoted in "Points to Ponder," *Reader's Digest*, August, 1979, p.20.

제4장
시작은 당신 자신으로부터

어머니는 하나님과 동행하는 삶을 발전시켜 나가기로 결심해야 합니다. 이것이 가장 중요한 결심입니다. 자신을 영적으로 살찌우지 않으면 아이들에게 영적으로 좋은 영향을 미치기 위한 터전이 사라집니다.

빌리 그래함은 한 저서에서 여성들은 먼저 자기 영혼을 살찌우고 다음에 자기 자녀들의 영혼을 살찌워야 한다고 했습니다.

성경 말씀은 우리 자녀들에게 영적 영향을 미치기 위한 하나님의 순서를 보여 줍니다. 그것은 우리 자신으로부터 시작해야 하고, 그 다음에 우리 자녀들에게 가르쳐야 한다는 것입니다. 이 순서를 따르면 어머니의 책임을 더 잘 이해하게 될 것입니다.

신명기 6:6-7에서 하나님께서는 먼저 부모들에게 "오늘날 내가 네게 명하는 이 말씀을 너는 마음에 새기라"고 말씀하시며, 그 다음에 "(그것을) 네 자녀에게 부지런히 가르치라"고 말씀하십니다. 하나님께서는 우리더러 가르치라고 말씀하시기 전에 먼저 성장하라고 말씀하십니다.

하나님께서는 우리가 우리 자신으로부터 시작하기 원하십니다.

행하는 사람이자 가르치는 사람이 되라

에스라는 먼저 행하는 자가 되고 다음에 가르치는 자가 되는 이러한 접근법에서 좋은 본을 보여 줍니다. "에스라가 여호와의 율법을 연구하여 준행하며, 율례와 규례를 이스라엘에게 가르치기로 결심하였었더라"(에스라 7:10). 에스라는 하나님의 말씀을 공부했으며, 그 말씀을 자신의 삶에 적용했고, 그 다음에는 다른 사람들에게 가르쳤습니다. 나타나 있는 순서는 이와 같습니다. 공부하고-행하고-가르친다.

우리 예수님께서는 이러한 순서를 삶과 사역에서 본으로 보여 주셨습니다. 누가는 "예수의 '행하시며' '가르치시기'를 시작하심부터" 있었던 모든 일에 대해 복음서에 기록했다고 했습니다(사도행전 1:1).

예수님께서는 친히 가르치신 것을 행하셨으며 행하신 것을 가르치셨습니다. 예수님의 삶은 그분이 하신 모든 말씀을 완벽하게 반영하고 있었습니다. 예수님의 가르침은 우리를 놀라게 하지만 예수님의 삶은 우리로 무릎을 꿇게 합니다.

다음 말씀을 통해 예수님께서는 행하고 가르치는 것의 중요성을 분명히 보여 주셨습니다.

그러므로 누구든지 이 계명 중에 지극히 작은 것 하나라도 버리고 또 그같이 사람을 가르치는 자는 천국에서 지극히 작다 일컬음을 받을 것이요, 누구든지 이를 행하며 가르치는

자는 천국에서 크다 일컬음을 받으리라. (마태복음 5:19)

'행하다'와 '가르치다'라는 핵심 단어에 주목하십시오. 우리는 하나님의 말씀을 다른 사람에게 가르치기 '전에' 먼저 우리 자신을 그 말씀의 권위 아래 두어야 합니다. 이것이 하나님께서 원하시는 바입니다. 우리는 먼저 자신이 하나님의 말씀에 순종해야 하고, 그 다음에 그 말씀을 자녀들에게 가르쳐야 합니다. 성경 말씀은 모든 사람이 순종해야 할 말씀입니다.

제리라는 젊은이는 대학에 들어가려고 응시했으나 낙방했습니다. 어찌해야 할지 몰라 그는 우리 남편에게 상담을 요청했습니다. 그런데 제리는 자신의 사정을 설명하는 데 문제를 느꼈습니다. 그의 부모가 "낙방했다는 소리를 다른 사람에게 하지 말고 공군에 입대하기로 했다고 하라"고 했기 때문입니다. 제리의 부모는 아들에게 정직의 중요성을 가르쳐 왔던 터였습니다. 아버지는 목사였습니다. 그러나 지금 제리는 부모의 삶과 가르침이 일치하지 않아 갈등하고 있었습니다.

부모 된 우리의 '가르침'보다 '삶'이 자녀들에게 더 큰 영향을 미칩니다.

잠시 생각해 보십시오. 먼저 행하고 다음에 가르치는 이 순서를 하나님께서 강조하시는 이유가 무엇일까요?

하나님께서는 각 개인에게 관심을 가지심

먼저, 하나님께서는 '나'에게 관심을 기울이십니다. 하나님은 각 개인의 하나님이십니다. 각 개인이 그리스도인의 삶을 시작하며, 각 개인이 그리스도인의 삶을 발전시켜 나갑니다. 그리스도인인 부모에게서 태어나 교회에 정기적으로 출석한다고 해서, 또는 '영적인' 신자들과 어울린다고 해서 그리스도인이 되는 것이 아닙니다. 한 사람씩 한 사람씩 새로 태어나야 하며, 같은 방식으로 이 새로운 삶에서 발전해 나갑니다. 그것은 개인적인 수준에서 한 번에 하나씩 했던 결단과 헌신의 결과입니다.

하나님께서는 '나'라는 한 개인에게 관심을 기울이고 계시며, 어느 날 '나'라는 개인을 심판할 것입니다. "이는 우리가 다 반드시 그리스도의 심판대 앞에 드러나 각각 선악 간에 그 몸으로 행한 것을 따라 받으려 함이라"(고린도후서 5:10). 그날 그곳에서는 우리가 했던 역할이나 붙이고 있던 칭호를 보지는 않을 것입니다. "이러므로 우리 각인이 자기 일을 하나님께 직고하리라"(로마서 14:12).

우리는 하나님 앞에 서게 될 것입니다. "아내인 아무개," "엄마인 아무개," 또는 "은행원 아무개"가 아니라 단지 "아무개"로서 서게 될 것입니다. 하나님께서는 우리가 하나님을 위해 한 일을 살펴보시기에 앞서 우리가 하나님과 가졌던 관계를 살펴보실 것입니다. 하나님의 순서는 먼저 행하고 그리고 가르치는 것입니다.

하나님 앞에 서게 될 것을 알면 우리 자신을 돌아보고 진지하게 평가해 보아야 합니다. 하나님 앞에 설 때 그분은 무엇을 척도로 나를 심판하실까요? 하나님의 기준은 무엇일까요? 하나님의 목표는 무엇일까요?

하나님의 목표: 그리스도의 형상

하나님의 변함없는 계획은 사람들이 그리스도를 닮아 가는 것입니다. 이것이 우리 자신으로부터 시작해야 하는 또 다른 이유입니다. 그리스도의 형상을 닮는 것이 우리를 향한 하나님의 목표입니다. 우리는 "온전한 사람을 이루어 그리스도의 장성한 분량이 충만한 데까지" 이르게 될 것입니다(에베소서 4:13 참조).

아담과 하와는 하나님의 형상을 따라 지음받았습니다. 그러나 하나님께 불순종했고 하나님의 형상은 훼손되었습니다. 그때부터 모든 인간은 죄를 범해 왔고, 하나님의 원작을 왜곡시킨 모습만 보여 주고 있습니다.

아무리 열심히 노력해도 우리는 결코 원래의 훌륭한 상태를, 다시 말해 하나님의 형상을 회복하지 못할 것입니다. 그러나 그리스도께서 하늘 영광을 버리고 사람이 되시고, 우리를 위해 십자가에서 죽으심으로 자신의 생명과 우리의 생명을 맞바꾸셨습니다. 그리하여 우리는 이제 그리스도의 생명을 지니게 되었습니다. 그리스도께서는 지금도 살아 계시고, 우리 안에 계신 것입니다. 이 모든 것은 하나님께서 우리가 그리스도를 닮기 원하시기 때문입니다. 하나님께서는 우리가 하는 행동과 자녀들에게 가르치는 것을 통해 주님의 가치관을 드러내기 원하십니다.

우리는 내면적인 삶과 성품과 가치관에서, 생각과 말과 행동에서 점점 더 그리스도를 닮아 가야 합니다.

우리 아이들은 어렸을 때 동물 흉내 내기를 좋아했는데, 특히 개 흉내를 잘 내었습니다. 아이들은 기어 다니며 개 짖는 소리를 내기도 하고, 꼬리를 흔들기도 하고, 그릇에 있는 물을 핥아먹기도 했습니다. 하지만 아무리 세세한 것 하나하나에 이르기까지 개 흉내를 낸다 해도 그 애들이 개가 될 수는 없습니다.

이와 마찬가지로 단지 겉으로 하나님 자녀의 흉내를 냄으로써 하나님의 자녀가 되는 사람은 아무도 없습니다. 마땅히 영적으로 거듭남으로써 하나님의 가족이 되어야 합니다. "육으로 난 것은 육이요 성령으로 난 것은 영이니, 내가 네게 거듭나야 하겠다 하는 말을 기이히 여기지 말라"(요한복음 3:6-7).

우리 안에 그리스도의 생명을 가지고 있어야 합니다. 그럴 때라야 성령께서 우리 속사람을 새롭게 하실 수 있으며 하나님의 가치 체계를 분별할 수 있게 하십니다. 시작은 우리 속에서부터입니다.

우리의 삶은 다른 사람에게 영향을 미친다

가르치기에 앞서 행해야 한다는 이 하나님의 순서를 따라야 할 세 번째 이유가 있는데, 우리 삶의 방식은 다른 사람들에게 영향을 미치기 때문입니다. 당신은 영향력을 미치는 사람이며 나도 마찬가지입니다. 이는 그 책임을 인식하고 있는지의 여부와는 관계가 없습니다. 이것은 하나님의 계획의 일부입니다. 사람들은 관찰과 모방을 통해 배웁니다.

나는 어떤 아이들을 유심히 바라보고 있었습니다. 그 애들은 엄마 아빠의 옷을 걸치고 너무 큰 신발을 질질 끌면서 유모차를 밀고 있었는데, 어른 모자가 그들의 눈 위에서 까딱까딱하고 있었습니다. 한 아이가 어른 목소리를 흉내 내며 유모차 안에 있는 인형에게 거친 말투로 한 마디 내뱉었습니다.

슬픈 생각이 들었습니다. 도대체 부모는 그런 식으로 말한다는 것을 어디서 배웠을까요? 참으로 안타까운 일이었습니다!

부정적인 특성들이 끝도 없이 전달될 수밖에 없다면 얼마나 실망스러운 일인지 모릅니다. 그러나 하나님께서는 그러한 부정적 습관의 사슬을 끊는 일을 하십니다.

사슬을 끊으심

하나님께서는 각 개인을 변화시키심으로 당신의 가족들을 새로운 방향으로 이끄시기를 기뻐하십니다. 만약 당신이 이미 그리스도인이 되었다면 "조상의 유전한 망령된 행실"(베드로전서 1:18)에서 구속되었습니다. 이어져 왔던 그 파괴적 사슬을 이미 하나님께서 끊으셨습니다. 그리스도의 보혈은 하나님께서 그 사슬을 끊고 당신이 새로 시작하도록 하기 위해 치르신 값이었습니다. 당신은 새 출발을 할 수 있으며 새로운 삶을 살 수 있습니다.

아직 그리스도인이 되지 않았다면 지금 기도를 통해 개인적으로 그리스도를 마음속에 초청하십시오. 예수님의 은혜로운 요청에 귀를 기울이십시오. "볼지어다. 내가 문밖에서 서서 두드리노니, 누구든지 내 음성을 듣고 문을 열면 내가 그에게로 들어가 그로 더불어 먹고 그는 나로 더불어 먹으리라"(요한계시록 3:20). 일단 당신이 그리스도를 개인적으로 영접했으면 새로운 사람으로 살기 시작했습니다. "그런즉 누구든지 그리스도 안에 있으면 새로운 피조물이라. 이전 것은 지나갔으니, 보라, 새것이 되었도다!"(고린도후서 5:17).

새로운 연결 고리는 당신, 당신의 자녀, 그리고 당신의 손자 손녀로부터 시작될 수 있습니다. 당신으로부터 이어지는 사슬이 얼마나 그리스도를 닮을지는 당신이 어떤 모델을 본받고 있는지, 그리고 당신이 어떤 모델이 되고 있는지에 따라 상당히 영향을 받을 것입니다. 어쩌면 당신은 "난 변화를 원해요! 하지만 어디서 시작하지요?"라고 말할지도 모르겠습니다.

당신 자신으로부터 시작하라

지혜로운 여인들은 누구나 자기 자신으로부터 시작합니다. 먼저 날마다 성경 읽고 기도하는 시간을 갖도록 하십시오. 이것은 당신 안에 있는 그리스도의 생명을 살찌우는 데 필수적입니다.

그 다음에는 하나님께서 변화가 필요한 영역들을 알려 주시면 기꺼이 응답하십시오.

하나님께서 내 삶 속에 있는 죄를 지적해 주실 때 내가 나타내는 첫 반응은 반론을 펴며 자신을 방어하는 것입니다. 어느 날 아침 하나님과 시간을 갖는 중에 다음 말씀을 읽었는데 이 말씀을 통해 하나님께서 나를 책망하시는 것을 느꼈습니다. "혹은 칼로 찌름같이 함부로 말하거니와 지혜로운 자의 혀는 양약 같으니라"(잠언 12:18).

"하나님, 제가 그렇다는 말씀인가요?" 나는 믿기지 않는다는 듯이 마음속으로 그렇게 대꾸했습니다.

"그래, 바로 네가 그렇단다!"

그때 하나님께서는 최근에 내 삶에 있었던 일들을 하나하나 생각나게 해주셨습니다. 나의 잘못을 보여 주는 그런 일들이었습니다. 아이가 내 말을 듣지 않았을 때 화난 말투로 말한 것, 인내심이 한계에 도달했을 때 버럭 성질을 낸 것, 섣불리 내뱉고 나서는 다시 주워 담을 수 있었으면 하고 바랐던 말들. 나는 변화가 필요했습니다.

나 자신이 얼마나 죄악 된지 깨닫고는 충격을 받았습니다. 슬픔을 느꼈습니다. 그러나 그러한 슬픔으로 인해 하나님께 더 잘 응답하게 된다면 그 슬픔은 오히려 바람직한 것이 됩니다. 성경에서 이렇게 말하고 있기 때문입니다. "여호와는 마음이 상한 자에게 가까이하시고 중심에 통회하는 자를 구원하시는도다"(시편 34:18).

자신의 죄를 매우 슬퍼하는 사람들에게 하나님께서는 풍성한 약속을 주셨습니다. "내가 높고 거룩한 곳에 거하며 또한 통회하고 마음이 겸손한 자와 함께 거하나니, 이는 겸손한 자의 영을 소성케 하며 통회하는 자의 마음을 소성케 하려 함이라"(이사야 57:15). 예수님께서는 "심령이 가난한 자는 복이 있나니 천국이 저희 것임이요, 애통하는 자는 복이 있나니 저희가 위로를 받을 것임이요"(마태복음 5:3-4)라고 하셨습니다. 마음이 상한 자들에게 하나님께서는 소망과 아울러 도움을 주십니다. 하나님께서 주시는 소망은 지금 변화하고자 하는 마음을 불러일으킵니다.

사랑하는 자들아, 우리가 지금은 하나님의 자녀라. 장래에 어떻게 될 것은 아직 나타나지 아니하였으나, 그가 나타내심이 되면 우리가 그와 같을 줄을 아는 것은 그의 계신 그대로 볼 것을 인함이니, 주를 향하여 이 소망을 가진 자마다 그의 깨끗하심과 같이 자기를 깨끗하게 하느니라. (요한일서 3:2-3)

그리고 도와주시겠다는 하나님의 약속을 우리는 믿고 의지할 수 있습니다. "두려워 말라. 내가 너와 함께 함이니라. 놀라지 말라. 나는 네 하나님이 됨이니라. 내가 너를 굳세게 하리라. 참으로 너를 도와주리라. 참으로 나의 의로운 오른손으로 너를 붙들리라"(이사야 41:10).

변화는 과정이다

하나님께서는 즉각적인 변화를 통해 그 자녀들의 삶을 획기적으로 바꾸실 수 있기는 하지만, 주로 그런 식으로 우리 속에 변화를 일으키시지는 않습니다. 당신은 "왜 그렇지요? 즉각적으로 변화시키는 것이 우리에게는 덜 고통스럽고 하나님께는 더 영광이 될 것 같은데요"라고 말할지 모르겠습니다.

그러나 하나님께서는 우리 아버지이십니다. 자녀가 어른으로 태어나기를 원하는 아버지가 있을까요? 사랑이 많은 부모 가운데 단지 시간을 절약해 주고 문제를 덜어 준다고 해서 자녀가 어른으로 태어나기를 원할 사람이 과연 있을까요? 물론 어른으로 태어나면 새벽 두 시에 젖을 먹이는 일도, 지저분한 기저귀를 갈아주는 일도, 잘못 던진 야구공 때문에 유리창이 깨어지는 일도 없을 것입니다. 또한 아이들을 무릎에 앉힌다거나 밤에 이불을 덮어 주거나 할 필요가 없을 것입니다. 하지만 그런 경험을 하지 않았으면 하고 바라는 사람이 있을까요?

한번은 우리 아들 매슈가 만져서는 안 되는 것을 향해 기어가고 있었습니다. 남편은 "매슈, 안 돼!"라고 했습니다. 매슈는 즉시 그 자리에 멈추어 섰습니다. 남편은 매슈의 마음속에서 일어나고 있는 일을 상상할 수 있었습니다. 계속 기어가고 싶은 마음과 순종하라는 아빠의 요구 사이에서 저울질하고 있는 것입니다. 매슈는 잠시 멈추어 있더니 방향을 바꾸어 아빠를 향해 기어와 아빠를 붙잡았습니다. 그 아이가 순종을 하는 것을 보자 남편의 눈가에는 이슬이 맺혔습니다.

이와 똑같이 하나님께서도 우리가 순종하고 성장해 가는 것을 살펴보기를 즐거워하십니다. 하나님께서는 아버지와 자녀 사이의 따뜻한 관계를 맛보기를 기뻐하십니다.

그러나 우리를 향한 하나님의 뜻을 '아는 것'과 그 뜻을 '행하는 것'을 혼동해서는 안 됩니다. 우리 어머니들에게 하나님께서 원하시는 것이 무엇인지 아는 것만으로는 되지 않습니다. 의도적으로 변화의 과정으로 들어가야 합니다. 우리의 본분은 하나님께서 하라고 하시는 것에 순종하는 것입니다.

내 친구 칼라 이야기를 하겠습니다. 그는 여덟 살짜리 아들 앨런이 자꾸 두목 행세를 하는 바람에 고민에 빠졌습니다. 그는 아들이 다른 아이들과 놀 때마다 계속 명령조로 말하는 것을 들었습니다. 앨런은 다른 아이들이 모두 자기 뜻을 따라 주기를 바랐습니다. 다른 아이들은 참다가 견딜 수가 없어서 떠나가곤 했습니다. 내 친구는 앨런이 그런 식으로 마구 요구하는 태도를 고치지 않으면 결국은 친구를 다 잃어버리고 외톨이가 될 것을 알았습니다.

칼라는 어떻게 아들을 도와줄 수 있을지 생각해 보았습니다. '얘가 이런 태도를 나한테서 배웠나?' 하는 생각도 해보았습니다. 내 말투가 때로 군대에서 훈련시키는 사람 같았나? 내가 평소에 큰 소리로 명령을 하고 즉각적인 복종을 기대했었나?

이런 식으로 아들의 입장에 서서 아들과 자신의 관계를 깊이 생각해 보기 시작했습니다. 자신은 군더더기를 좋아하지 않는 사람이었으며, 아들에게 무엇을 지시할 때 즉각적인 순종을 기대한 건 분명했습니다. 하지만 그는 또한 아들을 사랑했으며, 아들에게 가장 유익이 되는 것에 대한 자신의 진정한 관심을 아들한테 전달하기 원했습니다.

그래서 칼라는 자신으로부터 시작하기로 했습니다. 자신의 의사소통 방식을 바꾸기로 결심했습니다. 하지만 변화하려는 진정한 열망에도 불구하고 실패에 실패를 거듭했습니다. 그는 기도했습니다. 해당되는 성경 말씀도 암송했습니다. 비록 변화를 보이는 것이 더디기는 했지만 그러한 노력은 이미 굳어진 틀을 깨기 위한 싸움이었습니다. 그는 자주 아들을 불러서 사과를 하기도 했습니다. "앨런, 엄마가 말을 거칠게 해서 미안하구나. 엄마가 좀 더 부드럽게 말할 수 있게 계속 기도해 다오."

비록 변화되기를 원했고 노력도 했지만 그가 거둔 성공은 단지 부분적인 것이었습니다. 변화라는 것은 대개 노력뿐만 아니라 시간까지 들여야 하는 하나의 과정이기 때문입니다.

그리고 놀라운 사실 하나를 깨닫게 되었는데, 변화라는 것은 아들 앨런의 삶에서도 하나의 과정이라는 것이었습니다. 그는 아들에 대한 기대치가 불합리한 것은 아니었는지 생각해 보기 시작했습니다. '어른인 나도 하지 못하는 것을 아이인 앨런에게 기대한 것은 아닌가?' 이렇게 생각하니 앨런에 대해 좀 더 인내할 수 있었습니다.

칼라는 아직 목표에 '도달하지'는 못했습니다. 우리 모든 사람들과 마찬가지로 그는 지금도 씨름하고 있습니다. 그는 아직도 하나님께 순종하는 법을 배우고 있으며, 하나님께서 바꾸어 주시도록 자신을 그분께 내드리는 법을 배우고 있습니다. 하지만 그는 올바른 곳으로부터 시작했습니다. 자신으로부터 시작한 것입니다. 그는 보다 이해심 있고 보다 아량이 있는 사람으로 성장했습니다. 그의 열정적인 노력은 보람이 있었습니다.

하나님께서는 어머니들이 가정에서 말뿐만 아니라 행동으로 자녀들에게 영향을 주기 원하십니다. 자녀들에게 긍정적인 영향을 주고자 하는 열망 가운데 우리는 꼭 필요한 이 순서를 잊지 말아야 하겠습니다. 즉 먼저 행하고 그리고 가르쳐야 하는 것입니다. 언제나 출발점은 우리 자신이어야 합니다.

어느 날 오후 설거지를 하는데 왠지 가슴이 무겁고 답답했습니다. 그런데 그날따라 아이들까지 유난히 소란스러워서 짜증이 났습니다. 아이들은 마치 사포(砂布)처럼 서로 마음을 긁어 놓고 있었고, 티격태격하는 소리가 자꾸 들려왔습니다. 신경이 더 날카로워진 나는 '참 속상해. 쟤들이 도대체 왜 저러지?' 하는 생각이 들었습니다.

잠시 멈추고 먼저 나 자신을 생각해 보았습니다. 혹시 나 때문에 이 험악한 분위기가 형성된 건 아닌가? 아이들과의 관계에서 내가 안달하거나 불친절하지나 않았는가? 오늘 아이들에게 제대로 관심을 쏟았는가?

점차 나는 깨닫게 되었습니다. 나 자신은 애꿎은 희생자가 아니었습니다. 내가 그러한 분위기 형성에 한 몫을 했고, 어쩌면 장본인일 거라는 생각도 들었습니다. 어떻게 내가 분위기를 바꿀 수 있었는지 아세요? 나는 행주를 널어놓고 나서 모든 관심을 아이들에게 쏟았습니다.

서재에서 책을 몇 권 가져왔습니다. 그리고 담요 한 장을 가지고 왔으며 아이들과 함께 소파에 앉아서 담요로 다리를 덮었습니다. 애들에게 책을 읽어 주는 데 들인 시간은 겨우 30분에 지나지 않았습니다. 하지만 그 시간을 통해 친밀함과 따스함을 누리게 하자 전체 분위기가 바뀌었습니다. 더 이상의 행동은 필요 없었습니다. 꾸짖거나 설교를 할 필요가 없었습니다. 나의 태도를 바꾸는 것으로 충분했습니다.

지혜로운 어머니가 되고자 하는 사람은 누구나 자기 자신으로부터 시작하여야 합니다.

✱ 묵상과 토의를 위한 질문 ✱

1. 하나님께서는 어머니들에게 '자기 자신으로부터 시작하기'를 원하십니다. 왜 그렇다고 생각합니까?
2. 당신에게 있는 것 중 자녀나 손자 손녀에게 물려주고 싶지 않은 것은 무엇입니까?

3. 하나님께서는 우리가 예수 그리스도를 닮아 가도록 어떻게 도와 주십니까?

4. 하나님께서 원하시는 여성, 당신이 되고 싶은 어머니가 되기 위해 이번 주에 해야 할 것 한 가지를 들어 보십시오.

제5장
하나님의 몫과 나의 몫

첫 아이를 임신한 지 6개월 반 정도 되었을 때 서울로 이사를 했습니다. 그곳의 낯선 광경, 낯선 소리, 낯선 냄새에 나는 흥분이 되기도 하고 얼떨떨해지기도 했습니다. 밝은 색깔의 긴 치마를 입고 지나가는 아름다운 한국 여인들, 당황스럽고 소란스럽기까지 한 교통 체증, 유원지의 놀이기구를 타는 것만큼이나 아슬아슬한 택시 타기, 한국 음식에 반드시 끼는 김치의 진한 마늘 냄새 등.

문화 충격! 말로만 들어 왔던 그 문화 충격을 몸으로 경험하게 되었습니다. 쇼핑을 하고 때로는 정육점, 빵집, 농산물을 파는 노점 등에서 물건과 물건을 맞바꾸기도 하면서 몇 시간을 보내고 집으로 돌아오면 녹초가 되어 있었습니다. 나는 다리를 쭉 펴고 피로를 풀었고, 뱃속의 아이에게도 신경을 썼습니다.

몇 개월 후 제왕절개 수술로 우리 아들 매슈가 태어나자 나는 또 다른 삶에 적응하는 과정에 들어갔습니다. 이번에는 어머니로서의 삶이었습니다. 낯선 나라에서 첫 아기를 낳아 기르게 되었는데, 나는 아기를 돌보는 일에서도 많은 문화적인 차이가 있다는 것을 알게 되었습니다. 한국 아기들은 겹겹이 두른 누비포대기 속에서 얼굴을 내밀고 있었는데, 한국 어머니들은 아기를 매우 따뜻하게 해주어야 한다고 믿기 때문이었습니다. 아기들은 머리를 가눌 수 있을 정도가 되자마자 어머니 등에 업혀 다녔는데, 담요 같은 것으로 어머니와 아기를 둘러 감고 끈으로 묶었습니다.

아기를 돌보는 방법에서 미국과 다르다는 사실이 처음에는 혼란스럽게 하더니 나중에는 위안을 주었습니다. 세계 곳곳마다 아기 돌보는 방법이 다를 수 있는데도 모든 아기들이 잘 자라는 것을 보면 아기들은 강인한 게 분명했습니다. 그 사실을 깨닫자 격려가 되었습니다. '내가 어떤 방법을 따르든 우리 아기도 잘 자랄 거야'라고 생각하며 나는 마음을 편하게 가졌습니다.

하지만 자녀 양육의 영적이고 정서적인 측면으로 가면 이야기가 달라집니다. 이러한 영역들에서도 아무렇게나 해도 상관없는 것으로 생각하는 것은 어리석습니다. 나는 하나님의 계획을 알 필요가 있었습니다. 이 어린 생명에 대해 하나님께서는 내가 무엇을 하기 원하시는가? 나는 그것을 알기 원했습니다.

아이를 얻기 위해 하나님을 기다림

매슈를 갖기 전이었는데, 아이를 기다렸던 성경의 여인들의 삶을 공부한 적이 있습니다. 이삭의 어머니 사라, 사무엘의 어머니 한나, 야곱의 어머니 리브가, 세례 요한의 어머니 엘리사벳, 그리고 삼손의 어머니 등. 그 공부를 통해서, 모든 아이는 하나님께서 주시며 하나님의 목적을 위해 살아야 한다는 확신을 갖게 되었습니다.

이 여인들은 저마다 처음에는 아기를 갖지 못했습니다. 아기를 기다리고 또 기다렸습니다. 그들의 문화에서는 아기를 갖지 못하는 것은 흔히 저주로 여겨졌기 때문에 그들은 고통과 조롱을 받아야 했습니다. 그들은 모두 고통스러운 기다림의 세월을 참고 견뎠습니다. 그 가운데 두 사람, 사라와 엘리사벳은 노년이 되어서야 아기를 가졌습니다.

이 여인들은 오래 기다리는 아픔을 겪었습니다. 그것은 정녕 필요한 일이었습니까? 그렇습니다. 거기에는 목적이 있었습니다.

하나님께서는 특별한 것을 염두에 두고 계셨습니다. 하나님께서는 이 각 여인들에게 특별한 아기를 주기 원하셨습니다. 특별한 목적을 가진 아기였습니다. 그리고 하나님께서는 영광을 받기 원하셨습니다. 아기를 가진 사람은 누구나 하나님께서 특별한 아기를 주셨다는 것을 알아야 합니다. 우리는 임신에 대해 경외감과 경이감을 못 느끼는 경우가 흔합니다. 대부분의 사람이 아기를 가질 수 있기 때문입니다. 돈이 많든 적든, 많이 배웠든 못 배웠든, 경건하든 불경건하든 관계없이 말입니다. 그러다 보니 아이가 태어나는 일에서 하나님께서 하시는 역할을 쉽사리 잊어버릴 수 있습니다.

자녀를 낳아 기르는 일에 대해 경이감을 갖지 않으면 자신의 책임을 너무 가볍게 여기거나 자녀들에게 너무 집착하게 됩니다. 자녀를 갖지 못하면 임신을 기다리고 있는 부부에게는 흔히 심적 상태의 변화가 일어납니다. 이 사실을 하나님께서는 잘 알고 계십니다.

오랜 기다림의 세월을 통해 마음이 연단되지 않았다면 아브라함이 과연 이삭을 제단에 올려놓을 수 있었을까요?(창세기 22장 참조). 사무엘이 일찌감치 태어났더라면 한나가 과연 사랑하는 어린 아들 사무엘을 하나님을 섬기도록 내놓을 수 있었을까요? 기다림의 세월이 있었기에 한나는 사무엘이 하나님께서 주신 아들이요 하나님을 위해 살아야 한다는 확신을 갖게 되지 않았을까요? 그런 확신은 다른 방법으로는 갖지 못했을 것입니다.

하나님께서 오래 기다리게 하신 또 다른 이유는 기도 생활의 토대를 놓기 위함이었을 것입니다. 그들은 아기가 하나님의 목적과 약속을 가지고 태어난다는 것을 알았고, 틀림없이 아기를 위해 기도를 많이 했을 것입니다.

비록 기다림의 세월은 비교적 짧았지만 나 또한 그들과 같은 확신을 갖기 원했습니다. 나는 "하나님, 제가 그 여인들처럼 이 아이가 하나님께서 주시는 것이요 하나님을 위해 태어날 것으로 믿게 해주소서"라고 기도했습니다.

하나님께서는 어머니들에게 무엇을 기대하시는가?

매슈가 태어나고 나서 나는 내 품에 있는 아이가 내 것도 우리 부부의 것도 아니고 하나님의 것임을 깨달았습니다. 매슈는 신성한 책임이요 하나님께서 주신 과업이자 유업이었습니다. 아이를 바라보면서 이렇게 생각해 보았습니다. "하나님께서 나에게 뭘 원하실까? 이 아이를 키우는 일에서 나의 몫과 하나님의 몫은 각각 무엇일까?"

두 말씀이 도움이 되었습니다. 하나는 시편 127:1이었습니다. "여호와께서 집을 세우지 아니하시면 세우는 자의 수고가 헛되며, 여호와께서 성을 지키지 아니하시면 파수꾼의 경성함이 허사로다." 또 하나는 잠언 14:1이었습니다. "무릇 지혜로운 여인은 그 집을 세우되 미련한 여인은 자기 손으로 그것을 허느니라." 이 두 말씀을 좀 더 자세히 살펴보기로 하겠습니다. 무엇을 가르쳐 주고 있습니까?

하나님의 몫

하나님께서 일하시지 않으면 내가 아무리 노력해도 헛일일 뿐입니다. 하나님께서 우리 집에서 일하셔야 합니다. 내 능력으로는 아이들의 삶에서 영적이고 영원한 가치가 있는 어떤 일도 이룰 수가 없습니다. 자녀 양육에 관한 책을 모조리 다 읽을 수도 있고, 아이들이 하는 일을 주의 깊게 지켜볼 수도 있고, 좋은 대화를 나눌 수도 있고, 염려로 잠을 못 이룰 수도 있습니다. 그러나 그 모든 것이 아무 소용이 없을 수 있습니다. 나는 진이 다 빠질 정도로 수고하고 애쓸 수도 있습니다. 하지만 하나님께서 일하시지 않으시면 그 모든 노력은 아무 효과가 없을 것입니다. 아이들을 교회에 데려갈 수는 있으나 참된 예배를 드리게 하지는 못합니다. 성경을 읽게 할 수는 있으나 즐기도록 할 수는 없습니다. 본을 보일 수는 있으나 반드시 우리 발자취를 따라온다고 보장할 수는 없습니다.

18세기 목사였던 헨리 벤은 한 어머니에게 편지를 보냈는데, 그 어머니는 하나님보다 쾌락을 더 사랑하고 있는 아들 때문에 근심하고 있었습니다. 그 편지에서 헨리 벤은 그 고통스런 경험을 통해 배울 수 있는 교훈을 얘기해 주었습니다.

…당신에게 생명보다 더 소중한 아들에게 단 한 줄기의 빛을 비춰 줄 수도 없고, 털끝만한 죄의식을 불러일으킬 수도 없고, 아주 조그만 영적 유익을 줄 수도 없는 당신 자신의 나약함과 무능력에 대해서 배워야 합니다. 또한 어떻게 이런 경험이 우리 자신의 능력에 대한 모든 교만한 생각을 몰아내고, 전능하신 하나님의 자비와 값없는 은혜를 얻기 위해 간절하

고 절박한 마음으로 간구를 올리게 하는지도 배워야 합니다.[1]

아무리 정성들여 자녀를 키운다 해도 하나님을 사랑하는 자녀로 만들지는 못합니다. 우리의 전도가 상대방을 그리스도인으로 만들 수 없는 것과 똑같은 이치입니다. 아이의 삶에서 일어나는 영적인 변화는 하나님의 역사로 말미암은 것입니다. "육으로 난 것은 육이요, 성령으로 난 것은 영이니"(요한복음 3:6).

우리의 몫

하나님께서 일하셔야 한다고 해서 우리 책임이 줄어드는 것은 아닙니다. 시편 127:1에서 솔로몬은 집을 세우는 자가 건축 과정을 무시해도 된다거나 파수꾼이 위치를 이탈해도 된다고 말하고 있지 않습니다. 그들의 노력만으로 다 되는 것이 아님을 말하고 있을 뿐입니다. 주제는 믿음이지 이탈이나 무시가 아닙니다. 파수꾼은 결국 성을 지키시는 이는 하나님이심을 인정합니다. 집을 세우는 자는 하나님께서 진정 집을 세우는 자이심을 인정합니다. 어머니는 오직 하나님만이 아이의 삶에 영적으로 의미 있는 일을 일으키실 수 있음을 인정합니다. 파수꾼은 믿음으로 경계를 서야 하고, 집을 세우는 자는 믿음으로 세워야 하며, 어머니는 믿음으로 아이를 키워야 합니다. 최선을 다해 믿음으로 아이를 키우는 것은 우리 몫입니다.

성경 여기저기서 하나님께서 자신의 계획에 참여하도록 사람들을 초청하시는 것을 봅니다. 하나님께서는 노아의 기술을 필요로 하지는 않으셨으나 그에게 1세기에 걸쳐 방주를 만들게 하셨습니다. 하나님께서는 콸콸 쏟아져 나오는 물을 이스라엘 백성에게 공급하기 위해 모세에게 반석을 치도록 명하셨습니다. 분명 하나님께서는 모세의 도움이 필요 없었지만 모세를 그 일에 참여시키셨습니다.

개천을 팜

사악했던 아합 왕에 이어서 여호람이 이스라엘의 왕이 되었을 때, 그는 한 가지 문제에 직면하게 되었습니다. 모압 왕 메사가 아합에게는 공물을 바치더니 여호람은 인정하지 못하겠다는 것이었습니다. 그래서 여호람과 그의 동맹국 군대는 광야 길을 지나 메사를 기습하기로 결정했습니다. 그러나 일주일 정도 진군하고 나서 심각한 문제에 부닥친 것을 알게 되었습니다. 바로 물이 없었던 것입니다. 절망 상태에 빠진 그들은 하나님의 도움을 구하고자 했습니다.

동맹국 왕 중 하나인 여호사밧이 "우리가 여호와께 물을 만한 여호와의 선지자가 여기 없느냐?"라고 묻자 여호람 왕의 신복 하나가 엘리사가 거기에 있다고 했습니다.

엘리사 선지자는 하나님의 말씀을 그들에게 전해 주었습니다. 그들의 문제를 해결해 주시겠다는 말씀이었습니다.

여호와의 말씀이 "이 골짜기에 개천을 많이 파라" 하셨나이다. 여호와께서 이르시기를, "너희가 바람도 보지 못하고 비도 보지 못하되, 이 골짜기에 물이 가득하여 너희와 너희 육축과 짐승이 마시리라" 하셨나이다. 이것은 여호와 보시기에 오히려 작은 일이라. 여호와께서 모압 사람도 당신의 손에 붙이시리니. (열왕기하 3:16-18)

하나님께서는 그 문제를 해결하는 데 여호람 일행이 한몫을 담당하게 하셨습니다. 바로 개천을 파는 일이었는데, 힘들고 별로 재미없는 일이었습니다. 그러나 기적을 일으키는 데 필요했습니다. 그 개천을 통해 물이 흘러왔고 그들은 모압을 무찔렀습니다.

아이를 키우는 것은 개천을 파는 것과 같습니다. 자녀들에게 하나님을 사랑하는 마음을 심어 주기 위해 우리가 할 수 있는 것은 사실상 아무것도 없습니다. 우리는 여러 개천을 팔 수는 있지만, 그 개천을 물로 채울 수는 없습니다. 자녀들에게 하나님에 대해 가르칠 수 있고, 그들을 위해 기도할 수 있으며, 그들 앞에서 영적인 삶을 살 수도 있고, 하나님을 사랑하고 섬기는 사람들을 만나게 할 수도 있습니다. 그러나 오직 하나님만이 그들에게 영적인 생명을 주실 수 있습니다. 하나님께서는 우리의 도움이 필요 없지만 자신의 절대주권적인 계획을 성취하시는 일에 우리가 한몫을 담당하도록 초청하십니다. 우리 자녀들의 삶 속에서 일하실 때 동역하자고 초청하시는 것입니다.

무서움을 타는 한 소녀에 대한 이야기가 있습니다. 그 애는 자기 침대 곁으로 엄마를 부르고 또 부르고 했습니다. 그 엄마는 화가 나서 "얘야, 무서워할 필요가 없다고 엄마가 얘기했지. 하나님께서 너와 함께 계신단 말이야."

"알아요. 그래도 난 누가 살갗을 맞대고 여기에 있어 주는 게 필요한 걸요"라고 그 아이는 대답했습니다.

아이를 키우면서 우리 몫을 담당할 수 있는 경우 중 하나가 아이들이 무서워할 때입니다. 두려움이 아이의 침대 곁에 웅크릴 때면 나는 그 상황을 사용하여 그 애가 하나님을 바라보도록 합니다. 나는 도움을 줍니다. 개천을 팝니다.

나는 우리 아이들이 두려움을 이기도록 돕기 위해 개천을 팠는데,

그 가운데는 다음과 같은 것도 있습니다.

- 때때로 아이의 침대 곁에 앉아서 잠시 찬송가를 부르거나, 침실 문 밖에 앉아 성경을 읽어 줍니다. 성경 말씀 가운데 용기를 주거나 하나님을 신뢰하도록 도와주는 적절한 말씀을 골라서 서너 차례 소리 내어 읽어 줌으로써 하나님께서 해주신 말씀을 알고 그 말씀을 꽉 붙잡을 수 있게 합니다.
- 하나님께서 얼마나 성실하게 백성들을 돕고 보호하셨는지를 보여 주는 성경 이야기를 들려줍니다. 나는 "성경에서 무서운 일을 겪었던 사람은 누구누구지?"라고 묻습니다. 답이 될 수 있는 것은 사자굴 속의 다니엘, 광풍을 만난 배를 타고 있던 바울, 골리앗 앞에 선 다윗, 빠른 속도로 진격해 오고 있는 애굽 군대와 홍해 사이에 갇힌 이스라엘 백성 등입니다. 우리는 함께 그 결말을 상기해 보며, 어떻게 하나님께서 그들을 도우셨는지를 돌이켜봅니다. 이렇게 하는 것은 그 아이가 자신의 상황에서 하나님을 신뢰하도록 도와줍니다.
- 우리 가족들의 삶이나 다른 그리스도인의 삶에서 하나님께서 보호해 주시고 돌봐 주셨던 이야기를 들려줍니다. 선교사의 전기와 편지 등을 읽어 보면 극적인 사건에서부터 평범한 사건에 이르기까지 하나님께서 함께하시고 돌봐 주심을 생생하게 보여 주는 사건들이 종종 소개되어 있습니다.

사람들은 두렵거나 어찌할 바를 모를 때 하나님의 말씀에 특히 좋은 반응을 나타낼 때가 많습니다. 시편 기자는 "고난당한 것이 내게 유익이라. 이로 인하여 내가 주의 율례를 배우게 되었나이다"(시편

119:71)라고 했습니다. 힘들 때는 흔히 말씀을 암송하고 묵상하기에 좋은 기회입니다. 이사야 41:10과 시편 34:7은 두려워하는 아이에게 암송시키기에 적당한 구절입니다.

무서워하면 가까이에서 그런 시간을 잠시 가지고 나서는 점차 아이로부터 거리를 두면서 하나님을 신뢰하도록 격려합니다. 그것은 문밖으로 나가는 것을 의미할 수도 있고, "엄마는 아침 식사 준비를 하러 나갈게," 또는 "엄마는 옷가지를 좀 개어 놓고 다시 오마"라고 말하는 것을 의미할 수도 있습니다.

목표는 아이들이 하나님에 대해 배우도록 도와주는 것입니다. 아이들은 개인적으로 하나님의 도우심과 기도 응답을 경험해 가고 성경의 신뢰성을 깨달아 감에 따라 좀 더 실제적이고 개인적으로 하나님을 알게 될 것입니다.

C. S. 루이스는 기도에 관한 저서에서, 하나님의 일에서 우리가 하는 역할에 관한 이러한 생각에 대해 더 자세히 설명하고 있습니다.

> 하나님께서는 원하시기만 하면, 음식물 없이도 우리 몸의 기력을 기적적으로 회복시키실 수 있으며, 농부나 빵 만드는 사람이나 정육점 주인의 도움 없이도 음식물을 공급하실 수 있으며, 학식 있는 사람들의 도움 없이도 지식을 쌓게 하실 수 있으며, 선교사들 없이도 이교도를 개종시킬 수 있다. 그렇게 하시는 대신, 하나님께서는 자신의 뜻을 이행하시는 데 흙, 기후, 가축, 그리고 사람들의 근육, 생각, 의지가 협력하게 하신다.[2]

자신의 근육과 생각과 의지를 사용하는 것이 우리의 몫입니다.

우리는 자녀들을 위한 하나님의 계획에 일익을 담당합니다. 아이들의 두려움과 관련하여 우리는 아이들을 위해 기도하며 아이들과 함께 기도합니다. 우리는 거짓이 가득한 세상에서 정직의 중요성을 아이들에게 가르칩니다. 또한 순종하도록 훈련시키며, 다른 어른들과 부모에 대한 존경심을 어떻게 나타내야 하는지 가르칩니다. 우리는 사랑해 주고, 격려해 주고, 말과 포옹과 사랑과 용납의 눈빛으로 아이들을 세워 줍니다. 우리의 몫은 아이들에게 성경 이야기를 읽어 주고, 맞춤법과 분수를 배우도록 도와주고, 피아노 연습을 시키고, 치과에 데려다 주는 것입니다. 이 모든 것을 하면서 분명히 기억해야 할 것은 하나님께서 집을 세우지 아니하시면 우리의 수고가 헛되다는 것입니다. 아울러 지혜로운 여인은 누구나 자기 집을 세운다는 것도 기억해야 합니다. 우리는 하나님의 도움 없이는 아무 일도 할 수 없으며, 하나님께서는 우리 아이들을 세워 나가시는 일에 함께 동역하자고 우리를 초청하십니다.

※ 묵상과 토의를 위한 질문 ※

1. 당신의 아이는 하나님께서 주셨고 하나님의 목적을 위해 태어났습니다. 이 사실을 이해하는 면에서 자라 가고 있습니까?
2. 열왕기하 3:16-20에 보면, 군대는 개천을 팠고 하나님께서는 물을 보내어 그 개천을 채워 주셨습니다. 개천을 많이 팔수록 더 많은 물을 자신들의 용도에 쓸 수 있었을 것입니다. 당신 자녀의 삶에서 당신이 팔 수 있는 개천을 다섯 가지만 들어 보십시오.
3. 우리의 몫은 '믿음으로 최선을 다해 아이를 키우는 것'입니다.

이것이 당신에게 의미하는 바는 무엇입니까?

4. 당신 자녀들의 삶에서 오직 하나님만 하실 수 있는 일로는 어떤 것들이 있습니까?

주 :

1. As quoted by J. C. Ryle in *Christian Leaders of the Eighteenth Century* (Banner of Truth Trust, 1978), p.297.
2. C. S. Lewis, *The Efficacy of Prayer* (Harcourt, Brace and World, 1960), pp.8-9.

제6장
하나님과 보조를 맞춤

"그 애들이 한 집 애라는 게 믿기지가 않아요." 금발에다 활달한 성격인 에니벌 부인의 말입니다. 그는 유치원에서 우리 세 아이를 다 가르친 사람입니다. 나도 그 부인처럼 느낀 적이 참으로 많았습니다. 같은 부모한테서 같은 유전자를 가지고 태어나 같은 환경에서 자란 그 세 아이가 어떻게 그렇게도 다를 수가 있을까요?

우리 아이들의 차이점들을 관찰하다 보면 하나님께서는 다양성을 좋아하신다는 생각이 듭니다. 하나님께서는 독특하게 지으심을 받은 한 사람 한 사람의 하나님이십니다. 두 아이가 완전히 똑같은 경우는 없습니다. 심지어는 쌍둥이인 경우마저도.

앨버트 아인슈타인 의과대학에서 수백 명의 신생아들을 테스트하고 나서 정신과 의사 와그너 브리저가 내린 결론에 따르면, 당신의 자녀는 환경의 영향을 받기 전에도 이미 독특한 존재였습니다. 그 아이는 기본이 되는 어떤 기질을 타고나는데, 그것이 태 밖으로 나온 후의 삶을 어떻게 살지 결정합니다. 연구를 통해 브리저는 유아들은 태어나는 즉시 확고한 기질상의 차이점들을 보인다는 사실을 굳게 믿게 되었습니다.[1]

신생아들이 타고나는 기질은 태어나서 처음으로 하게 되는 일인 젖 먹는 일에까지 영향을 미칩니다. 젖을 먹이는 동안 잠에 빠져드는 아기도 있고, 공상을 하는 것 같은 아기도 있으며, 다 먹이려면 계속 격려를 해주어야 하는 아기도 있습니다. 젖이나 우유가 다 떨어질 때까지 꼼꼼하게 먹는 일에만 몰두하는 아기도 있고, 우유병이나 젖을 입으로 쿡쿡 공격하듯 하면서 먹는 아이도 있습니다. 이런 말을 하는 것은 젖 먹는 모습을 보고 당신 아기가 어떤 유형인지 알아보라는 것이 아니라, 그 아기는 태어날 때 이미 개인적인 특성을 지니고 있다는 사실을 인정하라는 것입니다.

"라모나는 너무 깔끔해서 날 당황스럽게 해요"라고 그 애의 어머니인 앨리스가 불평을 했습니다. 라모나는 까다로운 성격을 가진 두 살배기 아이입니다. 다른 아이들이 놀러 오면, 라모나는 그 아이들이 가지고 놀려는 장난감들을 자꾸만 원래 있던 자리에 갖다 두는 바람에 아이들을 불만스럽게 했습니다. 그 애의 깔끔함이 진짜 문제가 된 것은 할머니께서 찾아오셨을 때였습니다. 라모나는 할머니가 담뱃재를 조금이라도 떨기만 하면 그때마다 얼른 재떨이를 가지고 뛰어가서 비워 오곤 했습니다.

앨리스와 그의 남편은 깨끗한 것을 좋아하기는 했지만, 집안 관리나 전반적인 생활양식에서는 대체로 관대한 편이었습니다. "라모나에게 있는 그 막무가내식의 깔끔한 성격은 누굴 닮았지? 우리는 분명 아닌데"라고 그들은 말했습니다.

라모나는 독특한 한 개인으로서 태어났습니다. 깔끔하고 질서정연

한 것을 좋아하는 기질을 가지고 태어난 것입니다. 그 애가 깔끔하게 하는 데 열심을 보이는 것은 부모에게 배운 것이 아닙니다. 태어날 때부터 그 애의 개성에는 그 아이 특유의 어떤 것이 존재하고 있었습니다.

우리 어머니는 나와 라모나를 바꿀 수 있었으면 좋아하셨을 것입니다. 나 또한 뚜렷한 기질이 있었는데 그것은 깔끔함이 아니라 그 정반대입니다. 어린 시절 나는 말을 좋아해서 끝도 없이 계속 말 그림을 그려 댔습니다. 말 그림이 내 침대 밑에 세 상자나 쌓이자 어머니는 단호한 행동에 들어갔습니다. 나더러 두 상자 분은 버리라고 했습니다. 그래서 나는 내가 아끼는 말 그림들을 분류하는 지루하고도 감정적으로 힘든 작업을 시작했습니다.

그것은 단지 그림을 간추리기만 하면 되는 일이 아니었습니다. 각 말 그림은 저마다 이름이 붙어 있었고 독특한 특징이 있었습니다. 나는 그 그림들을 '제일 좋아하는 것'과 '그 다음으로 좋아하는 것'과 '세 번째로 좋아하는 것'으로 분류해서 내 침대 위에 쌓았습니다. 나는 어느 그림과 헤어져야 할지를 결정하느라 감정적인 에너지가 바닥이 났습니다. 한 시간가량 작업한 후 잠시 휴식에 들어갔습니다.

내 방으로 돌아온 것은 잠자리에 들 시간이 되어서였습니다. 나는 하던 그 일을 까맣게 잊어버렸던 것입니다. 자러 가서 보니 하다 만 그 일이 기다리고 있었습니다. 침대 위에 무슨 무더기 같은 것이 어렴풋이 보였습니다. 나는 신경 쓰지 않고 잠옷으로 갈아입고는 침대 커버를 확 잡아당기면서 침대 속으로 들어갔습니다. 그 바람에 그림들은 사방으로 나부끼면서 침대 주변의 방바닥으로 가라앉았습니다! 나는 라모나와 같은 성격이 아니었으며 지금도 마찬가지입니다.

훈련을 통해 아이의 타고난 경향을 어느 정도 조절하거나 발전시킬 수는 있습니다. 하지만 우리가 깨달아야 할 것은 아이는 우리 뜻대로 개성과 운명을 그려 넣을 수 있는 백지와 같은 존재가 아니라는 것입니다. 아기는 태어날 때부터 이미 한 개인입니다. 비록 말은 못하고 아무 경험도 없고 성숙하지도 않았지만 여전히 한 명의 사람입니다.

아기들의 개성에 관한 브리저의 발견은 성경을 공부하고 있는 사람들에게는 놀랄 일이 아닙니다. 시편 139편에서 우리는 아이들이 독특한 개인으로 태어나는 이유를 찾아볼 수 있습니다. 하나님께 기도하는 가운데 다윗은 다음과 같이 고백합니다.

> 주께서 내 장부를 지으시며, 나의 모태에서 나를 조직하셨나이다. 내가 주께 감사하옴은 나를 지으심이 신묘막측하심이라. 주의 행사가 기이함을 내 영혼이 잘 아나이다. 내가 은밀한 데서 지음을 받고 땅의 깊은 곳에서 기이하게 지음을 받은 때에, 나의 형체가 주의 앞에 숨기우지 못하였나이다. 내 형질이 이루기 전에 주의 눈이 보셨으며, 나를 위하여 정한 날이 하나도 되기 전에 주의 책에 다 기록이 되었나이다. (시편 139:13-16)

하나님께서는 개인에게 관심을 집중하십니다. 하나님께서는 아기들을 대량 생산하지 않으시며, 아기들은 어쩌다가 우연히 생겨난 것이 아닙니다. 하나님께서 친히 각 아이들을 하나하나 빚으신 것입니다.

하나님께서 손수 우리 자녀들을 하나하나 빚으셨기 때문에 그 아이들은 전혀 다릅니다. 하나님께서는 각 아이를 독특한 사람으로 설계하셨습니다.

하나님, 왜 좀?

우리는 하나님께서 우리 주문서에 좀 더 가깝게 아이들을 빚으시거나 적어도 우리의 취향에 대해 상의라도 좀 해줬으면 합니다. 그러나 하나님께서는 그렇게 하지 않으십니다. 불평이 생길 때면 우리는 이렇게 묻고 싶을 것입니다.

"하나님, 에밀리에게 좀 좋은 머리를 주실 수는 없으셨어요?"
"시드니가 운동신경이 좀 있도록 만드시지 그랬어요?"
"앨리슨을 좀 더 착한 성품을 갖게 하실 수 없으셨나요?
"하나님, 찰리에게 그렇게 큰 귀를 붙여 놓으신 이유가 뭐예요?"

그러나 이러한 불평들에 대해 하나님께서는 이렇게 답변하십니다. "내가 낳은 자녀를 두고, 너희가 나에게 감히 물으려느냐? 내가 한 일을 너희가 나에게 감히 명령하려느냐?"(이사야 45:11, 표준새번역).

하나님의 영광을 위해 창조하심

앞에서 소개한 것과 같은 질문들 그 다음에 종종 튀어나오는 질문은 "왜?"입니다. 왜 하나님께서는 우리 아이에게 그런 결점이 있게 만드셨을까? 하나님의 깊은 뜻을 우리가 다 헤아릴 수 없습니다. 그렇기는 하지만 앞의 질문에 대한 간단한 답변을 이사야 43:7에서 찾아볼 수 있습니다. 그 구절에서 하나님께서는 '자신의 영광을 위해' 아들과 딸들을 창조하셨다고 말씀하십니다.

하나님의 영광을 위해 창조되었습니다. 깜짝 놀랄 일 아닙니까? 하나님께서는 우리 각 사람을 그분 자신의 영광을 위하여 창조하셨습니다. 그런데 그것은 무엇을 의미합니까?

6 하나님과 보조를 맞춤 :: 105

이사야 43:7에서 '영광'으로 번역된 히브리어 단어는 어떤 사람의 부(富), 뛰어남, 명성 등을 묘사하는 데 사용되는 단어와 같습니다. 이 단어는 출애굽기 33장에서도 찾아볼 수 있는데, 모세가 하나님께 "주의 영광을 내게 보이소서"라고 할 때 이 말이 나옵니다. 하나님께서는 천국의 휘장을 걷고 자신의 선하심과 자비와 긍휼과 거룩하심을 모세가 보게 하셨습니다. 하나님께서는 자신의 영광을 모세가 어렴풋이 볼 수 있게 허락하신 것입니다.

후에 이방 민족들은 하나님께서 이스라엘 백성들을 애굽에서 기적적으로 해방시키신 것을 알고 '극심한 공포'에 사로잡혔습니다. 이방 기생이었던 라합이 하나님을 향해 경외심을 가지고 있었던 것은 하나님께서 두려운 방법으로 자기 백성들을 위해 일하셨기 때문이었습니다. 라합은 "너희 하나님 여호와는 상천하지에 하나님이시니라"고 했습니다(여호수아 2:11). 하나님의 영광을 보여 주는 사건들을 통하여 하나님께서는 백성들이 이해할 수 있는 방법으로 자신을 계시하셨습니다.

당신은 이렇게 물을지 모르겠습니다. "홍해 바다를 가르시거나 나일 강물을 피로 바꿀 때 하나님께서 자신이 하나님임을 보이셨다는 것은 이해가 되지만, 어떻게 우리 아이를 통해 자신이 하나님임을 보이십니까?"

첫째, 당신의 아이는 "신묘막측하게 지음을 받았습니다." 당신 눈으로 그 아이를 처음 보았을 때가 기억납니까? 그 애의 피부가 빨갛고, 주름살이 있고, 머리카락이 별로 없는 것은 당신에게 문제가 되지 않았습니다. 그 애를 바라볼 때 경이롭게만 느껴졌을 것입니다. 그 애는 너무나 조그마했으나 그럼에도 너무나 완벽했습니다. 당신은 그 애의 조그만 주먹을 펴보았을 것입니다. 손가락을 살펴보기 위해서였습니다. 그리고 그 아이의 발을 드러내고 발가락을 한번 세어 보았을 것입니다. 자세히 살펴보면 볼수록 당신은 경이롭기 짝이 없는 존재를 낳았다는 생각이 들었을 것입니다.

둘째, 하나님께서는 그 아이를 독특한 개성을 가진 존재로 창조하셨습니다. 이는 하나님의 마음속에는 그 아이를 위한 특별한 목적이 있었기 때문입니다. 그 아이는 대량 생산된 작품이 아니며, 하나님께서는 아무렇게나 그 아이에게 별 의미도 없는 목적을 부여하신 것도 아닙니다. 그 아이의 개성과 생의 목적은 긴밀히 연관되어 있습니다. 하나님께서는 그 아이를 위해 가지고 계신 목적에 딱 맞도록 그를 만드셨습니다.

나는 성경에 나오는 여러 인물들의 어린 시절 모습을 상상해 보기를 좋아합니다. 삼손은 어린 시절에 몸이 약했을까요? 예레미야는 몰인정한 아이였는데 나중에 인정 많고 눈물 많은 선지자로 바뀌었을까요?

그렇게 생각되지 않습니다. 그들은 하나님의 일을 시작하자 별안간 힘이 세어지거나, 동정심이 많아지거나, 담대해지지 않았습니다. 내가 믿기로는 그들이 하나님의 일에 적합하도록 하기 위해서 하나님께서는 특별한 준비와 훈련도 시키셨겠지만 그들의 타고난 기질도 사용하셨을 것입니다. 이 성경의 인물들은 어릴 때나 컸을 때나 그들을 특징짓는 기본적 기질은 똑같았으리라고 생각합니다. 어떤 특성은 모태에 있을 때 그 아이의 일부가 되었습니다.

당신의 아이 또한 하나님의 창조물이며, 그 아이의 개성은 한 가지 목적에 딱 맞도록 빚어졌습니다. 하나님께서는 그 아이를 위한 계획을 가지고 계십니다.

각 아이를 위한 하나님의 독특한 계획

때로 하나님께서는 부모에게 아이를 위한 자신의 계획을 알려 주시기도 합니다.

주전 1090년경 소라 땅에 마노아 부부가 살고 있었는데 그들은 자식이 없었습니다. 어느 날 천사가 마노아의 아내에게 나타나서 아들을 약속하고는 그 아이를 위해 하나님께서 가지고 계신 계획을 설명했습니다.

> 네가 본래 잉태하지 못하므로 생산치 못하였으나 이제 잉태하여 아들을 낳으리니, 그러므로 너는 삼가서 포도주와 독주를 마시지 말지며 무릇 부정한 것을 먹지 말지니라. 보라. 네가 잉태하여 아들을 낳으리니 그 머리에 삭도를 대지 말라. 이 아이는 태에서 나옴으로부터 하나님께 바치운 나실인이 됨이라. 그가 블레셋 사람의 손에서 이스라엘을 구원하기 시작하리라. (사사기 13:3-5)

그 아이가 삼손이었습니다.

그로부터 천 년이 넘게 세월이 흘렀습니다. 그리스도의 탄생이 임박했을 때였는데, 자녀가 없는 또 한 부부가 삼손의 부모처럼 좋은 소식을 듣게 되었습니다. 이 또한 하나님께서 그들에게 아들을 주실 계획이라는 소식이었습니다. 그리고 이번에도 천사는 아직 잉태되지도 않은 그 아이를 위하여 하나님께서 마음에 품고 계신 계획을 알려 주었습니다.

사가랴여, 무서워 말라. 너의 간구함이 들린지라, 네 아내 엘리사벳이 네게 아들을 낳아 주리니 그 이름을 요한이라 하라. 너도 기뻐하고 즐거워할 것이요 많은 사람도 그의 남을 기뻐하리니, 이는 저가 주 앞에 큰 자가 되며, 포도주나 소주를 마시지 아니하며, 모태로부터 성령의 충만함을 입어 이스라엘 자손을 주 곧 저희 하나님께로 많이 돌아오게 하겠음이라. 저가 또 엘리야의 심령과 능력으로 주 앞에 앞서 가서 아비의 마음을 자식에게, 거스리는 자를 의인의 슬기에 돌아오게 하고, 주를 위하여 세운 백성을 예비하리라. (누가복음 1:13-17)

사가랴와 엘리사벳 부부의 아들인 요한은 담대하고도 열정적으로 하나님의 말씀을 전함으로 광야에서 그리스도를 위해 길을 예비했습니다.

물론 하나님께서 오늘날의 부모들에게 천사를 보내어 자신의 계획을 알려 주시는 경우는 없습니다. 하지만 하나님께서는 여전히 우리 자녀들을 위한 계획을 마음속에 가지고 계십니다. 마치 예레미야를 위한 계획을 가지고 계셨던 것과 같습니다. "내가 너를 복중에 짓기 전에 너를 알았고, 네가 태에서 나오기 전에 너를 구별하였고, 너를 열방의 선지자로 세웠노라"(예레미야 1:5).

매슈를 가졌을 때 우리 부부는 세례 요한의 출생에 대하여 사가랴에게 주신 말씀이 아직 태어나지 않은 우리 아이에게도 해당된다는 생각이 강하게 들었습니다. 아마도 그 구절들의 핵심이 되는 내용은 "너도 기뻐하고 즐거워할 것이요 많은 사람도 그의 남을 기뻐할 것이다"일 것입니다. 매슈가 태어날 때 이미 그 말씀은 이루어졌습니다!

하나님께서는 매슈로 하여금 훗날 "주 앞에 큰 자가 되게" 하시거나, 사람들을 "주 곧 저희 하나님께로 많이 돌아오게" 하거나, "아비의 마음을 자식에게" 돌아오게 하는 일에 매슈를 사용하시려는 계획도 마음에 두고 계실지 모릅니다. 우리는 하나님 마음에 있는 것을 알지 못하나, 하나님께서 매슈를 위해 계획을 가지고 계시며, 그 아이의 누이동생 베스와 남동생 그레이엄을 위해서, 그리고 당신의 각 자녀들을 위해서도 계획을 가지고 계심을 믿습니다.

강점과 약점

하나님의 계획 가운데 하나는 당신 자녀의 강점과 약점을 통해 자신을 나타내시는 것입니다. 종종 이러한 강점과 약점은 서로 뒤엉켜 있어서 강점이 약점이 되기도 하고, 약점이 강점이 되기도 합니다. 베키 엄마와 이웃집 부인의 대화에서 이를 잘 보여 주고 있습니다.

베키 엄마: 베키는 개성이 강하고 자신감이 넘친다니까요.
이웃집 부인: 그거 좋군요!
베키 엄마: 항상 좋은 건 아니에요. 아주 고집이 세거든요.
이웃집 부인: 거참 안됐군요!
베키 엄마: 아니, 그건 좋은 거죠. 그 애는 다른 애들의 영향을 잘 받지 않으니까요.
이웃집 부인: 그거 좋군요!
베키 엄마: 늘 좋은 건 아니죠. 그 아이는 내 영향도 잘 받지 않으니까요.
이웃집 부인: 거참 안됐군요!

베키 엄마: 그렇긴 해도 베키는 매우 똑똑하고 독립심이 강해요. 아주 어렸을 적부터 혼자서 옷을 입고 식사도 했어요.

이웃집 부인: 그거 좋군요!

베키 엄마: 그래요. 하지만 언니 오빠들과 같은 수준으로 하지 못하면 쉽게 좌절하곤 해요. 때로는 화를 내기도 해요.

이웃집 부인: 거참 안됐군요!

베키 엄마: 그래요. 하지만…

우리 자녀들의 강점과 약점은 한데 얽혀 있습니다. 한 가지 특성이 긍정적인 측면과 부정적인 측면을 가지고 있습니다. 그리고 관점에 따라 강점이 약점이 되기도 하고, 약점이 강점이 되기도 합니다.

로라는 외모에 관심이 없는 자기 딸 신디에게 외모에 신경을 좀 쓰게 하려고 "네 친구 빅토리아를 좀 봐라. 얼마나 외모를 잘 가꾸니"라고 자주 말하곤 했습니다. 빅토리아는 열한 살인데 깔끔하기 짝이 없었습니다. 그 아이는 언제나 나무랄 데 없이 외모를 가꾸었습니다. 머리카락 하나 흐트러지지 않았고, 꾸김살 하나 없는 옷에 잘 어울리는 양말과 리본, 거기다 머리핀까지 했습니다.

그런데 어느 날 빅토리아가 신디네 가족과 주말을 함께 보내기 위해 왔습니다. 첫날 저녁이었습니다. 식사를 마치고 온 가족이 아이스크림을 사먹으러 밖으로 나가기로 했습니다. 그런데 빅토리아가 사라졌습니다. '더 어울리는 차림새를 하기 위해서'였습니다. 가족들은 기다리고 또 기다렸습니다. 빅토리아는 완전히 새로운 옷차림으로 바꾸었으며, 머리에 솔질과 빗질을 하고, 다시 옷 손질을 하고, 마침내 아이스크림을 먹으러 나갈 준비가 다 끝나자 나타났습니다. 로라가 알게 된 것은 빅토리아는 무슨 일을 하든지 그 일에 '더 어울리는'

옷차림을 해야 했으며, 그러다 보니 하루에도 옷을 몇 번씩이나 갈아입는다는 사실이었습니다. 빅토리아를 기다리면서 보니까 그 애가 이 옷 저 옷 자꾸 갈아입는 동안 빨랫감은 산더미처럼 쌓이고 있었습니다.

빅토리아에 대한 로라의 생각은 바뀌기 시작했습니다. 빅토리아에 대해 매력적이고, 흠잡을 데 없고, 몸치장을 잘 한다고만 생각했으나 이제는 그 애가 허영심이 강하고, 자기밖에 모르며, 이기적이라는 생각도 들었습니다. 빅토리아가 바뀐 것은 없습니다. 그러나 빅토리아에 대한 로라의 시각은 확 바뀌었습니다. 이제 로라는 신디가 시간을 잘 지키고, 외모에 대해 합리적이고 느긋한 태도를 가진 것에 대해 더 감사하게 되었습니다.

모든 강점에는 그에 상응하는 약점이 있습니다. 창의성이 뛰어난 아이는 공상가일 수가 있습니다. 열정과 의욕이 넘치는 아이는 문을 쾅 닫거나 너무 큰 소리로 떠들 수가 있습니다.

당신의 자녀에게서 눈에 띄는 모든 약점들에 대해, 그에 상응하는 강점들을 생각해 보십시오. 긍정적인 가능성들에 초점을 맞추십시오. 당신의 자녀가 자신의 잠재력을 알고 계발하도록 도와주십시오.

약점들 그 자체가 하나님께서 그 이름을 영화롭게 하는 데 사용하시는 도구일 수 있습니다. 약점들은 종종 당신의 자녀에게 자신이 하나님을 필요로 한다는 것을 더 잘 인식시켜 주며, 그 애가 하나님의 도움을 경험할 수 있는 자연스런 기회를 제공합니다. 하나님께서는 당신 자녀의 삶에서 자신을 나타내기 원하십니다. 그러한 확신을 가지고 약점인 영역들을 바라볼 때 당신과 당신의 자녀는 걱정을 덜고 믿음을 키울 수 있습니다.

한나 허나드는 저서에서 자신의 삶에 있었던 사건 하나를 소개하고 있는데, 우리 약점을 통해 자신을 나타내시는 하나님의 능력을 잘 보여 줍니다.

한나 허나드는 평생 말을 심하게 더듬었고 지나칠 정도로 수줍음을 많이 탔습니다. 새신자로서 성경 학교에 들어가기 위하여 용기를 발휘한 것까지도 하나님의 은혜가 그의 삶에서 역사하고 있다는 선명한 증거일 정도였습니다. 한나는 그리스도를 사랑했습니다. 한나는 날마다 그리스도와 단둘이 갖는 시간을 즐겼습니다. 성경을 읽고 기도하면서 보내는 시간이었습니다. 이런 시간을 통하여 하나님께서는 고린도후서 12:9 말씀을 그의 마음속 깊이 새겨 주셨습니다. "내게 이르시기를, '내 은혜가 네게 족하도다. 이는 내 능력이 약한 데서 온전하여짐이라' 하신지라, 이러므로 도리어 크게 기뻐함으로 나의 여러 약한 것들에 대하여 자랑하리니 이는 그리스도의 능력으로 내게 머물게 하려 함이라."

그 후 얼마 되지 않아 하나님께서는 이 약속의 실체를 경험할 수 있는 기회를 한나에게 주셨습니다. 사람들 앞에서 간증을 하라는 요청을 받았을 때 대부분의 사람들이 느끼는 염려를 상상해 보십시오. 그러한 염려와 두려움은 수줍음 많고 말을 더듬는 사람에게 열 배는 더 심했습니다. 그는 열차 승무원에게 행선지도 제대로 말하지 못하는 사람이었으니까요.

간증을 해야 할 날이 가까워 옴에 따라 한나는 그저 도망치고 싶은 마음, 거스를 수 없는 강렬한 두려움에서 벗어나고 싶은 마음뿐이었습니다. 그러나 하나님께서는 한나가 그분 자신의 약속과 정면으로 맞닥뜨리게 하셨습니다. "고린도후서 12:9의 약속으로 인해 나를 신뢰하겠니? 내가 너의 약점을 네 삶에서 나를 나타낼 기회로 삼을 것으로 굳게 믿겠느냐?" 이것이 핵심이었습니다.

한나는 고린도후서 12:9을 주제로 간증을 했으며, 간증을 마칠 때까지 한 번도 말을 더듬지 않았습니다. 그날 하나님께서는 한나 자신과 그의 급우들에게 자신을 나타내셨습니다.

하나님께서는 한나가 말을 더듬는 것을 완전히 그리고 영구히 치유하실 수도 있었습니다. 그러나 결코 그렇게 하지 않으셨습니다. 그것은 하나님께서 한나에게 주신 선물이었습니다. 그 약점으로 인해 한나는 하나님을 신뢰해야 한다는 것을 계속 상기하게 되었습니다. 그것은 하나님께서 자신을 하나님으로 나타내시는 수단이었습니다.

하지만 이것이 어머니들과 어떤 관계가 있습니까?

자녀들을 위해 기도하고 계획하는 시간

잠시 멈추고 당신의 자녀들을 하나씩 떠올려 보십시오. 기도하는 가운데 한 번에 하나씩 아이들을 하나님 앞에 데리고 나가십시오. 다음과 같이 하면 기도하는 데 도움이 될 것입니다.

출생 전 당신의 아이가 빚어지고 있을 때 하나님의 손이 그분의 선하신 계획에 따라 아이에게 함께했다는 사실을 **시인하십시오**.

하나님께서 아이를 만드신 방법에 대해 불만이 있는 영역들을 **인정하십시오**.

아이를 위한 하나님의 설계를 **받아들이십시오**. 아이를 그 모습 그대로 만드신 것에 대해 하나님께 **감사하십시오**.

자신의 영광을 위해 그 아이를 만드시면서 하나님께서 가지고 계신 목적을 **지지하십시오**.

아이의 삶을 위한 하나님의 계획에서 하나님과 **연합하십시오**.

아이를 키우는 일에서 목표는 자녀가 어떤 사람이 되어야 할지를 우리 마음대로 결정해 놓고, 그 틀에다 맞추기 위해 무자비하게 훈련을 시키고, 가르치고, 몰아붙이고, 계속 다그치고, 구워삶는 것이 아닙니다. 그 대신, 우리는 하나님께서 그들을 설계하셨다는 것을 인정해야 합니다. 하나님께서는 다 성숙한 한 사람을 마음속에 두고 계시며, 장기적인 목적을 가지고 계십니다. 우리가 할 일은 하나님과 같은 시각으로 우리 자녀를 보며 아이를 위한 하나님의 계획에 참여하는 것입니다. 조각가와 같이 우리는 아직 다듬지 않은 돌에서 최종 작품이 빚어져 나오는 것을 그려 보아야 합니다.

하나님의 계획에 참여하려면 기도하고 계획하는 시간을 가져야 합니다. 그러나 그 시간이 가장 필요할 때 시간적 여유가 가장 없는 것처럼 보입니다.

오키나와에서 선교하고 있을 때, 우리에게는 세 살짜리 아이 하나, 두 살짜리 하나, 그리고 젖먹이 하나가 있었습니다. 그 당시 나는 양치질하는 것을 레크리에이션으로 여길 정도였습니다. 자유 시간이라는 것은 나에게 없었습니다. 하고 싶은 일은 고사하고 해야 할 일을 다 할 만한 시간도 없었습니다.

대개는 다른 사람들이 우리 가족과 함께 살았습니다. 우리 집에 함께 살면서 주님의 제자의 삶을 훈련받는 사람들이었습니다. 종종 우리 집에서 성경공부와 모임이 있었습니다. 우리는 군인들을 대상으로 선교했는데, 많은 사람들을 위해 음식을 준비해야 하는 경우가 잦았습니다. 이 엄청난 압력으로 인해 나는 무엇을 하고 무엇을 그냥 둘 것인지 결정하지 않을 수 없었습니다.

예수님께서도 우리와 똑같이 시간이 부족했습니다. 그럼에도 기도와 계획을 위한 시간을 내셨습니다. 마가복음 1:29-39에서 예수님의 사역이 활동으로 꽉 차 있는 것을 볼 수 있습니다.

예수님께서 시몬의 장모의 병을 고치시자 그 소문이 퍼졌던 게 틀림없습니다. 해가 저물 무렵에는 온 동네가 문 앞에 모였고 예수님께서 각색 병든 많은 사람을 고치신 것을 보면 알 수 있습니다. 그날 저녁은 매우 분주했던 게 분명합니다. 그런데도 이튿날 예수님께서는 이른 아침에 일어나셨습니다. "새벽 오히려 미명에 예수께서 일어나 나가 한적한 곳으로 가사 거기서 기도하셨습니다."

예수님께서는 기도하기 위해 조용히 물러가 계셨지만 그 시간은 얼마 있지 않아 제자들 때문에 방해를 받았습니다. 시몬 및 그와 함께 있는 자들이 예수님의 뒤를 따라가 "모든 사람이 주를 찾나이다!"라고 말했기 때문입니다. 반응이 좋은 무리들, 관심을 기울여 달라고 극성스럽게 요구하는 수많은 사람들. 더 큰 사역을 하기에 얼마나 놀랍고 신나는 기회인지 모릅니다. 그런데 잠깐! 예수님의 답변을 들어보십시오. "우리가 다른 가까운 마을들로 가자. 거기서도 전도하리니 내가 이를 위하여 왔노라."

왜 황금 같은 기회를 저버리고 떠납니까? 다른 마을에서 전도하는 것이 하나님의 계획이었기 때문이었습니다. 예수님께서는 그 한적한 장소에서 기도하는 가운데 아버지와 얼굴과 얼굴을 대면하며 함께 시간을 보내셨습니다. 예수님께서 시간을 내셨던 것은 자신의 사역을 위한 하나님의 전략을 알기 위해서였습니다. 우리도 예수님의 본을 따라야 하지 않겠습니까? 기도하고 계획하면서 시간을 보내는 것은 필요할 뿐더러 우선순위를 차지해야 합니다.

기도하고 계획하면서 보내는 시간은 하나님과 같은 시야로 우리 자녀들을 보는 데 도움이 됩니다. 기도하고 계획하는 시간을 통해 우리는 그 아이들을 위한 하나님의 계획에 우리 자신을 맞출 수 있습니다. 아이들을 키우는 일은 우리 편의를 위해 일시 정지 버튼을 누를 수도 없고, 도배 계획처럼 뒤로 미룰 수도 없습니다. 아이들을 보살피는 일은 휴일이나 비번인 날까지, 또는 마침내 모든 일이 수습될 때까지 기다릴 수가 없습니다! 하나님께서는 우리 자녀들을 위해 그분 자신과 함께 일할 수 있는 특권을 주셨으며, 자녀들은 우리의 우선순위를 차지해야 합니다.

하나님과 단둘이 보내는 이런 시간을 가질 때, 하나님께서 맡겨 주신 일, 즉 자녀 양육에 대한 나의 헌신은 새로워지고 명료해집니다. 또한 기도하고 계획하는 시간을 통해 나 자신을 평가하게 됩니다. "주님, 저는 주님께서 제게 원하시는 바를 하고 있습니까?"

기도 시간은 또한 내가 하나님과 동역하고 있음을 상기시켜 줍니다. 나 혼자 아이를 키우고 있는 것이 아닙니다.

기도 시간을 갖는 중에 종종 우리 아이들에 대한 새로운 통찰력과 자녀 양육에 대한 새로운 전망을 얻습니다. 이런 식으로 나는 우리 집을 세우기 위한 새로운 깨달음과 실제적인 아이디어를 얻습니다.

기도하고 계획하는 시간은 아이들 하나하나에 대해 주의 깊게 생각할 수 있는 기회도 됩니다. 이를 통해 각 아이로 인한 감사가 커질 뿐 아니라, 그 아이를 위해 어떻게 기도해야 할지도 알게 됩니다. 기도하고 생각하고 관찰한 바를 기록하다 보면 다른 방법으로는 깨닫지 못하거나 지나쳤을 필요들을 알 수 있게 됩니다.

최근에 그런 시간을 갖고 있는데, 우리 아이들이 나와 단둘이 갖는 시간을 원했다는 것이 생각났습니다. 세 아이 모두 지난 몇 주 동안에 한 번 이상 그런 시간을 요구했습니다. 나는 생각해 보았습니다. "이것이 무엇을 의미하지?" "이 일에 대해 나는 어떻게 하나님과 보조를 맞출 수 있을까?"

우리는 며칠간의 휴가에서 막 돌아온 터였습니다. 그래서 우리 스케줄은 그리 빡빡하지는 않았습니다. 휴가 기간 중에도 베스와 그레이엄은 나와 단둘이 산책을 하자고 한 적이 있었습니다. 두 아이는 제각기 나와의 대화 시간을 필요로 했습니다. 그런 시간이야말로 나의 집중적 관심을 받고 있다는 것을 아는 시간이었습니다. 생각해 보니, 아이들 마음속에는 많은 생각이 자리 잡고 있었습니다. 개학이 눈앞으로 다가왔고, 한 친구는 부모가 이혼하는 바람에 어려움을 겪고 있었습니다. 게다가 아이들은 저마다 개인 성장에 있어서 독특한 시기를 거치고 있었습니다. 기도하면서 하나님께서 우리 자녀들에 대해 하시는 말씀에 귀를 기울이는 시간을 통해 그들의 이러한 필요를 알 수 있었습니다. 나는 아이들을 위해 기도도 하고, 각 자녀와 단둘이 적절한 시간을 보내기 위한 구체적인 방법도 생각해 낼 수 있었습니다.

린다는 아들 필립이 생후 18개월이 되었을 때, '어떻게 이 아이가 내 아이일 수 있을까?' 하는 생각이 들기 시작했습니다. 병원에서 아이가 바뀐 것은 아닌가? 얼굴은 자기도 남편도 닮지 않았으며, 행동도 마찬가지였습니다. 필립은 고집이 세고 신경질적이었습니다. 린다는 '얘가 18개월인데 이렇게 힘들게 한다면 18세일 때는 도대체 어떻게 될까?' 하는 생각이 들었습니다.

린다는 필립에게 옷을 입히는 것과 같은 일상적인 일도 겁이 났습니다. 그 아이는 신발을 신고 신발 끈을 매는 것까지 뭐든 자기가 하겠다고 고집했습니다. 그러나 그 아이의 능력은 의욕을 따라가지 못했습니다. 그 조그만 손으로는 신발 끈을 매는 것은 고사하고 신발을 신지도 못했습니다. 자기 뜻대로 되지 않자 종종 필립은 화를 내는 것으로 그 좌절감을 드러냈습니다.

어느 날 린다와 남편은 그 문제에 대해 함께 기도하는 시간을 가졌는데, 그 후 남편은 이렇게 말했습니다. "필립은 좌절감을 느낀다는 생각이 들어요. 그 애는 우리를 화나게 하려고 애쓰고 있는 게 아니오. 그 애는 자기보다 나이 든 아이들이 스스로 옷을 입는 것을 보았으며, 자기도 그들처럼 하기를 원하고 있소. 난 그 애가 놀고 있는 것을 유심히 본 적이 있는데, 그 애는 다른 애들이 하는 것은 뭐든 따라 하려고 했고, 따라 할 수 없을 때는 좌절을 하는 것이오. 저한테 한계가 있음을 깨닫지 못하고 있는 것은 단지 어리기 때문이오. 필립에게는 매우 좋은 자질이 있는 것 같소. 그 애는 의욕과 야망이 있는 아이요. 그런 것들을 제 스스로 해보겠다고 하는 것은 놀라운 일이오."

린다는 필립에게 짜증스런 반응을 보이는 것이 도움이 되지 않는다는 것을 깨닫기 시작했습니다. 린다는 필립의 좌절감을 이해하려고 했습니다. 린다는 '내가 필립이라면 내가 자기에게 어떻게 대하기를 원할까?' 하고 자신에게 물어 보았습니다. 린다는 자신의 삶에서 좌절감을 느끼게 했던 사건들을 떠올려 보았습니다. 어떤 것을 시도했으나 형편없는 수준으로 되었을 때 말입니다. 그럴 때 자기는 하나님의 인내, 이해심, 그리고 도우심을 기억했습니다.

그래서 다음번에 필립이 신을 신으려고 애쓰고 있는 것을 보고서는 재빨리 다가가서 이렇게 말했습니다. "얘야, 네가 신발을 신으려고 애쓰고 있는 게 참 자랑스럽구나. 우리 필립은 정말 남자다워! 조금만 있으면 이 모든 걸 네 스스로 할 수 있을 거야. 하지만 아직은 멀었지. 신발 신는 것을 엄마가 도와줄까?"

아마도 린다의 목소리의 어조나 얼굴 표정을 통해서였겠지만, 어쨌든 필립은 엄마 말을 알아들은 것 같았습니다. 그것은 린다와 필립의 관계에서 하나의 전환점이 되었습니다.

린다와 그의 남편은 필립의 성격을 바꾸어 주기 위해 계속 영향을 주었습니다. 어쨌든 그들이 기도 시간을 가진 후에 하나님께서 주셨던 통찰력은 그 가족을 변화시켰습니다. 그 기도 시간이 당황스러운 상황을 해결하는 열쇠가 되었습니다. 이제 린다는 필립이 자기 아들임에 틀림없다는 확신을 가지고 있습니다. 그 애의 외모는 점점 더 아빠를 닮아 가고 있으며, 린다는 그 아이의 고집이나 기질도 결국은 물려받은 게 아닌가 생각하고 있습니다.

필립의 강점 또한 점점 더 확연히 드러나고 있습니다. 필립은 삶에서 의욕과 열정을 나타내고 있습니다. 그 아이는 여전히 결의가 굳고 열심이 있으며 모험심이 있습니다. 하지만 좌절감은 줄어들었습니다. 이제는 몸이 따라 주니까요.

시간을 내어 각 자녀들에 대해 기도하며 곰곰이 생각할 때, 하나님께서는 부정적인 것 가운데서 긍정적인 것을, 혼란 가운데서 해결책을, 실망되는 것 가운데서 격려되는 것을 볼 수 있게 해주십니다.

자녀에 관한 '평가표' 작성법

다음과 같이 하여 각 자녀에 대한 '평가표'를 작성해 보십시오.

1. 하나님과 단둘이 보내기 위해 시간을 따로 떼어 두십시오. 주말에 남편에게 아이를 부탁하면 하나님과 단둘이 몇 시간을 보낼 수 있습니다. 또는 다른 어머니와 교대로 아이를 봐줄 수도 있습니다.

2. 기도에 충분한 시간을 들여 보십시오. 하나님과 단둘이 두 시간을 보내든 하루 종일을 보내든 간에, 시간을 유익하게 사용하는 좋은 방법들이 많이 있습니다.

3. 하나님의 말씀을 읽고, 하나님의 지시 사항을 찾고, 기도하면서 시간을 보내십시오. 당신의 목표는 하나님과 보조를 맞추고, 당신과

당신의 자녀들을 위한 하나님의 계획과 보조를 맞추는 것이지, 단지 당신 자신의 생각을 하는 것이 아닙니다.

   4. 대개의 경우, 나는 혼자 갖는 시간의 마지막 시간은 아이들 하나 하나에 대해 생각하고 각 아이들을 위해 기도하는 데 할애합니다. 종이 낱장의 맨 위에 각 자녀의 이름을 적고 그 아이에 대해 생각나는 아이디어들을 모두 기록하도록 하십시오.

   완성된 '평가표'의 예를 소개합니다.

강점

1. 성실하다. 말하지 않아도 매일 아침 침구 정리를 잘한다.
2. 창의적이다.
3. 온유하고 민감하다(동생들이나 상처받은 사람들에게 친절하다).
4. 옳고 그른 것에 대한 인식이 분명하다.

약점

1. 치밀하지 못하고 잘 잊어버린다(이번 주에 세 번이나 도시락을 놔두고 감).
2. 감사가 부족하다(기도할 때 간구만 있고, 감사는 별로 없다).

관찰

1. 최근에 외모에 더 신경을 쓴다(몸치장, 옷차림 등).
2. 킥킥 웃는 버릇이 있다. 오빠와 함께 갑자기 킥킥 웃기도 한다.
3. 학교생활에 대해 염려가 있다. 이 때문에 도시락을 잊어버리는 지 모른다.
4. 개를 좋아한다.

적용

1. 아침에 좀 더 치밀해지도록 돕기 위해, 아침 먹으러 오기 전에 학교 지참물을 모두 현관에 내놓도록 시키겠다. 그렇게 하는 게 도움이 된다고 생각하는 이유를 그 아이에게 설명해 주겠다.
2. 매일 아침 그 아이가 학교로 출발하기 전에 함께 기도를 하겠다. 이를 통해 돌보아 주시는 하나님께 초점을 맞추도록 돕고, 학교 생활에 대한 염려를 덜어 주기 위해 노력하겠다.
3. 학교생활에 대한 염려의 원인이 무엇인지 알 수 있게 해주시도록 하나님께 기도하겠다.

강점

이런 식으로 우리 아이들을 평가할 때 나는 몇 가지 강점을 열거합니다. 언제나 약점보다는 강점을 더 많이 열거합니다. 당신의 초점은 긍정적인 것들에 가 있어야 합니다.

각 자녀에 대해 폭넓게 생각하도록 하십시오. 그 아이의 영적인 면, 신체적인 면, 사회적인 면, 지적인 면, 그리고 감정적인 면에 대해 깊이 생각하십시오. 새롭게 드러나는 성격 특성들이 있으면 면밀하게 주의를 기울여 보십시오.

현재의 상태를 생각하십시오. 사람은 변화하며 늘 같은 게 아닙니다. 오늘 당신의 아이는 어제와 똑같지 않습니다. 그 아이의 개성은 변화되고 더 뚜렷해집니다. 흥미는 다양해집니다. 그 아이는 끊임없이 새로운 사람으로 바뀌어 가고 있습니다.

약점

약점들은 참된 축복입니다. 네비게이토 선교회에서 주님을 섬기고 있는 짐 화이트는 이렇게 썼습니다. "마귀의 핵심 전략 가운데 하나가 그리스도인에게 하나님께서는 실패자들은 앞으로 사용하지 않으신다는 생각을 심어 주는 것이다. 실상을 말하자면, 실패의 경험은 때로 하나님께서 훗날 우리를 사용하며 또 모든 영광을 받으실 수 있게 해준다."

올바른 시야에서 보면 약점들은 경이로울 수 있습니다. 그리고 하나님과 단둘이 갖는 시간은 그 약점들을 올바로 볼 수 있는 가장 좋은 지점으로 우리를 이끕니다. 기도하고 계획하는 시간은 우리에게 약점, 실패, 그리고 현재의 문제들에 대한 하나님의 시야를 갖게 해줍니다.

초등학교 4학년 학생에게는 야구 경기에서 세 번이나 삼진을 당하는 것은 생사의 문제 같지만 그 아이가 마흔 살이 되었을 때는 별 의미가 없을 것입니다. 우리는 그 아이에게 동정심을 가질 수 있으며, 개인적인 실패를 건설적인 경험으로 받아들이도록 도울 수 있습니다. 진정으로 위대했던 사람은 대개 다 실패를 경험한 적이 있다는 사실을 상기시켜 줄 수도 있습니다.

이러한 전망을 가짐으로 우리는 그 아이를 동정하며 격려할 수 있게 됩니다. 이렇게 말해 줄 수 있습니다. "얘야, 삼진을 당해서 네가 어떤 기분일지 이해가 간다. 누구나 실패를 경험할 때가 있지. 예를 들어 볼까? 해리 트루만이라는 사람은 운동을 못했지. 그래서 여가 시간이 나면 주로 독서를 했다. 특히 역사책을 많이 읽었지. 나중에 그 사람은 미국 대통령이 되었단다. 그에게는 야구보다 역사에 대해 더 잘 아는 게 도움이 되었다."

아이가 실패나 시련을 겪을 때, 그 아이의 인생은 긴 세월로 이루어진다는 것을 기억하십시오. 게임에서 진다거나 어떤 과목에서 낙제를 하거나 친한 친구한테서 상처를 받는다고 해서 그 애의 인생이 다 끝난 것은 아닙니다.

자녀들의 약점을 일생의 관점에서 바라보게 되면 어떤 문제에 대한 우리의 염려가 줄어들기도 하지만, 어떤 문제는 더 심각하게 보일 수 있습니다. 예를 들면, 정직하지 못한 것이나 게으른 것은 일생 동안 나쁜 영향을 미치기 때문에 신중하게 다루어 주어야 합니다.

관찰

나는 각 자녀에 대한 관찰 사항을 정기적으로 목록으로 만들기 좋아합니다. 이러한 습관에 힘입어 나는 그 아이들의 개성에 대한 통찰력을 가질 수 있었으며, 더 나은 '아이 관찰자'로 계발되었습니다.

영국의 여성 동물학자인 제인 구달은 일생의 많은 부분을 아프리카에서 침팬지를 관찰하면서 보냈습니다. 그는 어려움을 견디며 수백 시간에 걸쳐 침팬지들을 관찰했으며, 자신의 주의 깊은 연구를 토대로 얻은 자료들을 모으고 편집했습니다. 그가 한 일에 대해 설명하고 있는 기사를 읽을 때 '내가 우리 아이들에 대해 알고 있는 것보다 제인이 자기 침팬지들에 대해 더 잘 알고 있는 건 아닐까?' 하는 생각이 들었습니다. 우리 아이들에 대해 더 잘 알아가기 위해 하나님의 도움을 구할 수 있습니다.

적용

다음 단계는 아이가 하나님께서 원하시는 사람으로 계속 계발되도록 돕기 위해 내가 할 수 있는 것을 결정하는 것입니다. 평가표의 기록 내용에서 한 영역을 고르십시오. 강화시켜야 할 강점일 수도 있고, 극복해야 할 약점일 수도 있습니다.

경영 자문을 맡은 사람들은 사업체 중역들에게 사원들의 약점을 고치는 데 에너지와 시간을 들이지 말고 그들의 강점을 최대한 활용할 수 있는 곳에 그들을 배치하라고 조언합니다. 어머니들도 같은 원리를 통해 유익을 얻을 수 있습니다.

만약 아이가 글짓기는 썩 잘하나 수학은 못한다면 '오로지' 수학을 잘 못하는 것에만 초점을 맞추지 마십시오. 글쓰기 능력을 계발시켜 주기 위한 여러 가능성들을 타진해 보십시오. 가족의 성탄절 카드를 만들어 보게 하거나, 글짓기 대회에 나가도록 격려하십시오.

예를 들면, 아이가 침대 정리를 잘한다면 베개 곁이나 도시락 속에 그 애가 침대 정리를 잘하는 것에 대해 고마워하고 있다는 내용의 쪽지를 남겨 둠으로 그 애의 강점을 북돋아 줄 수 있습니다. 또는 감사를 표현하고 그를 인정해 주면서 다른 책임을 맡길 수도 있습니다 (잔디 깎기, 세차 등). 그러면서 "아빠와 엄마는 이 책임을 너한테 맡기기로 했단다. 너를 믿어도 된다는 걸 알기 때문이지"라고 말해 줍니다.

당신 아이가 미술을 좋아한다면 새로운 미술 작품을 만들어 볼 수 있는 기회를 마련해 주십시오. 스펀지에 물감을 묻혀 그림 그리기, 크레용화, 콜라주 등. 또는 미술관을 함께 방문하십시오.

만약 자녀가 감사하는 삶에서 발전하기를 바란다면, 함께 기도하는 시간에 당신 가정의 감사기도 제목을 목록으로 만들어 볼 수 있습니다. 아이에게 그 감사 제목 가운데 몇 개를 골라서 하나님께 감사하게 하십시오.

기도

기도하고 계획하는 시간을 가지면 각 자녀를 좀 더 잘 알게 됩니다. 깨달은 바가 머릿속에서 선명할 때, 자녀를 위해 구체적으로 기도해야 할 것들을 기록해 두십시오. 자주 사용할 수 있는 곳에 그 기도 제목 목록을 두십시오. 당신의 성경 속이나 침대 곁에 둘 수도 있고, 냉장고 문에 붙여 둘 수도 있습니다.

하나님께서는 당신 자녀의 성장을 위한 최적의 환경으로 당신의 가정을 택하셨습니다. 하나님께서는 그 아이의 엄마로 당신을 택하셨습니다. 하나님께서는 당신의 자녀를 위한 계획을 가지고 계시며, 당신은 기도하고 계획하는 것을 통하여 하나님의 동역자가 될 수가 있습니다.

정기적으로 각 자녀에 대한 평가표를 재작성하면, 그들에 대한 고정 관념에 사로잡히지 않게 되고 '어제의 생각'을 하지 않게 됩니다. 6개월 전에 무책임한 행동을 몇 차례 한 아이가 최근에는 그런 행동을 한 번도 하지 않았을 수도 있습니다. 그 애를 '무책임한 녀석'이라는 라벨이 붙은 상자에 집어넣고 못질을 하지 마십시오. 자녀를 날마다 공정하고 새로운 시야로 볼 수 있게 도와주시도록 하나님께 기도하십시오.

✱ 묵상과 토의를 위한 질문 ✱

1. 당신 아이와 관련하여 당신을 가장 기쁘게 하는 것은 무엇입니까?
2. 당신 아이를 묘사하는 단어 세 개를 골라 보십시오.
3. 이 장의 '자녀들을 위해 기도하고 계획하는 시간'이라는 단락의 내용을 가지고 기도하십시오. 그리하여 '시인하고,' '인정하고,' '받아들이고,' '지지하고,' '하나님과 연합하십시오.' 이를 통해 당신 자신에 대해 배운 바는 무엇입니까?
4. 각 자녀에 대한 평가표를 작성하십시오.

주 :

1. Julius Segal and Herbert Yahraes, "Bringing Up Mother," *Psychology Today*, November 1978, p.90.

제7장
자녀를 위한 기도

예수님께서 당신을 똑바로 쳐다보시면서 "무엇을 원하느냐?"라고 물으신다면 무엇을 해달라고 요청하겠습니까?

그리고 당신의 자녀들을 생각해 보십시오. 예수님께서 각 자녀를 위해 무엇을 해주셨으면 합니까? 그 아이들을 위해 무엇을 구해야 합니까? 무엇을 위해 기도해야 할지를 보여 주는 지침서라도 있습니까? 어떻게 하면 "하나님, 우리 아이가 잘되게 해주세요" 그 이상의 기도를 할 수 있을까요?

이러한 질문들과 씨름하다 보니 우리의 유창한 기도, 재빨리 해치우는 기도, 마음의 만족만을 위한 기도에 대해 따져 보지 않을 수가 없었고, 자녀들을 위한 기도의 동기와 내용을 다시 생각해 보지 않을 수가 없었습니다.

오래 전 예수님께서는 한 어머니에게 비슷한 질문을 하셨습니다. 그는 세베대의 아내이자 예수님의 두 제자 야고보와 요한의 어머니였습니다. 그를 세베대 부인이라고 부르겠습니다. 세베대 부인이 예수님을 만난 사건을 마태복음 20:20-28에서 살펴보도록 합시다.

예수님을 따르고 있었던 사람들은 새로운 왕과 왕국에 관심이 쏠려 있었습니다. 예수님께서 예루살렘을 향해 가시자 앞으로 한자리 할 것이라는 기대감은 점점 더 부풀어 올랐습니다. 세베대 부인과 그의 두 아들도 그런 분위기에 휩쓸려서 큰 소망을 가지고 예수님을 따라가고 있었습니다.

세베대 부인은 자기 아들들이 예수님과의 관계에서 특별한 위치를 차지하고 있는 것을 보았습니다. 예수님께서는 종종 무리로부터 떠나실 때도 야고보와 요한은 데리고 가셨습니다. 그러기에 세베대 부인은 예수님께 나아갔습니다. 한 가지 요청을 드리기 위해서였습니다. 예수님 앞에 무릎을 꿇자 예수님께서는 관심을 보이시며 "무엇을 원하느뇨?"라고 물으셨습니다.

깜짝 놀랄 만한 요청

세베대 부인은 자신이 뭘 원하는지 알고 있었습니다. 구할 채비가 다 되어 있었던 것입니다. 그래서 그것을 간단명료하게 아뢰었습니다. "이 나의 두 아들을 주의 나라에서 하나는 주의 우편에, 하나는 주의 좌편에 앉게 명하소서."

이 얼마나 놀라운 요청인지요! 왕에게 구할 수 있는 것 가운데 왕국의 둘째와 셋째 자리보다 더 큰 것이 어디 있겠습니까? 그 부인은 대단한 용기와 꿈의 소유자이었거나 아니면 철면피 그 자체였을 것입니다.

예수님께서는 그 요청을 들어주겠다고 확답하지는 않으시고 다만 "너희 구하는 것을 너희가 알지 못하는도다"라고 말씀하셨습니다. 예수님의 나라에서 예수님의 좌우편에 앉을 사람은 오직 하나님께서 결정하실 것입니다. 그 여인이 구한 것을 받았는지는 예수님께 가봐야 알겠지만, 구할 당시에는 그에게 어떠한 약속도 하지 않으셨습니다.

그 요청을 들은 다른 제자들은 권력을 장악하기 위한 그런 시도에 대해 분개했습니다. 야고보와 요한이 다른 제자들보다 더 좋은 자리를 차지할 만한 무슨 특권이라도 있었습니까? 오늘날 성경을 가르치는 사람들은 대부분 그 여인을 칭찬하는 데 인색하지만, 그 사건을 통해 나는 기도와 관련한 나의 생각에 많은 도전을 받았습니다.

이 여인은 시간을 내어 예수님께 나아갔습니다. 뭔가를 구하기 위해서였습니다. 우리 또한 기도를 위해 시간을 내어야 합니다. 기도에 관한 저서에서 S. D. 고든은 이렇게 말합니다.

> 오늘날 이 세상의 위대한 사람들이란 기도하는 사람들이다. 기도에 대하여 말하거나 기도의 능력을 믿는다고 하거나 기도에 대해 설명할 수 있는 사람이 아니라 바로 시간을 내어서 기도하는 사람을 말한다. 그들은 시간이 없다. 어떤 다른 일에서 시간을 내어야만 한다. 그 다른 일도 중요하다. 대단히 중요하며 긴급하다. 그러나 기도만큼 중요하고 긴급하지는 않다.[1]

진지한 기도를 드리기 위해 시간을 계획하지 않는다면 내 시간은 어디론가 다 날아가 버리고 기도는 소홀해지고 말 것입니다. 매일 아침 나는 성경을 읽고 기도하기 위해 시간을 떼어 놓습니다. 깊은 묵상을 할 수 있는 긴 시간이든, 아니면 짧은 시간이든, 하나님과 단둘이 만나는 경건의 시간은 그것에 우선순위를 둘 때라야 꾸준히 가질 수 있습니다. 이 시간이 삶의 압력들과 활동들로 인해 스케줄에서 밀려나지 않게 하려면 오직 나의 결단이 필요합니다.

다른 것을 하는 중에 기도도 하십시오. 그런 습관을 들이면 기도 시간을 늘릴 수 있습니다. 나는 동네에서 산책을 하면서, 설거지를 하면서, 반죽을 하면서, 또는 차 있는 곳으로 걸어가면서 기도하기도 합니다. 점심시간에 혼자면 식사를 하면서 아이들을 위해 기도합니다. 요즘은 함께 저녁을 먹을 때 가족 하나하나를 위해 기도하는 것을 잊지 않으려고 애쓰고 있습니다.

아직 아이들이 어릴 때는 방해받지 않고 죽 기도할 수 있는 시간이 짧았습니다. 그러나 일상적인 일을 할 때 그 일을 계기로 기도하게 되면 기도 시간을 늘릴 수 있다는 것을 알았습니다. 아이들이 나이가 든 지금도 나는 여전히 그 습관을 유지하고 있습니다.

예를 들면, 아이에게 젖을 먹이면서는 하나님께서 아이의 영혼을 살찌워 주시도록 기도하고, 목욕을 시키면서는 아이가 그리스도로 말미암아 영적으로 정결해지도록 기도하고, 옷을 입히면서는 아이가 그리스도의 의로 옷 입게 되도록 기도하는 것입니다.

아이들을 위해 기도하는 시간은 부족해 보이지만, 매일 짧게라도 기도 시간을 계획하고 또한 일상적인 일을 하면서 기도를 한다면 시간을 많이 늘릴 수 있습니다. 우리는 시간을 만들고 시간을 내어서 기도해야 합니다.

그는 자신이 원하는 바를 알았다

원하는 바가 무엇인지 예수님께서 물으시자 세베대 부인은 망설이지 않았습니다. 구할 것을 미리 생각해 둔 것이 분명합니다.

나의 경우, 미리 생각한 것은 대개 목록으로 만듭니다. 할 일 목록,

구입할 식료품 목록, 써야 할 편지 목록 등. 나의 하루의 삶이 어떻게 될지는 손으로 써서 만든, 흔히 갈겨쓴 글씨로 된 이러한 목록과 긴밀하게 연관되어 있습니다. 할 일 목록을 잃어버리면 하루를 망치게 됩니다. 기도에 대해서도 마찬가지입니다. 현시점에 맞게 정리해 둔 기도 제목 목록이 없으면 기도는 엉망이 됩니다.

기도 제목 목록이 있으면 산만한 기도, 생각나는 대로 하는 기도, 대충 하는 기도를 피하는 데 도움이 됩니다. 그 목록을 통해 나는 하나님께서 우리 아이들에게 해주셨으면 하는 것들을 분명하고 구체적으로 알 수 있습니다.

남편은 색인 카드에다 기도 제목을 기록합니다. 남편은 가족 한 사람 한 사람을 위한 카드를 가지고 있으며, 각자를 위한 기도 제목과 응답을 기록해 나갑니다. 어떻게 하나님께서 역사하시는지를 다시 살펴봄으로써 남편은 믿음을 키워 가며, 하나님을 찬양하기 위한 구체적인 자료도 얻습니다.

자녀들을 위한 당신의 기도에 대해 잘 생각해 보십시오. 예수님께서 그들 각자를 위해 무엇을 해주시도록 구해야 할지를 결정하고, 그 기도 제목들을 기록하고, 하나님의 응답들을 기록해 나가십시오.

그는 큰 것을 구했다

세베대 부인의 믿음에 문제가 있을 수 있지만, 어쨌든 그는 예수님께서 곧 왕이 되신다는 것을 알고 있었으며, 두 아들을 위해 그 왕국의 요직 둘을 확보하려고 행동했습니다. 그의 동기는 의문의 여지가 있지만, 그의 본으로부터 우리 자녀들을 위해 하나님께 큰 것을 구하는 것에 대해 배울 수 있습니다.

하지만 무엇이 '큰' 기도 제목입니까? 우리 아이들이 건강하고, 돈을 많이 벌고, 똑똑해지도록 기도해야 합니까? 대형 교회의 담임 목사가 되거나 선교 단체를 설립하거나 수만 명의 청중 앞에서 그리스도를 전하도록 기도해야 합니까? 이런 기도가 하나님 보시기에 큰 기도입니까?

예수님께서는 이렇게 말씀하셨습니다. "너희 중에 누구든지 크고자 하는 자는 너희를 섬기는 자가 되고, 너희 중에 누구든지 으뜸이 되고자 하는 자는 너희 종이 되어야 하리라. 인자가 온 것은 섬김을 받으려 함이 아니라 도리어 섬기려 하고, 자기 목숨을 많은 사람의 대속물로 주려 함이니라"(마태복음 20:26-28). 만약 우리 자녀들이 큰 자가 되기를 원한다면 먼저 우리는 그들이 종이 되도록 기도해야 합니다.

잘못된 목표와 뒤틀린 가치관으로 인해 우리 기도가 왜곡될 수 있습니다. 우리 보기에 좋은 것이 반드시 하나님 보시기에도 좋은 것은 아닙니다.

포브스 로빈슨이라는 영국의 젊은이는 하나님에 대한 자신의 개념이 불완전하다는 사실을 인정했으며, 자신의 제한된 생각에 매이지 않는 큰 기도를 했습니다. 친구에게 보낸 편지에 로빈슨은 이렇게 썼습니다.

나는 자네가 지금까지 살았던 그 누구보다도 훌륭한 사람이 되기를 바라네. 하나님을 알고 하나님을 사람들에게 나타내는 사람 말일세. 이것이 내 기도의 짐이네. 나는 온 마음을 다해 간절한 기도 제목을 가지고 하나님께 나아가네. 하나님께서 내가 구하는 바를 주시도록 말일세. 나는 하나님께서 주실 거라고 확신하네. 그 구하는 바가 그분의 마음에 합한 것이니까.

나는 자네가 무슨 성공을 하거나 세상에서 '출세'를 하도록 기도하지 않네. 나는 자네가 나를 더 사랑하거나, 어떻게든 자네를 더 자주 볼 수 있도록 구하는 일도 별로 없네. 비록 그렇게 되기를 무척 바라기는 하지만.

그러나 나는 구하고, 간절히 기도한다네. 자네 속사람이 그리스도를 닮아 가고, 자네가 내 머릿속으로 생각해 낸 어떤 형상이 아니라 하나님의 형상으로 빚어지도록, 그리고 자네가 나의 이상이 아니라 하나님의 이상을 실현하도록 말일세. 비록 그 이상이 아무리 나를 혼란스럽게 하고, 그 이상이 실현된 것을 내가 아무리 알아보기 어려워도 말일세.

나는 자네가 나에 대한 사랑 때문에 그리스도에 대한 나의 관념이나 나의 보잘것없는 이상을 받아들여야 한다고 생각하고 싶지 않네. 나는 하나님께서 자네에게 사람들의 생각에 개의치 않고 자기 아들을 나타내 주시기를 원한다네. 내가 겨우 알기 시작한 분을 자네가 직접 알아가도록 해주시기 원한다네.

때로 이기적인 생각이 끼어들기도 하겠지만, 이것이 내 기도의 주류를 대변한다네. 그리고 이것이 기도를 통해 하늘로부터 얻어진다면 나는 끊임없이 기도할 생각이네. 자네에게 그대로 이루어질 때까지.[2]

우리는 야고보와 요한의 어머니가 그릇된 동기로 그릇된 것을 구했다고 결론을 내릴 수도 있습니다. 구할 때 그는 자리에 생각이 쏠려 있었습니다.

그의 기도가 부적절한 기도였다면 어떤 기도가 올바른 기도입니까? 하나님께서는 내가 자녀들을 위해 무엇을 구하기 원하십니까? 이것을 분별하려고 할 때 도움이 되는 지침이 몇 가지 있었습니다. 그 지침을 통해 나는 동기를 점검하며 내 기도가 하나님의 영광을 위한 것인지 나 자신의 영광을 위한 것인지 분별할 수 있었습니다. '큰 것'을 구하려고 할 때 다음과 같은 지침이 도움이 될 것입니다.

1. 자녀가 **천국에서 처소를 얻도록** 기도하십시오. 자녀의 구원을 위해 기도하십시오.
2. 자녀가 **천국의 자랑거리가 되도록** 기도하십시오. 자녀가 경건한 성품을 갖도록 기도하십시오.
3. 자녀가 **천국의 확장에 사용되도록** 기도하십시오. 자녀가 다른 사람들의 종이 되도록 기도하십시오.

천국에서 처소를 얻도록 하기 위한 기도

우리의 첫 번째 관심사는 자녀들의 구원입니다. 만약 그들이 하나님의 나라에서 처소를 얻으려면 마땅히 개인적으로 그리스도께 나아가야 하고 새로운 출생을 경험해야 합니다.

어거스틴의 독실했던 어머니 모니카는 아들의 구원을 위해 간절히 기도했습니다. 그렇지만 예수님을 믿지 않던 어거스틴의 아버지는 모니카가 아들을 예수님께 이끌려고 애쓰는 것만큼 죄로 이끌려고 애쓰고 있었습니다. 그 결과 어거스틴은 영적 흥미를 별로 나타내지 않았습니다.

어느 날 모니카는 어떤 주교를 찾아갔는데, 그 사람은 성경 지식이 많고 구원의 필요성에 대해 사람들에게 이야기를 잘하는 것으로 알려져 있었습니다. 모니카가 그 주교에게 어거스틴에게도 말해 달라고 요청하자 그는 거절했습니다. 모니카가 더 간절한 마음으로 간청하자 주교는 마침내 이렇게 외쳤다고 합니다. "이렇게 눈물을 흘리는 사람의 아들이 멸망한다는 것은 있을 수가 없다."

그리스도인이 된 후 어거스틴은 그것이 자기 어머니의 기도 덕분이라는 것에 대해 기도문에서 이렇게 썼습니다. "주님께서는 위에서 손을 내밀어 깊은 암흑에서 저를 끌어올리셨습니다. 이는 주님의 충성스런 자녀인 저의 어머니가 저를 위하여, 자녀가 죽었을 때 어머니들이 우는 것보다 더 울면서 주님께 간구했기 때문입니다."[3]

그로부터 여러 세기가 지난 후인 1849년 어느 토요일 오후, 또 한 명의 어머니가 자기 외아들 허드슨 테일러의 구원을 위하여 기도했습니다.

"자기 친구들을 뒤로 하고 그는 혼자서 아들을 구원해 주시도록 하나님께 간청하기 위해 갔다. 그가 계속 무릎을 꿇고 있을 동안 한 시간 또 한 시간이 흘러갔는데, 자기 기도가 들으신 바 되고 응답되었다는 기쁜 확신이 마음속으로 밀려들어올 때까지 그렇게 했다."[4]

테일러 부인이 집으로 돌아왔을 때 아들한테서 예수님을 영접했다는 말을 듣게 되었습니다. 허드슨 테일러는 나중에 중국 내지 선교회를 설립했습니다. 그는 헤아릴 수 없을 정도로 많은 중국 사람들에게 영적인 도움을 주었으며, 그의 본은 수많은 선교사들에게 힘을 북돋아 주었습니다. 그의 삶은 오늘도 많은 사람들에게 영향을 미치고 있는데, 그들은 그리스도를 향한 그의 헌신을 보고 큰 도전을 받은 사람들입니다.

내가 알고 있는 또 한 어머니는 한 기독교 기관 지도자의 아내인데,

참을성 있게 기도하는 면에서 여러 어머니들에게 본이 됩니다. 그의 자녀들 가운데 몇이 곁길로 벗어나 한동안 하나님과의 교제에서 떠나 있었습니다. 그러나 그는 지칠 줄 모르고 계속 기도했습니다. 그 자녀들이 은혜 안에서 성장하게 된 것은 주로 어머니의 기도 덕분임에 틀림없습니다.

자녀들을 위한 우리 기도를 하나님께서 듣지 않으시는 것처럼 보이는 때도 꾸준히 기도를 계속해야 합니다. 기도는 우리 자녀들의 삶을 위한 가장 효과적인 사역입니다. 자녀들의 구원을 위한 기도는 빨리 시작할수록 좋습니다. 우리는 심지어 아이들을 갖기 전부터 그들의 구원을 위해 기도했습니다.

결혼식 날이었습니다. 남편과 나는 침대 곁에서 무릎을 꿇고 우리의 결혼 생활을 하나님께 의탁했으며, 시편을 몇 편 읽고 함께 기도했습니다. 하나님께서는 우리가 부부로서 갖는 첫 헌신의 시간에 뜻하지 않은 결혼 선물을 주셨습니다. 우리 자녀들을 축복하겠다고 약속하는 구절 하나를 알게 해주신 것입니다. "…너의 가운데 자녀에게 복을 주셨으며"라는 시편 147:13이었습니다. 함께 하나님께 감사를 드리고 나서 남편은 자신과 내 성경의 그 구절 옆에 "하나님의 결혼 선물. 1965년 7월 31일"이라고 적었습니다.

결혼 생활을 해오면서 우리 부부는 하나님께서 주신 그 격려의 말씀을 거듭거듭 되새기곤 했습니다. 우리 가운데 있는 자녀들에게 복을 주시겠다는 하나님의 약속은 우리가 특별한 아기, 즉 하나님께서 복을 주실 아기를 기다리고 있다는 것을 다시 확신하게 해주었습니다. 그리고 우리는 그 아이가 하나님의 구원을 알게 되도록 기도했습니다.

처음으로 태동이 느껴질 때부터 나중에 발길질이 느껴질 때까지 임신 기간 내내 우리는 그 아이의 구원을 위해 기도했습니다. 마침내 우리 부부는 새 아기 매슈를 보는 즐거움을 누렸습니다. 그 아이를 팔에 안고 우리 부부는 그 애가 천국에서 처소를 얻도록 기도했습니다. 그리고 밤마다 우리 부부는 아기를 침대에 누이면서 그 아이를 위하여 기도하였습니다. 달이 가고 해가 가도 우리 기도는 계속되었습니다.

어느 날 밤 매슈는 자기의 2단 침대에서 기도로 자신의 삶을 예수님께 드렸습니다. 성령께서 그의 삶 가운데 들어오셨으며 새로운 영적 삶이 시작되었습니다. 마침내 매슈는 천국에서 처소를 갖게 된 것이었습니다.

우리 부부는 아이 하나하나가 천국에서 처소를 갖도록 기도했으며, 지금은 그들의 자녀를 위해서도 기도하고 있습니다. 너무 일찍 기도를 시작했다는 것은 있을 수 없는 일이요, 우리 자녀들을 위해 너무 많이 기도했다는 것도 있을 수 없는 일입니다.

천국의 자랑거리가 되도록 하기 위한 기도

첫 번째 기도가 자녀들의 구원을 위한 것이라면, 두 번째 기도는 자녀들의 성품을 위한 것입니다. 아이들은 점차적으로 성숙해 가야 하며, 점점 더 그리스도를 닮아 가야 합니다.

예수 그리스도는 우리의 왕이시요 우리는 그의 백성입니다. 백성들을 위한 예수님의 목표는 성품과 행실에서 자기를 닮아 가게 하는 것입니다. 하나님께서는 자기 나라에 변화된 사람들, 예수님의 성품을 닮은 사람들이 살기를 원하십니다.

> 모든 사람에게 구원을 주시는 하나님의 은혜가 나타나 우리를 양육하시되, 경건치 않은 것과 이 세상 정욕을 다 버리고

근신함과 의로움과 경건함으로 이 세상에 살고, 복스러운 소망과 우리의 크신 하나님 구주 예수 그리스도의 영광이 나타나심을 기다리게 하셨으니, 그가 우리를 대신하여 자신을 주심은 모든 불법에서 우리를 구속하시고 우리를 깨끗하게 하사 선한 일에 열심하는 친 백성이 되게 하려 하심이니라. (디도서 2:11-14)

한나는 기도를 통해 자기 아들이 하나님 나라의 자랑거리가 되게 한 어머니의 본입니다. 사무엘상 1장에서 보듯이, 한나는 아이 갖기를 기다리는 고통스런 세월 동안 이미 기도를 많이 했습니다.

한나는 아이를 갖지 못해 울면서 기도했습니다. 남편은 그를 사랑했지만, 그것이 그의 고통을 덜어 주지는 못했습니다. 남편의 또 다른 부인은 한나를 괴롭혔습니다.

한나는 만약 하나님께서 아들을 주시면 그 아이의 평생을 하나님께 드리겠다고 약속했습니다. 하나님께서는 한나의 부르짖음을 들으셨고 그의 고통을 이해하셨으며, 그 기도에 응답하셔서 귀여운 사내아이를 주셨습니다.

한나는 사무엘이 자기 기도에 대한 응답임을 결코 잊지 않았습니다. 아이에게 붙인 이름도 아이가 하나님의 선물이라는 것을 계속 상기시켜 주었을 것입니다. '사무엘'은 '내가 여호와께 그를 구했다'라는 의미였습니다. 아이의 이름을 부를 때마다 한나는 하나님께서 어떻게 자신의 기도를 들으셔서 응답하셨는지 생각했을 것입니다. 한나는 또한 자신의 약속도 기억했습니다. 그는 아들을 사랑했고 소중히 여겼지만 아이가 자기 것이 아님을 알고 있었습니다. 마땅히 하나님의 것이 되어야 했기에 자기가 움켜쥐고 있을 수가 없었습니다.

한나의 마음속에는 틀림없이 갈등이 있었을 것입니다. 얼마 있지 않아 자기의 사랑하는 아들 사무엘을 성전으로 데리고 가서 엘리 제사장에게 맡겨야 했기 때문입니다. 한나는 사무엘을 키우면서 이마에 입을 맞추거나 품에 안을 때 아마도 달콤함과 아울러 아픔을 느꼈을 것입니다. 사무엘은 종종 그의 곁에 누워서 잠이 들었습니다. 따뜻함과 아울러 친밀감을 느꼈을 것입니다.

그러나 헤어져야 할 날이 점점 다가오고 있었습니다. 약속을 지켜야 할 때가 날마다 가까워지고 있었습니다. 아마 그 갈등은 엘리의 부도덕한 아들들의 소문을 들었다면 한층 더 심했을 것입니다. 엘리의 아들들은 불량자였으며 하나님을 알지 못했습니다(사무엘상 2:12). 한나는 타락한 환경 속으로 아들을 보내게 될 것입니다. 그는 과연 아들을 엘리의 보살핌에 맡길 수 있을까요? 어떻게 사랑하는 아들을 엘리에게 맡길 수가 있을까요? 자기 아들조차 잘못 키워 불량자로 만든 엘리한테 말입니다.

이전에 한나는 사무엘을 하나님께 드리기로 약속했습니다. 그는 약속을 지켜야 한다는 것을 알았습니다. 한나는 사무엘이 아파도 곁에 없기에 위로해 줄 수가 없고, 같이 살지 않으니 밤에 잠자리에 들기 전에 이야기를 나눌 수도 없다는 것을 생각했을 것입니다. 사무엘이 배운 것을 신나게 재잘대는 소리를 듣지 못할 것이요, 하루를 잘 보내지 못해 실망하고 있을 때 격려해 주지도 못할 것입니다. 곁에 없으니 엘리의 불량한 아들들에 대해 사무엘에게 주의를 줄 수도 없고, 그를 위한 하나님의 계획을 설명해 줄 수도 없을 것입니다.

이런 상황들을 곰곰 생각하면서 한나는 아마 기도가 자신의 유일한 자원이라는 것을 깨달았을 것입니다. 그는 기도를 통해 사무엘의 삶에 영향을 미칠 수 있었을 것이며, 그 기도 응답을 통해 하나님의 능력과 선하심을 경험할 수 있었을 것입니다.

　기도는 언제 어디서나 할 수 있기 때문에 우리 자녀들에게 영향을 미칠 수 있는 가장 효과적인 수단입니다. 오직 기도만이 제약이 없습니다. 떨어져 있는 것도, 그 아이의 현재의 영적 상태도, 어머니의 기도 경험의 부족도 기도의 지속적인 영향을 막을 수 없습니다.

　사무엘을 성전에 두고 집으로 돌아온 후에 한나가 했던 기도는 성경에 기록되어 있지 않으나, 그는 하나님을 경외하는 여인이요 그 아이의 출생을 위해 그토록 간절히 기도했던 여인이기에 틀림없이 하나님께서 그 아이를 보호해 주시고 잘 자라게 해주시도록 계속 기도했을 것입니다.

　사무엘을 엘리에게 맡긴 직후 한나는 하나님을 찬양하는 노래를 불렀는데 사무엘상 2:1-10에 기록되어 있습니다. 이 노래를 보면 한나가 참으로 영적으로 깊이 있는 여인임을 알 수 있습니다. 그는 어떻게 간구해야 하는지뿐 아니라 어떻게 찬양하는지도 알았습니다. 하나님의 존전에서 단둘이 시간을 보내면서 번민하기도 하고, 질문도 하고, 하나님을 찾고, 위로를 받아 본 여인만이 이렇게 기도할 수 있습니다. 예수님께서는 "구하라. 그러면 너희에게 주실 것이요. 찾으라. 그러면 찾을 것이요. 문을 두드리라. 그러면 너희에게 열릴 것이니"(마태복음 7:7)라고 말씀하셨습니다.

　작년에 우리 집에 머무르고 있던 일본 젊은이로부터 예쁘장한 히메테마리 하나를 선물로 받았습니다. 히메테마리란 일본에서 불교 신자인 어머니들이 딸을 위해 빌면서 만드는 공 모양의 실꾸리를 말합니다. 일본 어머니들은 가늘고 선명한 빛깔의 명주실을 그 공 주위에 감았는데, 딸의 장래 행복과 형통을 위해 간절히 빌면서 정교한 모양으로 만들어 갑니다. 이 실꾸리는 어머니에게서 딸에게로 계속 전달됩니다. 한나가 매년 사무엘을 위해 지은 새 겉옷은 이 히메테마리와 비슷한 면이 있습니다(사무엘상 2:19). 그 겉옷 한 벌 한 벌은 그것을 짜거나 뜨면서 사랑하는 마음으로 하나님께 올렸던 한나의 간구를 상징했을 것입니다. 겉옷이 다 만들어지면 한나는 그 옷을 사무엘에게 가져다 줄 날, 그 아이의 성장 과정에 자기 기도가 응답된 것을 확인하게 될 날을 학수고대했을 것입니다.

우리는 어떻습니까? 자녀를 위해 선물을 만들 때 기도하면서 만들고 있습니까?

사무엘은 하나님 앞에서 자라 갔습니다. 그 아이는 성장해 가면서 하나님과 사람들에게 더욱 은총을 받았습니다(사무엘상 2:21,26). 예수님의 어린 시절이 연상됩니다. "예수는 그 지혜와 그 키가 자라가며 하나님과 사람에게 더 사랑스러워 가시더라"(누가복음 2:52). 우리 자녀들도 이와 같이 되기를 원합니까? 기도하면 하나님께서 그렇게 되도록 해주십니다.

자녀가 나쁜 친구들과 어울립니까? 자녀의 삶 속에 있는 여러 가지 영향력들에 대해, 다 예측할 수도 없는 그런 영향력들에 대해 걱정이 됩니까? 하나님께서 당신의 자녀에게 어떤 성품을 계발해 주시기를 바랍니까? 자녀가 하나님의 말씀에 반응을 나타냅니까? 하나님께서 함께하신다는 것을 의식하면서 삽니까? 그 아이는 하나님께 순종하려고 합니까? 기도를 통해 하나님을 의뢰합니까?

당신은 이러한 각 영역에서 자녀의 삶에 변화가 일어나게 하는 매개체가 될 수 있습니다. 한나처럼 기도를 통해 큰 영향을 미칠 수가 있습니다.

천국의 확장에 쓰임받도록 하기 위한 기도

하나님께서는 성경에서 목자, 일꾼, 추수하는 사람, 사신, 교사, 청지기, 종, 그리고 군사라고 부르는 사람들에게 천국의 확장을 맡기셨습니다. 이 일을 위해 하나님께서는 하나님의 관심사, 하나님의 영광, 하나님 나라의 확장에 관심을 기울이는 사람들을 찾으십니다. 우리는 자녀들이 이러한 관심을 갖게 되도록 기도해야 합니다.

19세기에 살았던 애니 로셀 프레이저는 그리스도를 믿지 않는 사람들에 대해 자녀들도 자신과 같은 관심을 갖게 도왔으며, 자녀들 가운데 적어도 한 명 이상이 선교사로 나가게 해주시도록 하나님께 기도했습니다. 그의 셋째 아들인 제임스 프레이저가 중국으로 갔습니다. 그는 오지의 바위투성이 산지에 사는 사람들을 대상으로 개척 선교를 했습니다. 그들은 복음을 전혀 접해 본 적이 없는 사람들이었습니다.

애니 프레이저는 기쁨으로 아들을 하나님의 일에 드렸습니다. 그것은 결코 쉬운 일은 아니었습니다. 선교사 제임스 프레이저의 삶을 소개하는 책에 다음과 같은 내용이 있습니다.

> 그런 아들과 헤어지는 것은 그런 일을 겪어 본 어머니들만이 이해할 수 있는 아픔이었다. 그럼에도 그것은 자발적인 희생이었다. 아들이 지니고 떠난 짧은 편지에 애니 프레이저는 "얘야, 나는 오늘 런던에서 가장 행복한 여자란다"라고 적었다. 애니 프레이저는 계속 기쁨을 누렸다. 자신이 겪는 외로움은 예수님을 위한 것이었기 때문이다. 그는 "난 마리아처럼 예수님의 귀하신 발에 향유를 부을 수는 없었어요. 하지만 주님께 아들을 드렸답니다"라고 말했다.[5]

애니 프레이저는 선교를 위해 기도를 계속했습니다. 또한 여러 기도 모임을 만들어 아들의 중국 선교를 지원했으며, 하나님 나라의 확장을 위해 부지런히 기도의 수고를 하고 서신을 주고받았습니다.

우리 또한 일꾼들을 위해 기도해야 합니다. "추수할 것은 많되 일꾼이 적으니 그러므로 추수하는 주인에게 청하여 추수할 일꾼들을 보내어 주소서 하라"(누가복음 10:2).

우리 자녀들이 주님을 섬기며 이 땅에서 주님의 일을 진척시키도록 기도할 때 나는 그들이 어떤 형태의 사역을 할지는 모릅니다. 하나님께서는 그들이 밀림 속에서 선교를 하면서 하나님 나라를 확장하게 하실 수도 있고, 강단에서 설교자로 섬기게 할 수도 있으며, 지체 부자유자의 병상에서 섬기게 하실 수도 있고, 교사, 농부, 비서, 또는 배관공으로서 주님을 섬기게 하실 수도 있습니다. 어떤 일이냐는 그리 중요하지 않습니다. 중요한 것은 하늘나라를 위하고자 하는 그들의 마음입니다.

하나님 나라를 위해 많은 인력이 필요하며 당신이 기도한다면 당신의 자녀들이 그 한 부분이 될 수 있습니다. 당신의 자녀를 하나님 나라의 확장에 사용해 주시도록 기도하십시오. 어떠한 영적 일도 기도 없이는 이루어지지 않습니다. 기도에 관한 저서에서 S. D. 고든은 이렇게 말했습니다. "당신이 기도하고 나면 기도 이상의 일을 할 수 있습니다. 그러나 기도하기 전까지는 기도 이상의 일을 할 수 없습니다."[6]

예수님께서는 야고보와 요한의 어머니에게 물으시듯 지금 우리에게도 "무엇을 원하느냐?"라고 물으십니다. 당신의 대답은 무엇입니까?

"지금까지는 너희가 내 이름으로 아무것도 구하지 아니하였으나, 구하라. 그리하면 받으리니 너희 기쁨이 충만하리라"(요한복음 16:24).
"주님, 우리 아이가 잘되게 해주세요"와 같은 단순한 기도를 급히 내뱉는 적이 얼마나 많습니까? 우리 기도는 힘과 활력이 넘치는 기도가 아니라 맥 빠지고 모호한 기도인 경우가 너무나 많습니다. 그러므로 기도로 하나님을 위해 무엇인가를 이루는 데 도움이 되도록 실제적인 아이디어 몇 가지를 생각해 보겠습니다.

성경을 기도 교본으로 사용하라

기도하는 법을 배워 나갈 때, 모세, 다윗, 한나 등 성경 속에 나오는 여러 인물들의 기도를 모본으로 삼도록 하십시오. 신약성경에 나와 있는 것으로는, 영적 자녀들을 위한 바울의 기도가 우리 자녀들을 위해 구해야 할 바를 아는 데 특히 도움이 됩니다. 바울의 여러 기도를 색인 카드 같은 곳에 옮겨 적은 후 자녀들을 위해 기도할 때 모본으로 삼으십시오. 다음 구절들을 참조하십시오. 에베소서 1:17-19, 3:16-19, 빌립보서 1:9-11, 골로새서 1:9-12, 빌레몬서 4-7, 데살로니가후서 1:11-12.

성경에 나오는 인물들의 삶을 거울로 삼아 자녀들을 위해 기도하십시오. 예를 들면, 당신의 자녀들을 사탄의 교묘한 속임수로부터 지켜 주셔서 아담과 하와처럼 유혹에 넘어가지 않도록 기도할 수 있습니다. 당신은 또한 하나님께서 아담에게 하와를 주셨듯이 당신 자녀들에게 올바른 배우자를 주시도록 기도할 수 있습니다.

경건의 시간의 본문 내용을 토대로 자녀들을 위해 기도하십시오. 하나님의 말씀을 읽으면서 하나님을 영화롭게 하는 자질들을 찾아보십시오 그리고 그러한 자질들을 자녀들의 삶 속에 계발시켜 주시도록 기도하십시오. 고린도전서 13장으로 시작하는 것이 좋습니다. 오래 참음, 온유함, 투기하지 않음, 자랑하지 않음, 교만하지 않음, 무례히 행치 않음, 자기의 유익을 구하지 않음, 쉽게 성내지 않음, 용서를 잘함, 진리를 사랑함, 모든 것을 참고, 믿고, 견딤 등.

성경을 읽어 갈 때 구체적인 기도 제목이 떠오르면 적어 두십시오. 이것은 산만해지지 않고 목표 있게 기도하게 도와줍니다. 또한 어떤 내용으로 기도하게 해준 성경 장절을 기록하고, 하나님께서 어떻게 응답하셨는지를 기록할 수 있게 여백을 남겨 두십시오. 기록하고 응답들을 다시 살펴보는 것은 당신의 믿음을 키워 줍니다.

기도 파트너와 더불어 기도하십시오. 당신 자녀를 위한 기도에는 남편이 함께할 수 있을 것이며, 이웃에 살거나 또는 같은 교회나 성경 공부 그룹에 속한 다른 어머니들도 좋을 것입니다. 그리스도인들이 합심하여 기도하면 특별한 능력이 있습니다.

> 진실로 다시 너희에게 이르노니, 너희 중에 두 사람이 땅에서 합심하여 무엇이든지 구하면 하늘에 계신 내 아버지께서 저희를 위하여 이루게 하시리라. 두세 사람이 내 이름으로 모인 곳에는 나도 그들 중에 있느니라. (마태복음 18:19-20)

E. 스탠리 존스는 50년 동안 인도에서 선교사로 주님을 섬겼는데, 어떻게 자기 어머니와 또 한 여성이 정기적으로 자신을 위해 기도했는지에 대해 다음과 같이 말합니다.

어머니께서 돌아가실 때, 넬리 자매를 부르셔서 이렇게 말씀하셨다. "요 몇 년 동안 스탠리를 위해 기도해 왔는데 이제

나는 떠나게 돼. 그 아이를 자매에게 부탁하니 내가 그 아이를 위해 했던 기도의 불침번 역할을 물려받아 줘요." 넬리 자매는 여러 해가 지난 후 나에게 말했다. "저는 그 부탁받은 일에 충실해 왔어요." 넬리 자매를 생각할 때마다 그때 했던 "충실해 왔어요"라는 말이 떠오른다.[7]

우리 또한 자녀들을 위해 기도하는 일에 충실해야 합니다. 우리는 자녀들의 구원과 영적 성장, 성품 계발, 그리고 주님을 위한 그들의 봉사에 영향을 미칠 수 있습니다. 모두 다 기도를 통해서입니다.
E. M. 바운즈는 얼마나 많은 것이 위험에 처해 있는지를 상기시켜 줍니다.

아버지로부터 물려받은 향로에서 기도의 진한 향기가 나지 않는 이들에게 화가 있을 것이다. 그들의 아버지는 너무 바쁘거나 너무 믿음이 없어서 기도하지 않았으며, 그 결과 그들은 말로 다 형용할 수 없는 위험과 헤아릴 수 없는 많은 불행한 결과들을 유산으로 물려받게 되었다. 부모의 기도라는 풍족한 재산을 물려받은 사람들은 복이 있다.[8]

✷ 묵상과 토의를 위한 질문 ✷

1. 당신의 자녀를 위해 하나님께서 해주셨으면 하는 것은 무엇입니까?
2. 포브스 로빈슨의 기도를 다시 읽어 보십시오. 그의 중요한 간구

내용 네 가지를 열거해 보십시오.
3. "당신 자녀의 구원을 위해" 기도한다는 것은 어떻게 하는 것을 의미합니까?
4. 이번 주에 삶에 적용할 수 있는, 기도에 대한 구체적인 아이디어 하나를 들어 보십시오.

주 :

1. S. D. Gordon, *Quiet Talks on Prayer* (New York: Grosset & Dunlap, 1904), p.12.
2. As quoted by Joseph W. Cochran, in *Heroes of the Campus* (Philadelphia: Westminster Press, 1917), pp.88-89.
3. Albert C. Outler, ed. and trans., *Augustine: Confessions and Enchiridion*, vol.7 (Philadelphia: Westminster Press, n.d.), p.74.
4. Dr. and Mrs. Howard Taylor, *Hudson Taylor's Spiritual Secret* (Chicago, Ill.: Moody Press; China Inland Mission edition, 1958), p.13.
5. Mrs. Howard Taylor, *Behind the Ranges* (Greenwood, SC: Lutterworth Press, 1959), p.25.
6. Gordon, *Quiet Talks on Prayer*, p.16.
7. E. Stanley Jones, *A Song of Ascents* (Nashville: Abingdon Press, 1968), p.44.
8. E. M. Bounds, *Purpose in Prayer* (Chicago: Moody Press), pp.7-8.

제8장
"엄마, 날 사랑해?"

웃음이 나왔지만 가슴이 아파서 소리를 지르고 싶기도 했습니다. 린 존슨의 네 컷짜리 만화는 재미있었지만 동시에 아픔도 느끼게 했습니다.

만화에는 짜증과 함께 좌절감을 잔뜩 느끼고 있는 한 어머니가 재봉틀 앞에서 고개를 숙이고 있는데, 입에는 바늘을 물고 있고, "제기랄," "아이쿠" 등과 같은 말이 입에서 계속 튀어 나오고 있습니다.

다음 컷에는 그의 아들이 곁에 서서 천진난만하게 이렇게 묻습니다. "엄마, 날 사랑해?"

바로 그 순간 재봉틀은 작동이 제대로 안 되고 그 어머니는 점점 더 신경이 날카로워져 가고 있습니다.

"엄마, 엄마는 날 '사랑'하냐고?"

그 어머니는 투덜댑니다. 말 안 듣는 재봉틀을 만지고 있는 그는 찌푸린 얼굴을 하고 있습니다.

아들은 다시 시도합니다. 이번에는 엄마의 관심을 끌겠다는 마음으로 엄마의 다리를 가볍게 치면서 "엄마, 엄마, 엄마, …그러면 엄마는 날 '좋아하기'는 해?"라고 합니다.

갑자기 그 어머니는 매서운 눈초리로 아들을 노려보면서 큰 소리로 내뱉습니다. "좋아하고말고! 네가 없어져 버리는 걸 좋아한다고!"

기겁을 한 아이는 뒤로 물러서더니 울면서 달아납니다. 그 어머니는 힘없이 털썩 주저앉아 자신을 돌아보더니 "애한테 더 잘 대할 수도 있었을 텐데"라고 합니다.

당신도 그런 생각이 든 적이 있습니까? 나는 있습니다. 내 친구 수잔도 같은 생각이 들었을 것입니다. 그의 이야기를 소개합니다.

일이 뜻대로 되지 않을 때도 사랑하라

수잔의 딸 레이나는 생일날 새 옷을 입고 싶었습니다. 수잔은 새 옷을 짓기 위해 딸과 함께 무늬도 선택하고, 천과 단추, 그리고 레이스와 리본도 골랐습니다. 수잔은 비록 시간이 좀 빡빡하기는 해도 옷을 만들 수 있어서 기뻤습니다.

수잔은 그날 밤 9시가 될 때까지는 옷 만드는 일에 손을 대지 못했습니다. 그때가 되자 너무 피곤했고, 거기다 전화까지 자꾸 걸려와 일의 진행을 방해했습니다. 수잔은 소매 두 개와 몸통 부분을 잘랐는데, 그때서야 미리 옷감을 손질해 두는 일을 깜빡 잊었다는 것을 알았습니다. 뿐만 아니라, 재봉틀로 바느질을 하는데 실이 자꾸만 엉키고 끊어지곤 했습니다. 모든 것이 꼬여 가고 있었습니다.

그때 레이나가 문을 열고 들어왔습니다. "엄마, 나쁜 꿈을 꾸었어. 무서워!"

수잔은 벌떡 일어서서 화를 내며 소리를 꽥 질렀습니다. "내가 알게 뭐야. 네 방으로 돌아가지 못해? 다시는 나타나지 마!" 레이나는 발을 질질 끌면서 훌쩍이며 침대로 돌아갔습니다. 그 아이는 상처를 받았고 사랑받지 못하고 있다고 느꼈습니다.

수잔은 자신이 나타낸 반응을 생각하고 당황했습니다. 화가 나고 부끄럽기도 했습니다. 딸을 사랑했지만 자신의 행동은 그것을 보여 주지 못했습니다.

수잔처럼 나도 무슨 재미있는 일을 계획하였다가 조급증과 불평 때문에 일을 그만 망쳐 버리곤 합니다. 다음에 나오는 어머니와 같습니다.

가족을 사랑하는 한 여성이 돈과 정성을 들여 소풍을 가기로 계획했다. 은쟁반, 최고급 도자기, 제일 좋은 크리스털 유리 제품, 그리고 향기로운 꽃으로 만든 식탁 장식 등을 준비했고, 소풍 가서 먹을 음식에는 맛있는 프랑스 요리 두 가지와 집에서 만든 진귀한 과자도 포함시켰다. 모든 것이 완벽하게 준비되자 그는 가족을 이끌고 발목까지 오는 진흙탕 길을 지나 소풍 장소에 도착해서는 개미들이 우글거리는 곳에 자리를 폈다.

개미가 다리로 기어오르고 있는데 음식을 맛있게 즐긴다는 것은 불가능합니다. 그래서 그 여성이 계획을 잘 짜고 열심히 준비한 것이 원했던 결과를 가져오지 못했을 거라는 생각이 듭니다. 어떤 환경은 부모나 아이들 모두 이기기가 힘듭니다. 사랑 없는 태도는 개미 떼 못지않게 소풍의 즐거움을 망쳐 놓습니다.

나의 자녀 양육에서 사랑의 역할에 대해 생각할 때 고린도전서 13

장 말씀이 도전이 되었습니다. 그 말씀을 다음과 같이 바꾸어 써보았습니다.

  내가 집에 먼지 하나 없을 정도로 쓸고 닦고, 집안을 잘 꾸민다고 사람마다 나를 부러워해도, 가정에서 사랑을 나타내지 않는다면 나는 단지 또 한 명의 그저 그런 주부에 지나지 않을 것이요,

  내가 재봉이나 공예 솜씨로 아름다운 것들을 계속 만들고, 언제나 매력적인 외모를 가꾸며, 지성인답게 말을 할지라도, 가족들을 사랑하고 있지 않다면 내가 아무것도 아니요,

  내가 지역사회를 위해 바삐 일하고, 교회학교에서 가르치고, 우리 차로 다른 사람들을 많이 태워다 줄지라도, 가족에게 충분한 사랑을 주지 못한다면 내게 아무 유익이 없습니다.

  사랑은 하루에도 몇 번이고 기저귀를 갈아주며, 어질러져 있는 것을 청소하고, 신발 끈을 매어 주며,

  사랑은 아무리 피곤하고 기진맥진한 상태일지라도 온유한 태도를 나타내며,

  사랑은 아이들의 터울이 적당하거나 아이들이 학교에 다니고 있어서 취미 생활을 즐길 수 있는 사람을 부러워하지 아니하며,

  사랑은 아이 키우는 일에 관한 나의 능력과 지식으로 다른 사람에게 감명을 주려고 하지 아니하며,

  사랑은 아이들에게 소리를 지르지 아니하며,

  사랑은 바느질, 독서, 목욕 등, 오늘 하고 싶었던 것을 하지 못했다고 하루를 허비했다고 생각지 아니하며,

사랑은 화를 잘 내지 아니하며,
　　사랑은 아이들의 떠드는 소리가 짜증스럽게 해도 아이들의 품행이 나쁘다고 여기지 아니하며,
　　사랑은 남의 아이의 못된 행실로 인해 우리 아이가 훌륭해 보일 때도 기뻐하지 아니하며, 남이 자녀로 인해 영광을 얻을 때 진심으로 함께 기뻐합니다.

　당신 또한 이 고린도전서 13장을 다시 복습하고, 묵상하고, 당신 자신의 말로 써보면 자극이 많이 될 것입니다.
　하지만 사랑이 무엇입니까? 어떤 라디오에서 '사랑은 화학이다'라는 프로그램을 방송한 적이 있습니다. 이 프로그램에 따르면 어떤 과학자들은 사랑의 감정은 어떤 자극에 의해 일어나는 우리 몸 내부의 화학적 반응이라고 믿고 있다고 합니다. 그러나 사랑에 대한 기독교적 개념은 사랑의 가장 뛰어난 본에 의해 가장 잘 설명됩니다. 역사상 그 어떤 사랑도 하나님의 사랑과는 비교할 수조차 없습니다. 그 사랑은 하나님께서 사람의 몸을 입게 하고, 천국의 지극한 영광을 버리고 이 땅에 오셔서 마구간에 태어나게 한 사랑입니다. 얼마나 놀라운 사랑입니까! 어떻게 우리가 그것을 다 이해하거나 설명할 수가 있겠습니까? 어림도 없는 일입니다! 이 사실을 알면 아무리 마음이 돌같이 굳어진 사람이라도 우리를 향한 하나님의 사랑을 확신할 수밖에 없을 것입니다. 주님은 우리를 위해 자신을 제한하셨습니다. 온 우주를 다 스리시는 하나님께서 섬기기 위해 사람으로 오셨습니다. 주님께서는 치료하셨고, 주님께서는 전파하셨으며, 주님께서는 위로하셨습니다. 그리고 주님께서는 종이 되셨을 뿐만 아니라 제물이 되기도 하셨습니다. 주님께서는 나를 대신하여, 그리고 당신을 대신하여 십자가에서

기꺼이 죽으셨습니다. 예수님의 생각과 수고의 초점은 그분 자신이 아니었습니다. 오히려 주님께서는 모든 특권과 권리를 포기하셨습니다. 예수님은 사랑으로 종이 되는 일에서 최고의 본이 되시기에, 예수님을 믿는 어머니들은 예수님의 이러한 본을 따라 살아가야 합니다.

어머니의 권리?

우리 사회는 자기 권리를 포기하신 예수님의 본을 따르지 않고 있습니다. 그 대신 자신의 권리를 주장합니다. 여성의 권리, 아이들의 권리, 사용자의 권리, 노동자의 권리 등. 여기에 새로운 권리들이 계속 추가되고 있습니다.

어머니들 또한 자신의 여러 권리들을 꽉 움켜쥘 수 있습니다. 그러나 그러한 권리들을 어떻게든 지키려고 한다면 사랑할 수 있는 용량이 줄어들고 맙니다. 어떤 만화에 나오는 한 어머니가 종이 한 장을 압정으로 고정시키고 있었는데, 거기에는 "엄마 노릇은 저녁 8시까지"라고 씌어 있었습니다. 퍽 공정한 것 같지 않습니까? 그렇죠? 생각해 보십시오. 엄마보다 더 오래 일하는 사람이 있습니까? 엄마들은 약간의 휴식을 취할 수 있는 권리를 확보하기 위해 단결을 하거나 노동조합을 결성해야 하지 않겠습니까?

세상은 우리에게 "자기 권리를 주장하라," "자아 성취를 하라," "자신을 해방시켜라," "당신 자신의 즐거움을 좇으라," "당신 자신의 만족을 추구하라"고 부추깁니다. 그러나 예수님께서는 "네 자신을 죽이라"고 말씀하십니다. 그것은 퇴보하는 것처럼 보입니다. 그러나 우리는 다른 사람들을 위해 우리 삶을 희생해야 합니다. 무슨 멜로드라마식의 희생정신 때문이 아니라 날마다 도전을 주는 그리스도의 본을 따름으로써 그렇게 해야 합니다. 예수님의 말씀에 귀를 기울여 보십시오.

> 내가 진실로 진실로 너희에게 이르노니, 한 알의 밀이 땅에 떨어져 죽지 아니하면 한 알 그대로 있고, 죽으면 많은 열매를 맺느니라. 자기 생명을 사랑하는 자는 잃어버릴 것이요, 이 세상에서 자기 생명을 미워하는 자는 영생하도록 보존하리라. (요한복음 12:24-25)

그리스도께서는 그분 자신처럼 사랑하라고 우리에게 명하십니다. "내 계명은 곧 내가 너희를 사랑한 것같이 너희도 서로 사랑하라 하는 이것이니라. 사람이 친구를 위하여 자기 목숨을 버리면 이에서 더 큰 사랑이 없나니"(요한복음 15:12-13). 사랑은 다른 사람들을 위해 우리 목숨을 버리는 것입니다. 주 예수 그리스도께서 우리를 위해 자기 목숨을 주신 것처럼 우리는 다른 사람들을 위해 우리 목숨을 주어야 합니다. 사랑하는 것은 죽는 것입니다. 다른 사람을 위해 죽는 것을 생각할 때면 대개는 극적인 장면이 마음속에 떠오를 것입니다. 친구를 향해 날아오는 탄환을 막기 위해 친구 앞으로 몸을 날리는 것이나 고속으로 달려오는 트럭 앞으로 뛰어들어 아이를 안전한 곳으로 밀어내고 죽는 것 같은 것입니다. 분명 그런 것이 사랑의 한 예이기는 합니다. 하지만 예수님께서 우리에게 요구하시는 것은 그처럼 극적이거나 영웅적인 죽음이 아닙니다. 날마다 우리 자신이 아니라 다른 사람들을 위해 살 수 있는 기회가 수없이 찾아옵니다. 다른 사람들의 유익을 추구함으로써 우리는 자신을 죽이고 다른 사람들을 섬기게 됩니다.

바울은 이렇게 권면합니다. "그러므로 사랑을 입은 자녀같이 너희는 하나님을 본받는 자가 되고, 그리스도께서 너희를 사랑하신 것같이 너희도 사랑 가운데서 행하라. 그는 우리를 위하여 자신을 버리사 향기로운 제물과 생축으로 하나님께 드리셨느니라"(에베소서 5:1-2). 나는 남편을 관찰하면서 예수님 같은 사랑에 대해 많이 배웠습니다. 자기를 돌아보지 않는 남편의 태도는 늘 나에게 도전이 됩니다. 사람들은 대부분 고된 하루 일과를 마치고 집으로 돌아오면 조용하고 편안한 시간을 약간 가질 권리가 있다고 생각합니다. 가족들과 함께하는 시간을 갖기 전에 자신만을 위한 시간, 즉 신문을 보거나 텔레비전의 저녁 뉴스를 시청함으로써 긴장을 푸는 시간을 갖기 원하는 것입니다. 그러나 남편은 집안에 들어서자마자 가족들에게 자신을 맞추는 놀라운 능력을 가지고 있습니다. 그는 우리와 함께하는 것을 자신의 레크리에이션으로 삼습니다. 그는 우리와 함께 긴장을 풉니다.

우리는 그가 완전히 우리 삶 속으로 들어오는 것을 잘 알고 있습니다. 그는 그레이엄과 만화를 같이 보면서 함께 배를 움켜잡고 웃습니다. 그는 베스와 함께 개를 데리고 나가 신나게 같이 놀아 줍니다. 또한 나무 위에 오두막을 짓기 위한 매슈의 계획에 대해서도 주의 깊게 경청합니다. 대단한 일은 아닙니다. 그러나 우리는 사랑받고 있다는 것을 압니다.

어떻게 그렇게 될 수 있는지 물었더니 그는 가족들과 함께 있는 것을 좋아할 뿐이라고 대답했습니다. 아마도 우리의 사랑이 이기적이지 않으면 않을수록 우리는 진정으로 서로를 더 즐거워할 수 있게 될 것입니다.

이기심과의 싸움

이기적이라는 것은 '다른 사람들의 유익에는 신경을 쓰지 않고 주로 또는 오직 자기에게만 관심을 기울이는 것'을 의미합니다. 누구에게나 이기심이 있습니다. 우리는 천연자원이나 일자리나 식량이 부족할 수는 있으나 이기심이 부족한 경우는 결코 없습니다. 그 누구도 이기적인 태도를 배울 필요는 없습니다. 그것은 자연스럽게 나타나기 때문입니다.

어느 겨울밤이었는데, 침실의 공기가 차가웠습니다.

나는 담요 속으로 기어들어가 머리끝까지 뒤집어썼습니다. 따뜻한 숨결이 코를 녹여 주기를 바라는 마음에서입니다. 마침내 온몸에 따뜻함이 느껴지면서 나는 잠 속으로 빠져 들어가고 있었습니다.

바로 그때 마른기침 소리가 적막을 깨뜨렸습니다. 기다려 보았습니다. '곧 멈추겠지' 하고 생각하면서 말입니다. 나는 두 가지 상반되는 감정과 씨름을 했습니다. '우리 베스는 몸이 약해. 기침약을 좀 갖다 먹이는 게 좋기는 하겠는데, 후들후들 떨면서 부엌으로 가는 게 싫어. 이제 겨우 따뜻해졌잖아.'

'기침을 세 번만 더 하면 일어나야지. 주님, 꼭 좀 베스가 기침을 멈출 수 있게 해주세요.' 기침 소리가 한 번 더 들려왔습니다. '베스야, 제발 좀 기침 그만 해라.' 나는 조용히 혼잣말을 했습니다. 두 번 더 들렸습니다. 합치면 세 번이었습니다. 더 지체할 수가 없었습니다. 할 수 없이 양말을 신고 겉옷을 걸치고 발을 질질 끌면서 그 애를 도와주러 갔습니다.

약간씩 차이는 있지만, 그런 식으로 행동한 적이 한두 번이 아닙니다. 목욕을 하거나 좋은 책을 읽거나 옷을 만들거나 재미있는 전화 통화를 하다가 아이의 필요 때문에 방해를 받은 적이 많이 있습니다. 예를 들면, 아이들이 눈물이나 코피를 흘리면서 오거나, 의논을 하기 위해 찾아오거나, 귀를 찢는 듯한 큰 소리가 나거나, 침실에서 화내는 소리가 들려오거나 하는 것입니다. 어떤 형태이든 그런 방해가 있으면 화가 납니다.

이런 식으로 나의 '권리'를 침해받은 것에 대해 화가 난 적이 얼마나 많은지 모릅니다. 우리 아이에게 필요가 있을 때 내가 곁에 있었다는 데 대해 하나님께 감사해야 마땅한데도 도리어 화를 낸 것입니다. 몇 년 전에 낙심 중에 있을 때 썼던 일기를 발견했습니다. '아이 키우는 일에서 짜증스럽게 느껴지는 것'이라는 제목이 붙어 있는 불평거리였습니다.

1. 내 시간을 자꾸 요구해 온다.
2. 반복해서 시중을 들어야 한다.
3. 일이 끝나는 법이 없다.
4. 문제를 다루는 법을 몰라 답답하다. (때려 주어야 하는가, 아니면 격려를 해주어야 하는가? 혼자 놀게 해야 하는가, 아니면 함께 뭔가를 해야 하는가?)
5. 나의 관심거리를 위해 쓸 시간이 없다.

아이들이 학교에 들어가기 전까지는 줄곧 이 다섯 가지 불만이 내가 겪은 갈등의 주요 원인이었습니다. 당신도 공감이 될 것입니다. 하지만 이 다섯 가지 불만 가운데 네 가지는 '나 중심'이라는 것을 발견했습니까? 네 번째 것만 그 애들을 위해 옳은 것을 해주는 것과 관계가 있습니다.

그러나 그리스도께서 우리를 사랑하신 것처럼 우리가 다른 사람을 사랑한다는 것은 다른 사람의 필요를 자신의 필요 앞에 두는 것을 의미합니다. 이를 실행할 수 있는 몇 가지 방법을 소개합니다.

어머니의 사랑을 나타내는 법

다음 여러 가지 방법을 통해 어머니의 사랑을 표현할 수 있습니다.

자녀들에게 사랑한다고 말해 주십시오. 사랑한다는 말을 듣는 것은 누구나 다 좋아합니다. 그들의 귀에다 그 말을 속삭여 주십시오. 그 말을 쪽지에 써서 도시락에 넣어 두거나 베개에다 핀으로 꽂아 두십시오. 애들이 등교하러 집을 나설 때 가끔 말해 주십시오. 또는 한쪽으로 데리고 가서 "넌 엄마에게 아주 특별한 존재야. 엄마는 널 매우 사랑해"라고 말해 주십시오.

애칭이 있으면 사용하십시오. 애칭으로 부르십시오. "우리 귀염둥이," "우리 믿음직한 장남" 등으로 부를 수도 있습니다. 애정이 깃든 말은 대화의 분위기와 태도를 바꾸어 줍니다.

애정 표현을 하십시오. 아기들이 생존해 나가는 데는 젖이나 우유뿐만 아니라 어머니와의 스킨십도 필요합니다. 아이들이 클 때 애정이 깃든 행동을 해주는 것이 계속 필요합니다. 꼭 껴안아 주는 것이나 뽀뽀를 해주는 것이 금방 떠오르겠지만, 나이가 좀 든 아이들(특히 남자 아이)은 그렇게 하면 당황할 것입니다. 수줍음을 타지 않게 하면서도(당신이 이전에 애정 표현을 많이 해오지 않았다면 이 점을 특히 유의) 사랑을 표현할 수 있는 방법을 찾아보십시오. 방바닥이나 마루에서 함께 뒹굴도록 하십시오. 아이가 의자에 앉아 있는 경우, 그 곁을 지나가면서 어깨를 만져 주십시오. 또는 학교에 가기 위해 집을 나설 때 팔을 잡으면서 "우리 예쁜 아들(또는 딸)"이라고 말해 주십시오.

우리 아들들은 내가 '뽀뽀쟁이'인 체하면 뽀뽀를 하게 해줍니다. 나는 그 애들을 잡으러 집 전체를 쫓아다니다가 잡으면 마루에 쓰러뜨리고 뽀뽀를 합니다. 그 애들도 내가 자기들의 얼굴이 더러워 피하는 척하면 나에게 뽀뽀를 하기 위해 쫓아다니기까지 합니다.

네비게이토 선교회에서 간사로 수고하는 조지 산체스는 이렇게 말한 적이 있습니다. "아이들 머리 몇 센티미터 위에 왕관을 붙잡고 있으면서, 아이들이 잘 자라도록 격려하여 그 왕관을 쓸 수 있게 하십시오." 그렇게 할 수 있는 방법이 여럿 있습니다. 편지를 써서 그들에 대해 감사하고 있는 것을 말해 주십시오. 신체적인 면, 정신적인 면, 사회적인 면, 영적인 면의 여러 자질들을 열거하십시오. 썩 잘하고 있지는 못해도 노력을 하고 있는 영역들을 포함시키십시오. 예를 들면, "네가 아침에 침대 정리를 잘해서 고맙게 생각해"라고 말해 줄 수 있습니다. 자녀들이 하는 일을 당연한 것으로 여기지 마십시오.

다음과 같은 쪽지를 쓸 수도 있습니다.

제인에게,

널 사랑해. 그래서 엄마가 너에 대해 참으로 감사하고 있는 것 몇 가지를 알려 주고 싶어.

넌 얼굴도 예쁘지만 마음은 더 예뻐! 네 물건이나 돈을 다른 사람을 위해 쓰는 일에 얼마나 후한지 엄마는 눈여겨보았다. 하나님께서는 후한 사람들을 사랑하시지. 그분도 후한 분이시니까.

네가 곱셈 공부를 열심히 하고 있는 게 대견스러워. 더구나 수학은 네가 좋아하는 과목도 아니잖아. 그래서 너의 그 열심이 더 감탄스럽단다.

며칠 전에 엄마가 집에 없을 때 네가 스미스 아줌마를 접대한 것에 대하여 다시 한 번 고맙다고 해야겠구나. 스미스 아줌마에게 오렌지 주스를 내다드리고 엄마가 돌아올 때까지 함께 앉아서 이야기를 나눈 것은 참으로 생각이 깊은 행동이었어.

아빠와 난 네가 정말로 특별한 아이라는 생각을 지울 수가 없단다.

널 사랑하는 엄마가

자녀가 너무 어려 글을 읽을 수 없으면 읽어 주도록 하십시오.
자녀의 인격을 존중하십시오. 다음 질문이 도움이 될 것입니다. 나는 우리 아이에게 귀를 기울이는가? 그 아이의 감정과 생각을 배려하는가? 충분히 인정해 주며, 칭찬을 많이 해주는가? 그 아이를 있는 모습 그대로를 받아들이는가? 다른 아이와 비교하는 일이 없는가? 징계할 때는 다른 사람이 없는 데서 하고(동생이나 친구 앞에서 하지 않음) 공정하게 하는가? 적당한 정도의 사생활을 허용하는가?

자녀와 함께 놀아 주십시오. 당신이 원하는 방식이 아니라 자녀에게 맞는 방식으로 놀아야 합니다. 이 점을 염두에 두십시오. 숨바꼭질을 할 때 당신이 열을 세자마자 아이가 소파 뒤에서 "나 여기!" 하며 뛰어나오면 재미가 없을 수 있지만 자녀의 방식으로 놀아 주어야 합니다. 당신의 궁극적인 목표를 기억하십시오. 그것은 함께 놀아 줌으로 자녀와 관계를 발전시키는 것입니다. 함께 모래 위에서 장난감 차를 가지고 놀거나 종이에 색칠을 하면서 노는 것의 가치를 가볍게 여기지 마십시오.

경청하십시오. 하던 설거지를 멈추고 당신 자녀의 눈높이로 몸을 낮추십시오. 자녀의 눈을 똑바로 쳐다보십시오. 그 아이가 열의를 보이고 있는 것이나 실망하고 있는 것이나 낙담하고 있는 것에 대해 공감하고 있다는 것을 당신의 표정과 목소리를 통해 나타내도록 하십시오. 당신의 말투는 특히 중요합니다.

이야기를 나누고 싶어 할 때는 언제나 시간을 내주십시오. 이야기를 나누는 것을 우리에게 편리한 시간까지 마음대로 미루어도 된다고 생각하는 것은 자신을 속이는 것입니다. 지혜로운 어머니라면 각 자녀가 대화하기 좋아하는 때가 언제인지를 분별하고 그때에 시간을 냅니다. 아이는 학교에서 돌아온 직후가 가장 기분이 좋습니까? 취침 시간의 고요함이 아이로 하여금 마음대로 종알대게 합니까? 어쩌면 그 애는 당신이 저녁을 준비하고 있을 때 부엌의 간이 의자에 앉아 이야기하는 것을 좋아할지도 모릅니다.

자녀들을 위한 계획을 세우십시오. "엄마 생각을 한번 들어 볼래? 올 여름에는 너희들과 많은 시간을 함께 보내고 싶어. 시에서 운영하는 수영장은 무료라서 우리가 날마다 수영을 하러 가도 돼. 그리고 새로운 미술 과제를 몇 가지 해보는 게 어떻겠니?" 이 질문에 대한 우리 아이들의 반응은 매우 적극적이었습니다. 계획을 세울 때 아이들을 참여시키면 그 계획을 잘 진행시키는 데 도움이 됩니다. "그렇게 하려면 너희들이 엄마를 좀 도와줘야 할 것 같다. 엄마는 할 일이 많을 테니까. 만약 우리가 다 달라붙으면 웬만한 일은 아침에 다 끝낼 수가 있을 거야. 다 같이 하면 시간이 많이 안 걸리지. 그런 다음에는 수영하러 가도 되고, 돌아와서는 미술 과제를 하거나 함께 놀 수도 있어." 그 계획은 아주 잘 진행되었고 우리는 참으로 멋진 여름을 보냈습니다.

함께 시간을 보내기 위한 당신의 계획을 자녀들에게 나누십시오. 그들의 아이디어도 얻고 반응을 알아보십시오. 그렇게 하면 그들도 더 사랑을 받고 있다고 느끼며 안심합니다.

자녀를 용서하십시오. 우리가 실제로 얼마나 용서를 잘 하느냐가 용서(하나님의 용서 포함)에 대한 자녀들의 생각에 영향을 많이 미칩니다. 그러므로 우리가 하나님의 용서를 개인적으로 경험할 뿐 아니라 자녀들과의 관계에서 용서하는 태도를 나타내는 것이 지극히 중요합니다.

하나님께서는 우리를 용서하시되, 허물을 '도말하시고,' 죄를 기억지도 않으십니다(이사야 43:25). 우리 또한 "널 용서한다"라고 말해 주거나 적절한 징계를 가한 후에는 마치 그 아이가 잘못을 저지른 적이 없었던 것처럼 대해야 합니다. 비록 머릿속에서 그 일을 지워 버릴 수는 없겠지만 아이와 우리의 관계에 영향을 미치지 못하게 할 수는 있습니다. 기회 있을 때마다 지난날의 실수를 아이에게 계속 상기시킨다면 완전히 용서한 것이 아닙니다.

어느 날 전화 통화를 하고 있는데 거실에서 "쿵" 하는 둔탁한 소리가 들려왔습니다. 나는 "마릴린, 다시 전화할게. 거실에 무슨 일이 벌어진 것 같아서"라고 하면서 얼른 통화를 끝냈습니다. 잠시 후 내 앞에 와서 선 두 아이는 겁먹은 표정을 하고 있었습니다. 가까운 곳에는 화분이 박살이 나 있었고, 화분에 있던 눅눅한 흙은 카펫 전체에 널려 있었으며, 엉망이 된 화초는 뿌리를 드러내고 있었습니다. 나는 마음속으로 천천히 열까지 세고 있었습니다. "엄마, 제가 화분을 넘어뜨렸어요"라고 한 아이가 말했습니다. "정말 잘못했어요. 정말이에요. 용서해 줄 거죠?" 나는 하나님의 용서를 처음으로 경험했을 때 느꼈던 안도감을 늘 기억하려고 합니다. 하나님께서는 나의 죄를 깨끗이

씻어 주셨고 다시 시작하게 해주셨습니다. 우리 아이도 내 앞에 서서 다시 시작하게 해달라고 부탁하고 있었습니다. 성경 말씀이 떠올랐습니다. "서로 인자하게 하며 불쌍히 여기며 서로 용서하기를 하나님이 그리스도 안에서 너희를 용서하심과 같이 하라"(에베소서 4:32). 또 다른 말씀도 떠올랐습니다. "너희가 사람의 과실을 용서하면 너희 천부께서도 너희 과실을 용서하시려니와, 너희가 사람의 과실을 용서하지 아니하면 너희 아버지께서도 너희 과실을 용서하지 아니하시리라"(마태복음 6:14-15).

무엇을 해야 할지는 분명했습니다. 용서해 주어야 했습니다. 다른 대안은 없었습니다. 그래서 "용서해 주마"라고 했습니다. 그리고 나서 그 아이에게 얼른 가서 마른 걸레와 진공청소기를 가져오게 했습니다. 나는 그 애가 화초를 딴 화분에 옮겨 심는 것을 도와주었고, 카펫 바닥의 흙을 최대한 제거한 후 진공청소기로 청소를 하게 했습니다.

그리스도인으로서 나는 용서를 특히 잘해야 합니다. 나 자신이 용서를 받는 것이 내가 다른 사람을 얼마나 기꺼이 용서하느냐와 연관되어 있습니다. 우리는 용서하지 않을 도리가 없습니다. 그리고 용서를 구하는 법을 자녀들에게 가르치는 것이 중요한 것처럼 부모들 또한 때때로 자녀들에게 용서를 구해야 합니다. 어머니들도 완벽하지 않습니다. 예를 들면, "베스, 미안하다. 네 말을 듣지 않고 있었어. 용서해 주겠니?" 또는 "그레이엄, 엄마가 잘못했다. 소리를 치지 말았어야 했는데. 엄마를 용서하겠니?"라고 말해야 합니다.

각 자녀의 걱정거리나 기쁨에 대해 민감해지십시오. 이것이 마지막으로 제안하고 싶은 것입니다. 이를 위한 몇 가지 아이디어를 소개합니다.

관심을 나타내기 위해 "찰리, 요즘 학교생활은 어때?" 혹은 "요즘

네가 주로 생각하는 것은 뭐니?"라고 물어 보십시오.

이해심을 갖도록 하십시오. "엄마도 이해가 간다. 수학은 나한테도 어려웠거든" 또는 "네가 그렇게 느끼는 이유를 알겠어"라고 말해 주십시오.

아이들이 자기 의견을 갖도록 허락하십시오. 비록 그것이 당신 것과 다를지라도 말입니다. 당신의 실패와 두려움과 기쁨을 아이들과 나누십시오. "내가 툴리 아줌마의 감정을 상하게 한 것 같다. 말을 잘못 했어. 다시 전화를 해서 사과해야겠다." "엄마는 내일 강연을 해야 하는데 두려움이 앞선다. 그렇게 많은 사람들에게 말씀을 전한다는 게 여간 신경이 쓰이는 게 아니구나. 엄마를 위해 기도해 주겠니?" "이거 멋진데. 나도 드디어 바느질 솜씨가 늘었어."

아이들이 당신도 사람이라는 것을 알게 하십시오. 자녀들과 마찬가지로 당신도 약점이 있습니다. 이 때문에 당신은 가까이하기가 더 쉬운 사람이 됩니다. 질책의 두려움 없이 다가갈 수 있는 사람이 되는 것입니다. 당신도 두려움이 있고, 꿈이 있으며, 실망도 하기 때문입니다.

주의 사항이 있습니다. 이렇게 당신의 마음을 나누는 것은 자녀의 유익을 위한 것이요, 자녀가 감정을 더 잘 표현하도록 돕기 위해서라는 사실을 기억하십시오. 그러나 어떤 관심사는 자녀에게 이야기하는 것이 현명하지 않을 수 있습니다. 예를 들면, 남편과의 관계에서의 어려움, 돈 문제, 또는 실직에 대한 두려움 등입니다. 이런 것은 어른들과 나누어야 할 것들입니다.

당신의 아이디어와 해결책을 가지고 아이들에게 달려들지 마십시오. 자제력을 발휘하십시오. 그들의 말을 경청하십시오. 그리고 모든 문제를 다 해결해 주려고 하지는 마십시오.

목소리와 표정으로 사랑과 용납을 보여 주십시오.

대화를 나누고 싶어 할 때는 시간을 내어 주십시오.

자녀들에게도 예의를 지키십시오. 사랑은 무례하지 않습니다. 아이들과 대화할 때 필요할 때는 잊지 말고 "미안하지만," "고마워"와 같은 말을 하십시오.

위로해 주십시오. 힘든 하루를 보냈을 때는 꼭 껴안아 주십시오. 눈물을 닦아 주며, 긴장하고 있을 때는 등을 쓰다듬어 주고, 당신의 무릎에 앉히기도 하십시오.

격려해 주십시오. '엄마 생각에 너의 훌륭한 점 열 가지'라는 목록을 만드십시오. 예를 들면, 너는 내가 빠뜨린 것을 잘 알아챈다, 잘 웃는다, 사람들이 우리 집에서 환영받고 있다고 느끼게 한다 등.

시간을 내십시오. "엄마, 오늘밤에 시간 좀 있으세요?"라고 한 아이가 묻기에 나는 "물론이야"라고 대답했습니다. 하지만 "물론이야"라는 말이 쉽게 나오는 건 아닙니다. 늘 그렇습니다. 자녀를 위해 시간을 내려면 뭔가 값을 치러야 합니다. 그러나 그것은 그를 향한 사랑의 표현입니다.

엄마들은 개인 시간을 가져서는 안 된다는 말이 아닙니다. 물론 가져야 합니다. 또한 끝도 없이 일만 해야 한다거나, 섬기기만 하고 섬김을 받지는 말아야 한다는 말도 아닙니다. 우리 삶의 초점은 '나'와 '나의 권리'에 가 있거나 아니면 다른 사람의 유익을 추구하는 것에 가 있습니다. 주님께서는 우리에게 사랑하라고 명하십니다.

내 친구 메리는 달리기를 열심히 하는 사람입니다. 그가 약 5년 전에 달리기를 처음 시작했을 때는 시가지 한 블록을 도는 데도 어려움을 느꼈습니다. 지구력과 속도를 높이기 위해 열심히 노력한 결과 이제 그는 정기적으로 하루에 8킬로미터를 달리고 있으며, 경주에 나가 겨룰 수 있을 정도까지 되었습니다.

올해 메리와 십대인 두 딸은 우리 지방에서 열린 12.5 킬로미터 경주대회에서 함께 달리기로 했습니다. 막내딸인 캐런은 그렇게 먼 거리는 뛰어 본 적조차 없었습니다. 메리와 두 딸은 거의 날마다 함께 뛰면서 그 경주에 대비하여 훈련했습니다.

경주가 있는 날 나는 메리를 생각했으며, 자신의 최고 기록을 내려고 결승선을 향해 질주하는 모습을 그려 보았습니다.

그날 오후 늦게 그에게 전화를 걸었습니다. 알고 보니, 메리는 혼자 달려 나간 것이 아니었습니다. 그 대신 뒤에 처져서 캐런과 함께 뛰면서 계속 격려해 주었습니다. 캐런은 그 경주에서 완주했고, 메리의 기쁨은 캐런의 성공에 초점을 맞추고 있었습니다. 캐런은 그 어느 때보다 장거리를 뛰었습니다.

메리는 캐런의 성공을 자신의 성공 앞에 두었습니다. 다른 사람의 행복을 추구하는 것은 이처럼 다른 사람의 유익을 위해 우리 삶을 포기하는 것을 의미합니다. 달려 나가며 우리를 따라와 주기를 기대하기보다는 함께 달리며 그들의 힘을 북돋아 주는 것입니다.

✱ 묵상과 토의를 위한 질문 ✱

1. 예수님의 삶을 보고 하나님의 사랑에 대해 무엇을 배웠습니까?
2. 하나님께서는 우리가 자녀에게 어떤 사랑을 보이기 원하십니까? 설명해 보십시오.
3. 가족들에게 사랑을 표현할 수 있는 방법을 생각해 보십시오. 이번 주에 실천할 수 있는 것 세 가지만 들어 보십시오.

4. 당신이 사랑을 나타내지 못하게 막는 것을 생각해 보십시오(이기심, 분노, 자기 연민, 조급함 등). 가장 자주 막는 것은 무엇입니까?

제9장
집에서 가르치기

고든 파크스는 캔자스 주에 사는 가난한 농부의 열다섯 자녀 가운데 막내였습니다. 그는 고등학교 졸업장도 없었으나 책을 몇 권이나 쓰고 영화감독도 했습니다. 또한 음악 교육을 받은 적이 한 번도 없지만 심포니 한 곡과 소나타 몇 곡을 작곡했습니다.

고든은 자신의 광범위한 업적을 모두 자기 어머니인 사라 파크스 덕분으로 여깁니다. 그의 어머니는 가난하고 못 배운 흑인 여성이었는데, 자주 성경을 팔에 꼭 끼고 다녔습니다. 죽기 직전 그는 당시 15세였던 고든을 불러서 이렇게 말했습니다.

아들아, 너는 큰 인물이 될 거야. 하지만 그렇게 되기 위해 노력하도록 하여라. 누나들의 말을 잘 들어라. 누나들은 무엇이 옳은지 말해 줄 거야. 내가 그 애들에게 무엇이 옳은지 가르쳐 주었거든. 그리고 북부에 있는 주로 가거라. 모든 것을 활용하여라. 처음부터 마음에 쏙 드는 일을 하려고 하기보다 조금씩 더 나은 일을 하고, 처음부터 거창한 일을 하려고 하기보다 조금씩 더 큰 일을 하도록 하여라. 늘 이곳을 기억하여라. 나는 이 집이 네게 배움의 터전이 되기를 바란다.[1]

당신의 집을 배움의 터전으로 생각해 본 적이 있습니까? 자녀들의 영적, 지적 성장을 자극하는 장소로 말입니다. 당신은 집을 자녀들의 꿈을 키워 주고 창의성을 키워 주는 장소로 여깁니까? 그곳은 새로운 아이디어를 말하기에 안전한 장소입니까? 또한 당신 자녀들이 미지의 세계를 탐구하기 위한 발판의 구실을 합니까?

레슬리 엘리엇과 트루디 슐랙터는 성공의 근원에 대해 쓴 책에서 천재적 재능을 지닌 아이들의 삶에서 어머니가 한 역할에 대해 탐구했습니다. 거의 예외 없이 이 아이들의 어머니들은 자녀들의 삶에 밀접하게 관여하면서 격려를 해주고, 자극을 주고, 계발시켜 주었습니다. 사회적인 배경이나 경제적 배경과는 무관하게 어머니들이 진지한 관심을 쏟았다는 것이 분명했으며, 그 사실이 이 재능 있는 아이들의 공통점으로 보였습니다.

개척 선교사 제임스 프레이저에 관한 책에서 그의 가정생활을 엿볼 수 있습니다. 그의 어머니 애니 프레이저는 아이들에게 그림과 음악을 가르쳤으며 선교에 대한 자신의 관심을 전달했습니다. 애니 프레이저는 성경을 부지런히 공부했는데, 영적 진리를 효과적으로 자녀들에게 전달하기 위해서였습니다. 프레이저 가족은 월간 잡지를 발행하기도 했고, 함께 사진 촬영과 자전거 타기와 같은 취미 활동도 했습니다.

아직 소년일 때 제임스 프레이저는 선교와 학문과 생명에 대한 사랑을 어머니에게 배웠습니다.

사라 파크스와 애니 프레이저는 특출한 여성, 우리가 본받기에는 너무 능력이 뛰어난 사람입니까? 그들의 아이디어들은 남다른 재능이나 비전을 가진 소수의 어머니들만을 위한 것입니까? 천만에요! 그들은 우리 모든 어머니들의 본입니다.

선생으로서의 부모

어떤 사람이 술집을 향해 눈 위를 터벅터벅 걸어가고 있었습니다. 그는 밤마다 술집을 돌아다니며 술을 먹는 버릇이 있었기 때문입니다. 그런데 그는 문득 자기 뒤에서 눈을 밟는 발자국 소리가 작게 들려오고 있는 것을 알아차렸습니다. 돌아서니 어린 아들이 자기 발자국을 따라 깡충깡충 뛰어오고 있는 것이 보였습니다.

당황한 아버지는 "얘야, 무엇을 하고 있니?"라고 물었습니다.

"아빠 발자국을 따라가고 있어요, 아빠."

소스라치게 놀란 아버지는 아들을 번쩍 들어 어깨에 메고 집으로 향했습니다.

부모는 선생입니다. 아이들은 좋은 것이든 나쁜 것이든, 긍정적인 것이든 부정적인 것이든, 우리에게 배울 것입니다. 선생으로서의 책임을 받아들이든 말든 우리는 그들의 선생입니다.

신명기 6:5-7은 하나님께서 우리가 자녀들에게 무엇을 어떻게 가르치기 원하시는지를 보여 주는 핵심 구절입니다.

너는 마음을 다하고 성품을 다하고 힘을 다하여 네 하나님 여호와를 사랑하라. 오늘날 내가 네게 명하는 이 말씀을 너는 마음에 새기고, 네 자녀에게 부지런히 가르치며, 집에 앉았을 때에든지 길에 행할 때에든지 누웠을 때에든지 일어날 때에 든지 이 말씀을 강론할 것이며.

나는 하나님께서 나를 부르셔서 우리 아이들을 적극적으로 가르치게 하신다는 것을 깨달았습니다. 그래서 나는 그 책임을 더 진지하게 받아들이게 되었고, 가르치는 데 도움이 되는 모든 것에 깨어 있게 되었습니다. 배우는 기회들에 깨어 있게 된 것입니다. 나는 의무감을 느낀 것이 아니라 힘이 나고 흥분이 되었으며, 한 번 해보고 싶은 의욕을 느꼈습니다.

하나님께서는 가르치는 부모가 갖추어야 할 자격 조건을 보여 주셨으며, 교과 과정도 제시해 주셨고, 언제, 어디서, 어떻게 가르쳐야 하는지도 말씀해 주셨습니다. 모든 어머니들은 이러한 것들을 적용함으로써 자녀들을 더 잘 가르칠 수가 있습니다.

잘 가르치는 부모의 자격 요건

하나님께서는 부모들에게 교사 자격증이나 심지어 무슨 졸업장 같은 것을 요구하지도 않으십니다. 하나님께서는 사전 경험이나 특별한 재능이나 은사를 요구하지도 않으십니다. 하지만 하나님께서는 그분 자신의 학교와 훈련 프로그램을 가지고 계십니다. 하나님의 학교에서, '가르치는 부모'는 먼저 '학생'이 되어야 하고, '따르는 자'가 되어야 하며, '순종하는 자'가 되어야 합니다. 하나님께서는 완벽을 요구하지 않으십니다. 하지만 그분 자신이 가르쳐 주고 보여 주시는 것을, 학생된 우리들이 정성을 다해 한 단계 한 단계 순종해 나가기를 원하십니다. 자녀들을 가르치기에 앞서 부모가 순종의 삶에서 일정 수준에

도달해야 하는 것은 아닙니다. 오히려 가르치면서 부모 자신도 순종하는 면에 계속 발전해 가야 합니다. 배우고 가르치는 것은 일생에 걸쳐 힘써야 할 일입니다. 어떤 어머니도 배우는 것은 끝내고 가르치기만 해도 될 수준에 도달하지는 않습니다. 배우는 것과 가르치는 것은 동시에 이루어집니다.

교과 과정

해변에 누워서 우리 아이들이 무릎까지 오는 바닷물 속에서 놀고 있는 것을 유심히 바라보고 있었습니다. 그때 그 평온을 깨뜨리는 고함 소리가 들려왔습니다. "입 닥치지 않으면 양말로 네 입을 틀어막을 거야!" 나는 일어나 앉아서, 어깨 너머로 화가 난 어머니가 여섯 살 먹은 딸을 매섭게 노려보고 있는 것을 흘끗 보았습니다. "그렇게 말하면 통해요?"라고 나는 가볍게 물어 보았습니다. 약간 당황한 그 어머니는 웃으면서 "모르겠어요. 우리 엄마가 늘 그렇게 말했는데, 이제는 내가 아무 생각도 없이 그 말을 따라 하고 있나 봐요"라고 했습니다.

'내가 엄마하고 똑같은 말을 하고 있구나'라고 생각한 적이 있습니까? 나는 있습니다. 별 생각도 없이 한 세대에서 다음 세대로 전달되는 어떤 말을 생각해 보면, 우리는 좀 더 분별력이 있어야 하지 않을까 하는 생각이 듭니다.

이전 세대로부터 자주 해왔던 어떤 말은 조용히 사라지도록 하는 게 좋을 것입니다. 물론 계속 전달할 만한 가치가 있는 말도 있습니다. 어떤 엄마들이 "빨리 개학을 했으면 좋겠어요"라고 하는 것을 들으면 나는 우리 어머니가 "난 개학을 하는 게 싫다. 여름 방학은 너무 빨리 지나가는구나. 네가 곁에 없으면 너무 허전할 게야"라고 하시던 것이 생각납니다. 우리 어머니가 하는 말을 들으면 언제나 내가 사랑받고 있음을 느꼈습니다. 우리 어머니는 내가 곁에 있는 것을 좋아하셨고, 나는 그 사실을 알고 있었습니다. 우리 자녀들도 그렇게 느끼도록 하고 싶습니다.

다음 세대에게 무엇을 전달하기를 원합니까? 어떤 개념이 우리 자녀들과 그리고 그 아이들의 자녀들 속에 깊이 새겨지기를 원합니까? 우리 자녀들이 "우리 어머니께서는 늘 (   )라고 말씀하셨어요"라고 할 때, 괄호 안에 무슨 말이 들어가기를 원합니까?

감사하게도 하나님께서는 우리가 자녀들에게 전달해야 할 가장 중요한 것이 무엇인지 말씀해 주셨고, 왜 그렇게 해야 하는지도 말씀해 주셨습니다. 하나님은 누구시며, 우리가 어떻게 살기 원하시는가? 바로 이것을 하나님께서는 부모가 자녀들에게 가르치게 하셨습니다. 그 이유가 무엇입니까? 우리 자녀들이 복을 받고 장수를 누리도록 하기 위해서입니다(신명기 6:2-3).

하나님께서는 인간관계가 어떠해야 하는지에 대해 많이 언급하셨습니다. 그래서 우리는 자녀들에게 사람들을 대할 때 인자함, 관대함, 은혜로움, 용서, 그리고 화해의 태도를 유지하도록 가르치고, 훈련하고, 훈계해야 합니다. 하나님께서는 더도 말고, 덜도 말고, 오직 하나님 자신이 우리를 대하시는 것처럼 우리가 다른 사람을 대하기 원하십니다. 성경은 하나님의 인자하심, 관대하심, 은혜로우심 및 용서에 대해 상세히 말하고 있습니다. 하나님께서 우리가 다른 사람을 용서하기 원하시는 이유는 하나님 자신이 우리를 용서하시기 때문입니다. 하나님께서는 우리가 다른 사람에게 관대하기 원하시는데, 이는 하나님 자신이 우리에게 관대하시기 때문입니다. 우리 자녀들이 다른 사람과의 관계에서 올바로 행하는 법을 배우면 지금도 좋고, 훗날에는 친구들과 급우들과 직장 동료들과 배우자와도 좋은 관계를 맺을 수 있게 됩니다.

가족들 간에 싸움이나 말다툼이 계속되는 것은 어쩔 수 없는 게 아닙니다. 말다툼을 하거나 울거나 하면 이를 기회로 아이들에게 불화를 해소하는 법을 가르칠 수 있습니다. 우리가 할 일은 하나님과 하나님의 방식을 가르치는 것, 그리고 화해하도록 훈련시키는 것입니다. 우리가 속한 나라는 용서에 기초를 두고 있기 때문입니다.

애들 가운데 하나가 형제나 자매에게 부당한 대우를 받았다고 불평하면서 화를 내거나 눈물을 흘리면서 오면, 나는 성경에 나와 있는 일련의 단계를 따라 순종과 화해에 대해 가르치고 훈련합니다.

1. 감정이 상한 아이를 도와주어, 무슨 일이 있었는지 그 때문에 어떤 느낌을 갖게 되었는지를 똑똑하게 말하게 한다. "오빠가 나보고 염소를 닮았다고 해서 기분이 나빴어요," 또는 "동생이 내 옷을 입어서 화가 나요."
2. 감정을 다스리도록 도와준다. 자기의 감정을 상하게 한 아이에게 그가 한 일이 어떤 느낌을 갖게 했는지를 말하게 하되(마태복음 18:15), 부드러운 음성으로 말하도록 지도한다(잠언 15:1). 둘에게 화해가 목적이라는 것을 상기시킨다.
3. 감정이 상한 아이가 그 문제를 해결하러 오기 전에, 감정을 상하게 한 아이와 대화를 나눈다. 자신의 잘못을 시인하는 것, "미안해. 용서해 줘"(마태복음 6:14-15)라고 말하는 것 및 화해의 필요성을 깨닫도록 하는 데 도움이 되는 것이라면 뭐든 가르치거나 지시한다. 종종 그도 어떤 식으로 감정이 상했을 것이며 1, 2 단계를 필요로 할 것이다.

4. 화해를 목적으로 서로 대화하게 한다. 상황을 계속 파악한다. 예를 들면, 감정을 상한 아이가 자신의 상처에 대해 나눌 때 감정을 상하게 한 아이가 "설마! 말도 안 돼"라고 하면 좀 더 가르치고 교훈해야 한다.

처음에는 이 과정에서 우리가 해야 할 것이 매우 많으나, 때가 되면 조금만 도와줘도 아이들은 자기들의 불화를 해소합니다.

그러므로 우리의 광범위한 교과 과정에는 첫째로는 '하나님이 누구신가'에 대해, 그리고 두 번째로 '하나님께서는 우리가 어떻게 살기를 원하시는가'에 대해 가르치는 것이 포함됩니다.

명확합니까? 그렇습니다. 간단합니까? 아닙니다. 하나님은 얼마나 광대하신지, 얼마나 생각이 깊으신지 다 알 수가 없습니다. 하나님께서는 창조주요 만물을 붙드시는 분으로서 그 하시는 일을 계속 보여주시는데 무궁무진합니다. 나에게 부여된 이 가르치는 일은 너무나 엄청난 일이라서, 마치 모든 대서양 물을 한 번에 한 숟가락씩 떠서 미국을 가로질러 태평양으로 옮기는 일 같은 느낌이 종종 듭니다. 그토록 엄청난 일을 도대체 무엇부터 시작해야 합니까?

선명한 목표

몇 가지 간단한 목표를 기록해 보는 것이 나의 과제를 선명하게 파악하는 데 도움이 됩니다. 기록된 목표는 방향을 설정하는 데 도움이 되며, 계획하고 이행하고 평가하기 위한 토대를 마련해 줍니다.

'목표'라는 말을 사용했지만, 자녀들의 운명을 우리가 결정할 수 있다는 의미는 아닙니다. 우리는 그들의 운명을 결정할 수가 없습니다. 또한 이러한 목표가 우리의 자녀 양육이 성공적이었는지를 판단하는 유일한 토대도 아닙니다. 우리 자녀들은 그들 나름의 판단력이 있습니다. 삶의 방향은 궁극적으로는 그들 자신이 결정할 것입니다.

그러나 목표를 설정하면 자녀 양육에서 전망을 가지며 방향을 일관성 있게 유지하는 데 도움이 됩니다. 선명하고 구체적인 목표가 없으면 나 또한 쉽사리 목표를 시야에서 놓치게 됩니다.

그리스도인 가족을 위해 잘 정의된 목표가 있으면 유익하다는 건 분명하지만, 그러한 목표를 설정하고 성취하기 위한 출발점은 어디입니까?

자녀들을 위한 목표 설정의 첫 단계로서 '하나님께서 자기 백성들을 위해 이미 설정해 두신 목표가 무엇인가'를 결정해야 합니다. 성경을 읽어 나갈 때 하나님께서 마음에 두고 계시는 목표들을 찾아볼 수 있으며, 이러한 목표들을 우리 자녀들을 위한 구체적인 목표를 세우는 데 토대로 삼을 수 있습니다.

우리를 위한 하나님의 목표는 예수님을 닮는 것입니다. 예수님은 성숙의 표준이 됩니다. 자녀들을 위한 목표들을 고려할 때, 그들을 위한 하나님의 목표, 즉 예수님을 닮는 것에 비추어 평가해 보아야 합니다.

존 헨리 조웻은 자신의 한 저서에서 "자녀에게 나아갈 때 당신은 그가 어떤 사람이 되기를 바라는지, 이에 대한 비전을 가지고 있어야 한다"라고 썼습니다. 자녀에 대한 당신의 비전은 무엇입니까? 그것은 하나님의 생각과 일치합니까?

나는 자녀의 성장 및 성숙과 관련하여 내가 가지고 있는 가치관을 하나님의 것과 비교하기 위해 몇 가지 질문을 사용합니다.

- ❖ 나는 돈 잘 버는 것, 아름다운 외모, 또는 공부 잘하는 것이나 시합에서 이기는 것보다 경건한 성품을 더 가치 있게 여기는가?
- ❖ 나는 무엇을 위해 우리 아이들을 칭찬하거나 책망하는가? 내 말을 들으면, 성적을 잘 얻는 것이 정직하게 얻는 것보다 중요하게 생각하지 않을까? 자녀의 성품보다는 외모에 대해 더 많이 이야기하고 있지는 않은가? 애교 있는 얼굴, 좋은 성적, 많은 득점을 칭찬하듯이 친절한 행위, 사려 깊은 행동, 순종, 온유한 태도를 칭찬하는가?
- ❖ 나는 얼마나 이루었는가보다 태도를 더 중요하게 여기는가? 아이가 닦은 거울이 여전히 좀 더러워도 그 아이가 진심으로 엄마를 돕고자 했다는 사실 때문에 고마워하는가? 몸이 아파 누워 있는 나에게 아침 식사를 가져오다가 쟁반을 엎질러도 은혜로운 태도를 유지할 수 있는가?
- ❖ 하나님께 중요한 것이 나에게도 중요한가? 우리의 가치관이 중요한 이유는 그것이 우리의 목표를 결정하기 때문입니다. 만약 그 목표가 하나님의 생각과 일치하지 않는다면 득보다 해를 가져올 것입니다.

자녀들과 관련하여 당신이 가지고 있는 가치관과 목표들에 대해 남편과 토의하십시오. 자녀들을 위한 영적, 정신적, 신체적, 사회적 목표들을 생각해 보십시오. 당신이 가지고 있는 비전과 가치관을 하나님의 목표인 예수님을 닮는 것과 비교해 보십시오.

참고 도서를 읽거나 이 주제에 대해 다른 사람과 이야기를 나누어 보는 것 또한 도움이 될 수 있습니다. 다른 사람의 아이디어를 활용하십시오.

마지막으로, 아이들 하나하나를 위한 총괄적인 목표와 구체적인 목표들을 기록하십시오.

목표 설정을 위한 아이디어

잠언은 부모들을 위한 안내서가 되며, 자녀들을 위한 좋은 목표를 세우는 데 도움을 줍니다. 잠언은 어떤 아버지가 아들에게 간곡한 당부를 하는 것으로 시작하여(1:8), 어떤 어머니의 교훈으로 마무리됩니다(31:1). '내 아들아, 귀를 기울이라'라는 말이 잠언 전체에 걸쳐 여기저기 나오는데, 어버이로서 교훈해야 할 영역에 대해 계속 상기시켜 줍니다. 다루고 있는 주제에는 어떻게 친구를 선택할 것인가, 어떤 사람과 어울리는 것을 피해야 할 것인가, 부지런한 삶, 자기 마음을 제어하는 것, 주의 깊은 언어 사용 등이 포함되며, 이러한 것들은 당신 자녀들이 진정한 성숙에 이르는 데 꼭 필요한 자질과 능력입니다.

　무엇보다도 잠언의 목적은 지혜를 얻도록 하기 위한 것인데, 이는 "지혜가 제일이기 때문"(4:7)입니다. 지혜를 정의하고, 지혜의 특성과 유익에 주목하며, 지혜를 그와 반대되는 어리석음과 비교하고, 지혜로워지기 위해 취해야 할 행동을 알려면 잠언을 읽는 게 좋습니다. 잠언을 읽으면 자녀들의 삶에 어떤 특성이 있어야 하는지 아는 데 도움이 됩니다.

　우리 가르침의 길잡이 역할을 할 목표들을 결정할 때, 다른 부모들이 자녀들을 위해 어떤 목표를 가지고 있는지 알아보면 유익을 얻을 수 있습니다. 한 어머니의 것을 예로 들면 다음과 같습니다.

- ❖ 하나님을 믿고 신뢰하게 한다.
- ❖ 하나님을 사랑하고 겸손히 하나님과 동행하게 한다.
- ❖ 사람들을 사랑하고 섬기게 한다.
- ❖ 하나님의 말씀인 성경을 사랑하게 한다.
- ❖ 기도하고, 하나님께서 응답해 주실 것을 믿게 한다.

또 다른 어머니는 보다 세부적인 행동 양식에 초점을 맞추었습니다.

- ❖ 자기의 뜻을 굽힐 줄 알게 한다.
- ❖ 혀를 다스리게 한다.
- ❖ 징계를 잘 받아들이게 한다.
- ❖ 자립정신을 길러 준다.
- ❖ 고통과 실패에 잘 대처할 수 있게 한다.
- ❖ 다른 사람과 관계를 잘 맺을 수 있게 한다.
- ❖ 친구를 지혜롭게 선택할 수 있게 한다.
- ❖ 참을성 있게 기다릴 줄 알게 한다.
- ❖ 일을 열심히 그리고 수준 높게 하게 한다.
- ❖ 아빠를 존경하게 한다.
- ❖ 다른 사람들을 존중할 수 있게 한다.

남편과 함께 당신의 장기적인 자녀 양육 계획을 토의하는 것, 그리고 다음과 같은 영역에서 각 자녀에 대한 구체적인 목표를 써보는 것도 도움이 될 것입니다.

1. 하나님과의 개인적인 교제.

2. 경건한 성품: 순종, 관대함, 순결, 거룩, 기쁨, 친절, 정직, 믿음, 충성, 인내, 사랑, 자비, 종의 태도.
3. 바람직한 인격: 자신감과 하나님께 대한 신뢰에 토대를 둔 내적 만족, 다른 사람과 자신에 대한 존중, 자신의 가치에 대한 인식, 책임감 있게 행동하는 능력, 목표 의식, 자신의 약점에 대해 웃어 넘길 줄 아는 마음.
4. 그룹에서 다른 사람과 잘 지내는 능력: 개방적인 생각이나 태도, 신의, 이해심, 용서, 다른 사람을 위해 책임을 떠맡음.
5. 비판적으로 생각할 줄 아는 능력. 특히 올바른 표준과 가치관을 설정하고 유지하는 일에서.
6. 창의적으로 일하고 한 사람의 독특한 개인으로서 자신을 표현할 수 있는 능력.
7. 상식과 좋은 판단력.

당신은 자신의 가정의 특성으로 삼고 싶은 몇 가지 기본적인 자질들을 결정하는 것이 좋습니다. 다음의 다섯 가지는 우리 가족들이 함께 노력해 온 것들입니다.

1. 사랑의 분위기를 형성하고, 하나님께서 함께하고 계심을 의식한다. 우리 집을 안식이 있고 안전한 피난처로 꾸민다. 우리 집에서 그리스도께서 머리가 되심을 의식하는 면에서 점점 더 발전한다.
2. 가족 사이의 긴밀한 유대 관계를 형성한다. 집을 우리가 머무르고 싶은 장소로 여긴다. 건전한 관계를 형성하고, 비록 의견이 일치하지 않을 때도 언제나 서로를 향한 존경을 나타낸다.
3. 우리 집을 학습 센터로 삼는다. 각 개인의 잠재력이 발휘되도록

돕기 위해 함께 노력한다. 실패나 실수를 용납한다.
4. 계획을 세우거나 가정의 목표를 달성하는 데 모두 참여시킴으로 가족 팀을 형성한다. 서로에 대해 자랑스럽게 여긴다. 서로를 지지하고, 서로에 대해 신뢰하고 성실성을 보인다.
5. 세상에 그리스도를 전하는 센터가 된다. 친구들이나 모르는 사람들에게 삶뿐 아니라 말로도 스스럼없이 주님을 전한다.

가르치는 일의 궁극적인 목표가 예수님을 닮는 것이라면 일차적인 목표는 자녀들이 예수님을 믿는 것입니다. 예수님을 따르겠다는 개인적인 결단이 없으면 자녀들은 예수님을 닮는 일에서 결코 성장할 수가 없습니다.

자녀들이 개인적으로 예수님께 나아가지 않는다면, 우리가 아무리 잘 가르친다 해도 그 모든 가르침은 얼굴에 하는 화장만큼이나 피상적인 것이 됩니다. 최선을 다해 가르치고 훈련시켜도 그들의 삶 속에 깊은 변화가 일어나지는 않습니다. 그것은 오직 영적 거듭남을 통해서만 이루어집니다.

예수님을 믿는 것은 꼭 필요합니다. 하지만 다음 사항을 꼭 염두에 두십시오.

1. 어린 자녀들은 기쁨을 주고 싶어 합니다. 예수님을 영접하도록 압력을 받게 되면 엄마 아빠를 향한 사랑 때문에 마지못해 영접하는 시늉을 할지 모릅니다. 그것은 진정으로 예수님을 믿은 것이 아닙니다. 우리는 압력을 가하지는 않으면서도 지식을 제공하고 또 가르치기를 원합니다.
2. 자녀들은 우리의 사랑과 용납이 예수님께 대한 자신들의 반응에

좌우된다고 느끼지 않아야 합니다.
3. 우리는 자녀들의 삶에 어떠한 영적 변화도 일으키지 못하는 무력한 존재임을 인정해야 합니다. 우리가 아무리 노력해도 자녀들이 예수님을 믿게 할 수는 없습니다. 오직 하나님만이 하실 수 있습니다.

어디서 어떻게 가르쳐야 하는가?

신명기 6:7에서 '가르치다'로 번역된 히브리어는 몇 가지로 옮길 수 있는데, 마음을 찌르다, 부지런히 가르치다, 자극하다 등이 이에 포함됩니다. 이렇게 하는 것은 가르치려는 내용을 딱딱하게 제시하는 것 이상입니다. 우리의 가르침은 자녀들에게 하나님을 향한 갈망을 불러 일으킬 수 있을 정도로 신선하고 힘이 있어야 하고, 향취가 있고 맛도 좋아야 합니다. 자녀들에게 진리를 전달하고자 할 때 하나님께서는 그런 수준의 가르침을 베풀 수 있게 도와주실 수 있습니다.

우리는 식탁에 둘러앉아 식사를 하면서 가르칠 수도 있고, 거실에 앉아서 가르칠 수도 있으며, 좋은 책을 함께 읽으며 느긋한 시간을 보내거나, 학교에 데려다 주면서, 또는 함께 산책을 하거나 쇼핑센터에서 이것저것 구경하면서 자녀들을 가르칠 수도 있습니다. 아이들의 이불을 덮어 줄 때나 열이 나서 찬물로 닦아 줄 때, 또는 머리 위에서 춤추는 나뭇잎들을 바라보며 잔디 위에 누워 있을 때 등, 하나님께서는 언제든 우리가 가르칠 수 있는 기회를 포착하기 원하십니다.

이러한 가르침은 자연스러워야 하고, 종종 무의식적으로 이루어져야 합니다. 하나님께서는 세련되게 가르치도록 요구하지 않으십니다. 하나님께서는 우리가 자녀들과 삶을 함께하다가 맞게 되는 일상적이고 평범한 상황에서 가르치기를 원하십니다.

한번은 우리 아들 그레이엄이 블록으로 높은 탑을 쌓았습니다. 높이 더 높이 쌓아 가는데 마침내 그 탑은 약간 흔들리더니 그만 와르르 무너져 내렸습니다. 블록이 무너져 내리자 그레이엄은 화를 버럭 내며 마구 울었습니다. 그 아이는 좌절감에 휩싸여 있었습니다.

잠언 25:28 말씀이 기억났습니다. "자기의 마음을 제어하지 아니하는 자는 성읍이 무너지고 성벽이 없는 것 같으니라"(잠언 25:28).

그래서 그 흩어진 블록 가운데 앉아서 그레이엄과 이야기를 나누었습니다. 그 블록들로 빙 둘러 벽을 쌓고 물었습니다. "그레이엄, 왜 사람들이 성읍 주위에 성벽을 쌓는지 아니?"

나는 아들과 함께, 옛날에는 성읍을 방어하는 데 견고한 성벽이 중요했다는 것에 대해 잠시 이야기를 나누었습니다. 그리고 나서 잠언 25:28 말씀을 들려주고, "블록이 무너졌다고 화를 내는 것은 네 마음이 마치 성벽 없는 성읍과 같다는 걸 보여 주지. 그런 성읍으로는 적이 쳐들어오기가 쉬워"라고 했습니다. 나는 그 아이가 마음을 다스릴 수 있게 하나님께서 도와주시도록 함께 기도했습니다.

또 한번은, 4년 동안의 선교사 생활을 마치고 미국으로 돌아온 직후였는데, 우리는 필요한 것이 참 많았습니다. 우리에게 있는 것이라고는 고작 재봉틀 하나와 흔들의자 하나가 전부였습니다. 집도 있어야 하고, 여러 가구들과 가전제품 등도 필요했습니다.

우리는 필요한 것들을 가족 기도 제목으로 만들었습니다. 식사 시간과 취침 시간, 그리고 차로 이동하는 시간에 우리는 그 목록에 있는 항목들을 위해 구체적으로 기도했습니다. 우리는 필요한 것들을 하나님께서 공급해 주실 때마다 목록의 해당 항목 위에 줄을 그어 나갔습니다. 목록이 점차 줄어들어 가는 것이 보였습니다. 하나님께서는 은혜롭게 집과 냉장고와 가구와 기타 여러 가지를 공급해 주셨으며, 많은 경우 스릴 있게 공급해 주셨습니다. 이에 따라 우리는 그 목록이 계속 줄어들고 있는 것을 보았습니다.

새 집에 입주한 그 달에 우리 아이들 가운데 둘이 기도로 예수님을 영접했습니다. 나는 그 달에 경험한 하나님의 공급하심과 자상한 보살핌에 대한 구체적인 증거를 보고 그 두 아이는 하나님이 매우 실제적이고 매력 있는 분임을 알게 되었으리라 믿습니다.

가르칠 수 있는 또 다른 기회가 어느 주일날 교회로 가는 길에 찾아왔습니다. 그때 우리 차에는 손님 한 분이 같이 타고 있었습니다. 그런데 느닷없이 뒷좌석에 있던 아이가 앞으로 고개를 내밀며 "엄마, 기생이 뭐예요?" 하고 묻는 것이었습니다.

간단히 설명해 준 후, 우리는 라합에 대해 이야기를 나누었습니다. 라합은 여리고의 기생인데 여호수아 2:1-21과 6:22-25에는 그의 이야기가 소개되어 있습니다. 우리는 라합이 하나님에 대해 들은 후 어떻게 하나님을 두려워하고 순종했는지에 대해 대략 살펴보았습니다. 하나님께서는 라합을 영광스럽게 하셔서 그의 이름이 그리스도의 계보에 포함되게 해주셨습니다(마태복음 1:5). 또한 예수님께서는 기생과 같은 사람들에게도 친절하셨으며, 그들이 죄에서 떠나고 예수님을 믿으면 용서해 주셨다는 것도 말해 주었습니다. 나중에 그 손님은 귓속말로 "아이들이 나한테 묻지 않고 당신한테 물은 게 천만다행이에요"라고 했습니다.

가르치기 위한 기회는 종종 방해로 가장하고 찾아옵니다. 어느 날 밤 남편과 나는 침대에서 책을 읽고 있었는데 매슈가 찾아와서 잠이 안 온다고 불평을 했습니다. 이 때문에 우리 부부는 책 읽는 데 방해를 받았지만, 우리는 그 애더러 우리와 함께 있자며 불렀습니다. 나는 매슈와 한 베개를 하고 성경을 건네주고는 아합 왕의 삶에 어떤 일이 있었는지 자세히 설명해 주었습니다. 그러고 난 후 나는 다른 성경을 계속 읽었습니다. 잠시 후 우리는 매슈를 자러 보내고 불을 껐습니다. 다음날 아침에 보니 매슈는 성경의 그 부분과 관련하여 흥미로운 사실을 깨닫고 있었으며, 자기는 아합에 관해 더 읽고 잤다고 했습니다. 우리와 함께 성경을 읽은 것이 그로 하여금 더 읽고자 하는 마음을 불러일으켰던 것입니다.

3일 연휴를 갖게 되었던 어느 주말이었는데, 아이들은 학교에 안 가도 되는 그 월요일을 잔뜩 기대하고 있었습니다. 그러나 토요일 밤에 독감이 찾아왔습니다. 가족 모두가 걸렸습니다. 매슈과 베스는 TV로 축구를 보기 위해 우리 침실로 왔습니다. 잠자리에 들 시간이 되자 우리는 베스는 자기 방으로 보냈으나 매슈는 우리 침대에 그냥 두기로 결정했습니다. 나는 매슈하고 우리 방에서 자고, 남편은 매슈 방에 가서 자기로 한 것입니다.

앓고는 있어도 매슈와 나는 그 긴 밤 동안 퍽 좋은 대화의 시간을 가졌습니다. 우리는 매우 좋은 환경에서 병을 앓고 있는 것에 대해 감사했습니다. 우리에게는 편안한 침대와 깨끗한 침대보가 있었으며, 빨아 먹을 수 있는 얼음도 있었고, 마실 수 있는 맛있는 음료도 있었습니다. 그리고 하루나 이틀이면 독감이 떨어질 것이라는 확신도 상당히 가지고 있었습니다. 나는 매슈하고 동남아시아의 보트 피플과 인도의 가난한 사람들에 대해 이야기를 나누었는데, 그 사람들 대부분은 침대도, 맑은 물도, 심지어 담요 한 장도 없습니다. 더 나쁜 환경에 처해 있는 다른 사람들을 생각하니 앓고 있으면서도 감사하는 데 도움이 되었습니다.

그날 밤 두 시경이 되었는데 매슈는 여전히 잠을 못 이루고 있었습니다. "빨리 아침이 되었으면 좋겠어요. 밝으면 견디기가 더 나을 것 같은데"라고 그 애는 말했습니다.

그 말을 듣자 시편 130:6 말씀이 생각났습니다. "파수꾼이 아침을 기다림보다 내 영혼이 주를 더 기다리나니." 그날 밤, 우리는 동이 터오기를 고대하면서 혼자서 경계 근무를 서고 있는 사람에 대해 감정적으로 이해가 되었습니다. 우리는 그와 같은 간절함을 가지고 주님의 재림을 기다렸던가? 우리는 끙끙대면서도 이에 대해 잠깐 이야기를 나누었습니다.

다음에 나는 매슈에게 "욥에 대해 알고 있니?" 하고 물어 보았습니다. 그리고는 이 사람에 대해 서로 이야기를 나누었습니다. 욥은 견디기 힘든 병과 시련을 겪으면서도 여전히 하나님께 충성스러웠던 사람이었습니다. 욥을 생각하니 우리가 비교적 가벼운 고난을 겪고 있다는 것을 새삼 깨달을 수 있었습니다.

이 모두가 무슨 심오한 대화는 아닙니다. 그러나 그것은 그 긴 밤을 새우는 동안 우리 두 사람 모두에게 도움이 되었습니다. 자칫 우리 자신에게 초점을 맞추기가 쉬웠을 때에 성경은 우리가 하나님을 바라보게 해주었습니다.

가르치는 자로 계발함

대개의 경우, 일상생활에서 찾아오는 기회를 포착하고 이를 이용하여 자녀들을 가르치는 능력은 저절로 생기지 않습니다. 그것은 갈고 닦아야 할 기술과 같습니다. 만약 우리 자신이 선생으로서 가지고 있는 잠재력을 발휘하려면, 기술 계발이라는 것이 대개 다 그렇듯이 의식적으로 그리고 부지런히 노력하는 것이 필요합니다. 나는 자신을 선생으로 여기기로 했습니다. 그렇게 하니, 여러 아이디어들, 즉 하나님에 대해 가르치고 어린 마음속에 영적 진리들을 생생하게 심어 주는 데 도움이 되는 아이디어들을 찾는 데 더 깨어 있게 되었습니다. 나는 우리 아이의 나이와 흥미에 맞는 교수 방법들을 찾고자 노력했습니다.

최고의 선생이셨던 예수님께서는 가르치실 때 낯익은 것들을 자주 사용하셨는데, 당신은 그 사실을 알고 계셨습니까? 예수님께서는 등불, 포도나무, 겨자씨 등을 사용하여 영적 진리를 가르치셨습니다. 지혜로우신 예수님께서는 잘 알고 있는 것으로부터 시작할 때 우리가 가장 잘 배운다는 사실을 알고 계셨습니다.

학교에 들어가기 전인 아이들에게 하나님에 대해 가르칠 때는 예수님의 방법을 따르는 것이 도움이 되었습니다. 매슈가 세 살이고 베스는 두 살 무렵일 때부터 나는 하나님이 누구신지에 대해 그 아이들에게 잘 이해시킬 수 있는 아이디어들을 달라고 기도하기 시작했습니다. 선한 목자이신 예수님에 대해 가르치기 위해서 나는 목자 흉내를 내었으며, 아이들은 양의 흉내를 내게 했습니다. 나는 각 아이들에게 새로운 이름(양의 이름)을 붙였습니다. 아이들은 마루를 기어 다니며 '풀을 먹었습니다.' 나는 그들에게 물을 먹이기 위해 시원한 물이 있는 웅덩이(양탄자)로 이끌었으며, 애들의 다리에다 붕대(헤어진 옷)를 감아 주었고, 사랑을 표현해 주었으며(입을 맞춰 주고 머리를 쓰다듬어 주었음), 길을 잃었을 때는(소파 뒤에 있게 함) 그들을 찾아 나섰고, 가상의 곰과 이리와 사자를 내쫓았습니다. 아이들은 이것을 즐거워했으며, 양들을 돌보는 목자의 역할에 대한 이해가 더 폭넓어지고 깊어지는 것을 보았습니다.

아이들은 또한 내가 간단한 모험담을 들려주는 것을 좋아했습니다. 그 이야기에서, 목자는 양 하나가 없는 것을 알게 되고, 그 양을 찾으러 나가 우여곡절 끝에 양을 찾아서 품에 안고 집으로 돌아옵니다. 그 이야기를 할 때 어떤 때는 내가 목자가 되고, 어떤 때는 양이 됩니다. 다음과 같은 식입니다. "나는 양이에요. 이름은 로노이죠. 나는 우리 엄마와 많은 다른 양들과 같이 사는데요, 선하고 친절한 목자가 우리를 보살펴 줘요. 어느 날이었어요…." 이야기의 줄거리를 보면 세세한 면은 그때마다 바뀌지만, 그 길 잃은 양은 언제나 그 목자에 의해 어떤 곤경으로부터 구출됩니다.

역할연기, 음악, 야외로 나가 연구 조사하기, 책 읽기, 성경암송, 이야기하기 등 여러 가지 교수 도구들이 있는데, 이 모든 것들이 아이들이 영적 진리를 배우면서 아는 것에서 시작하여 알지 못하는 것으로 나아가도록 돕는 데 사용될 수 있습니다. 매일의 여러 환경들 또한 좋은 도구임을 잊지 마십시오.

한번은 오키나와의 한 상점에서 물건 값을 치르기 위해 기다리고 있는데 세 살이었던 매슈가 바깥에 나가 기다려도 되는지 물었습니다. 그렇게 하라고 했는데, 내가 인도로 나갔을 때 아이는 그곳에 없었습니다. 겁이 덜컥 났습니다. 어느 쪽에서 찾아 봐야 하나? 혹시 유괴당한 것은 아닌가? 어떡하지? 도대체 아이가 어디에 갔을까?

일본말을 잘 못하다 보니 그 아이를 본 사람이 있는지 물어 보거나, 가게 주인들에게 그 아이가 어떻게 생겼는지 설명할 수가 없었습니다. 기도했습니다. 나는 손짓 발짓 다해서 어떤 부인에게 '꼬마, 잃어버렸음'(어쨌든 그게 내가 말하고자 하던 바였음)이라는 뜻을 전달하고자 했습니다. 그 부인은 나더러 반대 방향으로 가게 했습니다. 그 부인이 내 말을 알아들었는지도 잘 알 수 없는데도, 나는 서둘러 그가 가리키는 방향으로 계속 걸어갔습니다. 가면서 계속 기도했습니다.

걸어가다 앞에 보니 한 부인이 매슈를 데리고 있는 것이 보였습니다. 매슈는 그 부인에게 우리가 노란색 스테이션왜건을 가지고 있다고 했고, 그 부인은 그 차를 찾도록 도와주고 있었습니다.

나중에 그 이야기를 할 때, 매슈는 자기는 한 마리 잃어버린 양이었는데 선한 목자님이 자기를 발견하실 것을 알고 있었다고 했습니다. 그 후 오랫동안 매슈는 자기가 길을 잃었을 때 엄마를 도와 자기를 찾게 해주신 예수님에 대해 자주 말하곤 했습니다. 우리의 선한 목자 되신 예수님에 대한 가르침은 우리 두 사람 모두에게 더 깊은 의미를 갖게 되었습니다.

선한 목자에 대한 이러한 가르침들을 변형시킨 것들을 6-8개월의 기간에 걸쳐 사용했습니다. 물론 날마다 사용한 것은 아니었습니다. 하지만 그것은 내가 자녀들과 함께하는 시간들을 꿰어 나가는 실과 같았습니다.

이와 같은 교수 방법을 사용하기 위한 아이디어를 생각해 보십시오. 생명의 떡이신 예수님, 또는 세상의 빛이신 예수님에 대해 가르치는 것을 고려해 보십시오. 이 진리를 전달하기 위한 수단이나 방법을 가급적 많이 생각해 보십시오. 성경 구절, 미술, 음악, 드라마, 문학, 이야기하기 등. 아이들을 참여시키며 아이들의 오감-청각, 후각, 시각, 촉각, 미각- 모두를 사용하기 위한 방법들을 생각해 보십시오. 특히 예수님을 단순하고 흥미로운 방법으로 그들의 일상적인 경험과 관련시키도록 하십시오.

모든 환경을 지혜롭게 사용하여 하나님의 진리를 자녀들에게 심어 주는 어머니를 마음속에 그려 볼 때면 큰 자극이 됩니다. 나는 우리 집을 배움의 터전으로 삼기 위해 할 수 있는 모든 것을 하고 싶습니다.

그러한 효과적이고 시기적절한 가르침은 우리 자신의 삶에 충만해져서 넘쳐흐르는 것이 되어야 합니다. 자기도 잘 모르는 것을 자녀들에게 나눌 수는 없는 법입니다. 적절한 말이 우리 입술에서 저절로 흘러나오는 것이 아닙니다. 우리가 얼마나 잘 준비되어 있는지는 얼마나 성경 말씀을 잘 섭취하고 하나님과 교제를 잘 하느냐에 달려 있습니다.

하나님께서는 우리 자녀들을 가르치라고 명령하셨습니다. 이 일은 매우 광범위하고 깊이가 있는 일이기에 아무리 뛰어난 능력을 가진 여성이라도 온전히 감당할 수가 없을 정도입니다. 어머니는 모든 능력과 에너지와 자원을 동원해야 합니다. 삶에서 경험하는 온갖 일에서 가르치기 위한 기회를 찾아야 합니다. 그러한 기회들은 우리가 생각하는 것보다 훨씬 더 많습니다. 그러므로 소매를 걷어붙이고 뛰어듭시다. 우리는 배워야 할 것도 매우 많고, 가르쳐야 할 것도 많습니다. 하나님께서 우리의 보잘것없는 노력들에 복을 주시고, 우리 자녀들의 삶에서 하나님의 목적들을 이루시기를 기도합니다.

✸ 묵상과 토의를 위한 질문 ✸

1. 이 장에 나오는 실례나 아이디어들을 살펴보십시오. 자녀들을 가르치도록 동기를 주는 것은 어떤 것입니까?
2. 자녀와 손자 손녀에게 물려주고 싶은 것 다섯 가지를 들어 보십시오.
3. 자녀들에게 가르칠 수 있는 기회였는데 놓쳐 버린 경우가 이번 주에 있었습니까? 어떤 기회였습니까? 다음에 그런 기회가 오면 무엇을 하겠습니까?
4. 집에 있는 익숙한 물건 가운데 자녀들에게 교훈을 주기 위해 사

용해 본 적이 있는 것은 어떤 것입니까? 당신이 사용할 수 있는 또 다른 것으로는 어떤 것이 있습니까?

주 :

1. As quoted by Marian Christy, in "His Mother Planted the Seeds of Gordon Parks' Success," *The Seattle Times*, 20 February 1980, p.B-9.

제10장

징계와 훈련

"엄마 아빠는 누가 벌을 줘요?" 우리 아이가 종아리를 맞고 나서 이렇게 물었습니다.

"하나님이 우리 아버지시니까 하나님께서 엄마 아빠에게 벌을 주시지"라고 대답했습니다. 나는 벌이라는 것은 아이들만 받는 것이 아니고 부모들도 받는다는 점을 설명해 주고자 했습니다. 그러나 그 질문에 대한 만족할 만한 답변을 얻은 것은 몇 주가 지나 하나님께서 우리 삶에 실제로 일어나게 하신 한 사건을 통해서였습니다.

우리는 이웃집 마당에 들어가려면 먼저 그 집 사람의 허락을 받는 것을 규칙으로 삼고 있습니다. 어느 날 오후였습니다. 우리 가족은 공놀이를 하고 있었는데, 공이 담장을 넘어 옆집 마당으로 들어가고 말았습니다. 그러자 남편은 규칙을 어기고 1.5m 정도 되는 담장을 넘어갔습니다. 그때 뜻밖에도 이웃집 개가 달려왔습니다. 마구 달려드는 개를 피하기 위해 남편은 공을 잡고 얼른 담을 뛰어넘었는데, 그 과정에 정강이가 담장의 날카로운 가장자리에 부딪히고 말았습니다.

남편은 우리 집 골목으로 굴러 떨어졌고, 일어나 앉았을 때는 다리에 난 깊은 상처로부터 피가 흘러내리고 있었습니다. 상처에서 통증도 느꼈습니다.

남편은 절뚝거리며 겨우 집안으로 들어가서 지혈을 시키려고 애를 썼으나 뜻대로 되지 않았습니다. 결국 병원 응급실로 향했습니다. 그날 저녁 늦게 남편은 소파에 누워 다리를 베개 위에 올려놓고 있었습니다. 남편은 아이들을 불렀습니다. "하나님께서는 어떻게 엄마 아빠에게 벌을 주시느냐고 물었지? 바로 이렇게 주시는 거야. 내가 만든 규칙을 내가 어겼다. 나는 마치 C. S. 루이스가 지은 동화 '마법사의 조카'에 나오는 마녀와 같았어. 그 마녀는 자기가 법 위에 있다고 생각했지. 하나님께서는 나한테 벌을 주실 수밖에 없었다."

징계란 무엇인가?

징계. 듣기 좋은 말은 아닙니다. 하지만 하나님께서 징계에 대해 가지고 계신 목적과 계획을 알게 되면 우리 자신이 징계를 받을 때 원망하지 않게 되며, 또한 징계를 우리 아이들을 훈련하는 데 더 효과적으로 사용할 수 있습니다.

징계라는 것은 예방이나 징벌의 차원을 훨씬 초월합니다. 신명기 11:2에서 모세는 이스라엘 백성에게 "너희 하나님 여호와의 징계와 그 위엄과 그 강한 손과 펴신 팔"을 기억하라고 했습니다. 하나님께서 '그 위엄과 그 강한 손과 펴신 팔'을 그들에게 나타내신 데는 목적이 있었습니다. "이것을 네게 나타내심은, 여호와는 하나님이시요 그 외에는 다른 신이 없음을 네게 알게 하려 하심이니라. 여호와께서 너를 교훈하시려고 하늘에서부터 그 음성을 너로 듣게 하시며"(신명기

4:35-36). 하나님께서 그들을 징계하신 것은 그들로 하나님을 알게 하고 그들을 교훈하기 위함이었습니다.

하나님의 징계는 잔인한 성격이나 복수심에서 나온 것이 아니라 사랑에서 비롯된 것입니다. 사랑과 징계 사이의 밀접한 관련성을 나는 4학년 아이들을 가르치던 해에 이해하게 되었습니다. 그 아이들을 가르치는 일자리를 얻기 위해 면담을 할 때 교장 선생님은 "이 반은 우리 학교에서 제일 힘든 반입니다"라고 했습니다. 나는 그 일자리를 얻었고, 과연 그 반 학생들은 그 명성에 어울리게 행동했습니다.

교단에 서서 아이들을 보니, 아이들이 다 잠재력은 있으나 그 잠재력은 잘못된 방향으로 소모되고 있다는 생각이 들었습니다. 아이들의 파괴적 행동 때문이었습니다. '제리. 참 안됐어. 부끄러움을 많이 타고 말 한 마디 없는 아이지. 도대체 학교에 와서 배워 가는 게 있기나 할까? 랄프 그 애의 대적은 바로 자신이야. 저러다가는 파멸에 이르고 말텐데. 왜 막무가내로 그 방향으로 달려가고 있는 걸까? 그리고 마이크… 마르코… 데비… 그리고…' 나는 이런 생각을 하면서 한 아이씩 바라보았습니다.

내가 간절히 원했던 바는 우리 반 아이들에게 좋은 영향을 미치고, 삶을 바꾸어 주고, 배우는 일에 흥미를 느끼게 하고, 자신의 잠재력을 깨닫게 하고, 꿈을 심어 주는 것이었습니다. 내게는 공부가 신이 나게 할 뿐 아니라 열심히 하도록 해줄 멋진 아이디어(내가 생각하기에)가 많았습니다. 하지만 그 아이들의 반항적인 행동 탓에 대부분의 계획을 실행에 옮기지 못했습니다. 때로 나는 눈물을 흘리기도 했습니다. 그 아이들은 마치 성장의 기회를 망치기로 작심이라도 한 듯이 보였기 때문입니다.

그 아이들을 가르치고, 세워 주고, 동기를 불러일으킬 수 있기 전에 먼저 나는 통제하고 질서를 잡아야 했습니다. 먼저 나의 권위에 굴복할 때까지는 그 아이들은 배울 수가 없었습니다.

　하나님께서 우리를 보시면 잠재력이 있고 무한한 가능성이 엿보이는데, 우리가 그분 자신의 놀라운 계획들을 받아들이지 않기 때문에 가슴이 아플 때가 많지 않으실까요? 그래서 때때로 하나님께서 우리의 관심을 끄시기 위해, 병을 앓는 것에서부터 수도관이 막히거나 타이어가 펑크가 나는 것에 이르기까지, 고통과 시련을 사용하셔야 합니다. 하나님께서는 우리 자신의 여러 가능성들에 대해 우리 눈을 뜨게 하기 원하시기 때문입니다. 하나님께서는 사랑하시기 때문에 징계하십니다. 사실 하나님의 징계는 우리를 사랑하신다는 증거입니다(히브리서 12:6-11 참조).

　마찬가지로 우리 자녀들을 징계하는 것도 바람직하지 않은 행동을 바로잡아 주거나 잘못에 대한 벌을 주는 것으로 끝나는 것이 아닙니다. 징계는 적극적인 사랑의 표현입니다. 징계는 훈련입니다. 하나님께서는 우리 자녀들에 대해 뜻하신 바가 있습니다. 징계는 우리 자녀가 바로 그런 사람이 되도록 돕습니다.

　교훈과 징계는 떼어놓을 수가 없습니다. 징계를 가할 때는 반드시 교훈이 따라야 합니다. 그렇지 않으면 부모들이 사용하는 다양한 징계 방법들은 잘해야 눈앞의 문제 해결에 그치고, 그렇지 않으면 거칠거나 위험한 것이 되고 맙니다.

징계를 위한 지침

사랑으로 하는 징계가 필요한 바로 그때에 올바르게 징계하고픈 기분이 전혀 들지 않는 경우가 참으로 많습니다. 우리는 그 사실을 잘 알고 있습니다. 우리의 신경은 곤두서 있습니다. 생각은 혼란스럽고, 감정은 동요되고, 속에서는 분노가 치밀어 오릅니다. 이럴 때 징계를 하려면, 그 어느 때보다 더 기도하고 생각을 명료하게 하며 자제력을 발휘하는 것이 필요합니다.

다음 제안들을 따르면 그런 순간들에 느끼는 좌절감의 원인을 알아내는 데 도움이 될 것입니다. 나는 또한 감정들을 좀 더 객관적으로 다루기 위해 그 감정들을 글로 묘사해 보는 것이 도움이 된다는 것을 알았습니다.

아이들에게도 내적 싸움이 있음을 인정하십시오. 아이들에게는 선천적으로 남을 기쁘게 해주려는 마음이 있지만 죄악 된 본성도 있습니다. 우리 어른들과 마찬가지로 그들도 실패를 하며, 실수도 하고, 잘못을 저지르기도 합니다. 가족들은 모두 불완전합니다. 잘못을 저지르는 것이 인간입니다. 흠이 없기를 기대하지 마십시오.

문제가 무엇인지 알아내십시오. 내가 화가 나거나 아이들 때문에 희생당하고 있다는 느낌이 든다면 무엇이 왜 나를 괴롭히는지 알아내야 할 필요가 있습니다. 나는 스스로 물어 봅니다. "그 아이가 하는 어떤 일이 나를 괴롭게 하는가? 그 아이는 왜 그것을 하는가? 그것은 왜 나를 괴롭히는가? 그 아이는 정말로 잘못된 일을 저지르고 있는가? 아니면 단지 그 나이에는 그럴 수밖에 없는가? 그 일이 나를 괴롭히는 것은 '나'로 불편하게 만들기 때문인가? 아니면 '나'에게 더 많은 일거리를 안기기 때문인가? 나는 아이의 유익이나 아이의 성장을 돕기 위해서가 아니라, '나'의 즐거움, '나'의 편리함, '나'의 유익을 위해서 아이를 징계하고자 하는 유혹을 받지는 않는가?

잠시 멈추고 이와 같이 생각해 보면 대개 당신이 느끼는 분노의 진정한 원인을 밝혀내는 데 도움이 됩니다. 꼼꼼히 따져 보며, 구체적으로 생각하며, 정직하십시오. 당신이 느끼는 감정에 대해 나중에 친구나 경험이 많은 다른 어머니와 대화를 나누어 보면 올바른 판단력을 회복하는 데 도움이 됩니다.

아이가 울음을 그치지 않을 때와 같이 힘든 순간에 참조하기 위해 점검 목록을 작성해 두는 것도 고려해 보십시오. 단골 소아과 의사에게 믿을 만한 육아 지침서를 추천해 달라고 하여 필요할 때마다 참조할 수도 있습니다.

현실적인 기대를 하십시오. 두 살 먹은 아이에게 여섯 살짜리의 행동을 기대하는 것은 부당합니다. 또는 열한 살짜리에게 어른들에게나 어울리는 책임을 맡기려는 것도 마찬가지입니다. 또한 내가 두통이 있다고 아이들에게 침묵을 요구하는 것도 정당하지 못합니다.

아이에게 기대할 수 있는 것이 어떤 것인지 잘 모르겠으면, 각 연령 그룹의 대체적인 특징과 일반적인 능력에 대해 설명하고 있는 책을 참조하십시오. 도움이 될 것입니다. 물론 어떤 아이도 그러한 설명과 완벽하게 일치하지는 않지만, 그것이 당신 자녀의 성장 단계에 대해 좀 더 예의 주시하고 깨어 있도록 해줄 수는 있습니다.

일관성을 유지하십시오. 부모들은 자녀들을 가르치고 훈련하는 일에서 일관성이 중요하다는 데 대해 대개 다 동의합니다. 그러나 일관성이란 무엇을 의미합니까?

그것은 똑같은 잘못에 대해서는 늘 똑같은 방식으로 다루는 것을 뜻합니까? 내 생각은 그렇지 않습니다. 당신 삶의 특정 영역, 예를 들면 정직이나 오래 참음 등에서 당신을 계발시키기 위해 하나님께서 지금까지 어떻게 당신을 도우셨는지 한번 돌아보십시오. 만약 당신의 삶과 나의 삶이 비슷하다면, 하나님께서는 때로 성경 말씀을 사용하여 그 영역에 대해 가르치시거나 격려하시거나 잘못을 깨닫게 하셨을 것이요, 어떤 때는 다른 사람들을 통해 당신의 부족한 점을 지적하셨을 것이요, 어떤 때는 당신 속에 계신 성령을 통해 "네가 바뀌고자 한다면 나의 도움이 필요하다. 지금 죄를 자백하고 내가 널 다스리게 하라"고 속삭이셨을 것입니다. 어떤 때는 누군가를 통해 당신의 진보에 대해 다음과 같이 격려하기도 하셨을 것입니다. "내가 보니 당신은 올해 그 영역에서 완전히 딴 사람이 되었더군요."

하나님께서는 늘 따끔한 벌이나 즉각적인 책망을 통해 가르치시는 것은 아닙니다. 그보다 더 창의적이십니다. 그러나 일관성을 유지하고 계십니다. 하나님께서는 우리로 그리스도를 닮아 가도록 하기 위해 우리 삶 속에서 꾸준히 그리고 부지런히 일하고 계십니다.

오래 전의 일입니다. 나는 아이에게 "네가 그 잘못을 저지를 때마다 종아리를 맞을 줄 알아라"고 말했습니다. 아이는 그 일로 몇 차례 종아리를 맞았습니다. 그런데 어느 날은 나에게 와서 울면서 이렇게 말했습니다. "엄마, 내가 또 그 짓을 했어요. 하지 않으려 했는데 또 하고 말았어요."

종아리를 때리려고 침실로 데려가고 있었습니다. 바로 그때 하나님께서는 나도 올바로 행하기 원하면서도 자꾸 죄를 짓는 경우가 얼마나 많은지를 상기시켜 주셨습니다. 나는 하나님께서 나를 고쳐 주고자 하시는 삶의 영역들에서 어떻게 내가 자꾸만 실패를 했는지가 생각났고, 그 아이에 대해 깊은 동정심을 느꼈습니다.

침실에 가서 나는 이렇게 말했습니다. "네가 어떻게 느끼는지 알겠다. 나도 그런 느낌이 들 때가 많거든. 너는 종아리를 맞지 않아도 된다. 바른 행동을 하기 원하고 있으니까 말이다. 넌 단지 하나님의 도움이 필요할 뿐이다. 그러니 엄마와 함께 기도하자." 나는 아이와 함께 무릎을 꿇고 하나님께서 우리를 변화시켜 주시고 옳고 선한 행동을 하게 도와주시도록 기도했습니다. 그것은 우리 두 사람 모두에게 진지한 기도의 시간이었습니다. 그리고 내가 믿기로 나는 우리 아이의 잘못을 다루는 데 일관성을 유지하고 있었습니다.

징계에 있어서의 일관성이란, 때로는 종아리를 때리는 것을 의미하고, 때로는 말을 해주는 것을 의미하며, 때로는 자녀를 위해, 혹은 자녀와 함께 기도하는 것을 의미합니다. 방법이 늘 똑같지는 않겠지만, 그 모든 방법이 아이로 하여금 그리스도를 닮아 가게 하는 목적을 가지고 있다면 일관성을 유지하고 있는 셈입니다.

마찬가지로, 징계에 있어서의 일관성이란 절대로 당신의 마음을 바꾸지 않거나 결정을 뒤집지 않는 것을 의미하지도 않습니다. 한번 내뱉은 말은 옳든 그르든 고수해야 한다고 느낄 때 우리는 아주 나쁜 함정에 빠져들고 있는 것입니다.

우리 아이가 "엄마, 오늘 줄리네 집에 가서 있어도 돼?"라고 물었다고 칩시다. 나는 바쁘고 생각하기도 귀찮고 허락해 주는 것보다는 거절해 버리는 것이 더 속편할 것 같아 "안 돼"라고 대답합니다. 그러자 아이가 조심스럽게 묻습니다. "엄마, 무슨 이유가 있어요? 줄리와 함께 학급 파티를 위한 장식을 만들려고 하는데."

나는 '거절할 이유가 있었는가?' 하고 생각해 봅니다. 사실은 없었습니다. 그러나 나는 '일관성'을 유지하기로 합니다. 내 '체면' 문제이기 때문입니다. 그래서 나는 딸에게 "안 된다고 했잖아. 안 된다고 했으면 안 되는 거야!"라고 말합니다.

우리 결정들에다 '절대 불변'이라는 딱지를 붙일 필요가 없습니다. 우리는 사람입니다. 실수를 저지르기도 하고 형편없는 결정을 하기도 합니다. 그러기에 결정에 얽매이지는 말아야 합니다.

자녀들에게 말을 하십시오. 아기일 때라도 자녀와 이야기하는 습관을 기르십시오. 우리 아이들이 아기일 때 남편은 걸음마를 시키면서 집안을 돌아다니며 이것저것의 이름을 말해 주었습니다. "이건 등이고… 이건 창문이고… 이것은 화분이고… 이건 의자." 바깥에 나가서는 꽃 이름, 나무 이름, 동물들의 이름을 말해 주었습니다. 나는 남편이 심지어 녹음기의 작동 원리를 이제 갓 돌이 지난 아들에게 설명해 주는 것을 들은 적도 있습니다.

스케줄을 자녀들에게 알려 주십시오. 예상하고 있어야 할 바를 알려 주는 것은 앞으로 있을 일을 위해 마음의 준비를 시켜 주고 그리하여 더 쉽게 응하도록 해주기 때문입니다. "티나, 엄마가 부엌 청소를 끝내고 나면 너하고 이야기 하나를 읽고, 그 다음에 목욕을 시켜 줄게." 이렇게 미리 알려 주면 티나는 차례나 전후 관계 및 기다림에 대해 배울 수 있고, 목욕을 위해 마음의 준비를 할 시간을 가질 수 있습니다.

아이가 나이가 더 들면 결정할 수 있는 기회를 주십시오. "토미야, 너는 목욕을 이야기책을 읽기 전에 하고 싶니? 아니면 읽고 나서 하고 싶니?"

많은 아이들이 명령하는 말이나 몰아세우는 말만 들으며 자랍니다. "새미, 입 다물어," "새미, 서둘러," "너 또 우유를 엎질렀구나!"와 같은 말은 늘 듣지만 "새미, 너 일을 잘했구나," "넌 대단한 아이라고 생각해"와 같은 말은 한 번도 듣지 못하는 것은 얼마나 불행한 일일까요. 아이들은 바로잡아 주고 지시하는 것 못지않게 칭찬과 격려를 통해 배웁니다.

당신은 오늘 아이에게 무슨 말을 했습니까? 긍정적인 말이었습니까? 친절한 말이었습니까? 칭찬은 훈련의 한 부분입니다. 그러므로 당신의 자녀에게 감사하거나 칭찬해야 할 구체적인 이유들에 대해 깨어 있도록 하십시오.

자녀에게 성공의 기회를 주십시오. 성취감은 힘이 나게 하고 동기력을 줍니다. 당신의 자녀가 꽤 잘할 만한 과제들을 생각해 보십시오 노력을 인정해 주고 잘 해낸 것에 대해서 함께 기뻐해 주십시오. 자기가 잘못을 저지를 때나 아무것도 할 수 없을 때만 엄마가 자기를 주목한다는 생각을 하지 않게 하십시오.

순종하도록 끝까지 도와주십시오. 무엇을 해야 하는지 말해 주는 것만으로는 충분하지 않습니다. 실제로 순종하게 계속 신경을 써야 합니다.

아이에게 장난감을 정돈하라고 할 때, 나는 그 아이에게 순종이나 불순종을 배울 기회를 제공하고 있습니다. 내가 그런 지시를 했으면 그 아이가 장난감을 제자리로 갖다 두었는지 확인하는 것이 필요합니다. 만약 나의 지시대로 하지 않은 것을 발견하면 그 지시를 이행시키기 위한 행동을 취해야 합니다. 나는 허리를 굽혀 아이의 눈을 똑바로 쳐다보며 "얘야, 엄마가 이 장난감들을 정돈하라고 말했어. 다른 것을 하기 전에 이 일을 꼭 마치도록 해라"라고 말합니다. 또는 몇 분 내에 끝내야 하는지를 알려 주고 그 시간 내에 끝내도록 시킵니다. 아이의 성격이나 나이에 맞는 다양한 접근 방식이 필요합니다.

어느 날 병원의 대기실에서 있었던 일입니다. 나는 한 어머니가 자기 작은 딸을 부르는 소리를 들었습니다. "제시카, 이리 온," "제시카, 엄마가 이리 오라고 했어," "제시카, 지금 즉시 이리 오지 못해!" 그러나 그 어머니는 자기가 한 말이 실행되도록 하기 위해 자리에서 일어나지는 않았습니다.

제시카는 엄마 말을 들은 척도 하지 않았습니다. 그 애는 엄마를 잘 알기 때문이었습니다. 경험을 통해 그 애는 명령조로 하는 말이나 그냥 하는 말이나 다를 바가 없다는 것을 배웠습니다. 그런 명령은 아무 효과가 없습니다. 제시카는 제 하고 싶은 대로 해도 된다고 생각했습니다.

내 곁에 앉아 있던 아들이 나를 쳐다보면서 속삭였습니다. "쟤 엄마는 쟤가 말을 듣게 만들어야 해요." 아들의 말이 옳았습니다. 그러나 이 어머니에게는 자기 딸보다는 무릎에 놓여 있는 여성 잡지에 더 관심이 쏠려 있었습니다.

이 어머니는 자기 아이를 버려두었습니다. 그는 아이에게 불친절하지는 않았습니다. 그러나 사랑하지도 않고 있었습니다. "초달을 차마 못하는 자는 그 자식을 미워함이라. 자식을 사랑하는 자는 근실히 징계하느니라"(잠언 13:24).

관심을 돌릴 거리를 만드십시오. 병원 대기실의 그 상황에서 제시카의 어머니는 일어나 딸을 의자로 도로 데려와야 하고, 그리고 한 단계 더 나아가야 한다고 생각합니다. 그는 제시카가 대기실을 돌아다니며 다른 사람의 소지품들을 만지작거리거나 비치해 둔 잡지를 구기는 것을 원치 않았고, 그래서 딸의 마음을 사로잡을 만한 것을 주어야 합니다. 제시카를 무릎에 앉히고 잡지에 나오는 그림들을 함께 볼 수도 있습니다. 또는 미리 집에서 장난감이나 책을 가지고 왔다가 줄 수도 있고, 함께 무슨 놀이를 해줄 수도 있습니다. 우리가 느긋하게 잡지를 뒤적이고 있을 동안 두 살 먹은 아이가 곁에 얌전히 앉아 있기를 기대하는 것은 비현실적입니다.

관심을 돌리는 것은 도움이 됩니다. 세 살짜리 조니가 누나의 반진고리를 향해 다가가고 있다고 칩시다. "조니, 만지지 마라"고 말하는 대신 조니의 관심을 다른 곳으로 돌려놓을 수 있습니다. "조니, 아빠가 어디 계신지 찾아보자"라고 할 수도 있고 "이야기책을 읽어 주마"라고 할 수도 있습니다. 또는 그 아이를 붙잡고 바닥에 뒹굴며 간질이거나, 씨름을 할 수도 있습니다. 아이의 의지를 억지로 꺾는 것보다 이렇게 하는 것이 얼마나 더 쉽고 즐거운 일인지 모릅니다.

물론 아이의 의지와 맞부딪치는 것을 완전히 피할 수는 없으나 신중을 기해야 합니다. 대수롭지 않은 문제를 두고 정면으로 부닥치는 것은 얼마나 부끄러운 일인지요.

당신이 조니를 누나의 반짇고리로부터 돌아서게 하려고 노력하자 그 아이는 오히려 더 집요하게 그 물건을 가지려 한다고 합시다. 그 애는 고의적으로 당신 말을 무시하고 금지된 그 바구니를 잡기 위해 당신으로부터 멀어져 갑니다. 당신은 돌아설 수 없는 지점에 이르렀습니다. 당신과 조니는 '당신'이 이겨야 하는 의지의 싸움을 시작했습니다. 조니는 당신의 뜻에 자기 뜻을 굴복시켜야 합니다. 당신은 그 아이가 순종하도록 끝까지 노력을 기울여야 합니다. 그 아이의 고의적인 불순종을 눈감아 주어서는 안 됩니다.

조니의 경우, 문제의 핵심은 반짇고리가 아닙니다. 핵심은 불순종, 무시, 그리고 반항이며, 그것을 못 본 척할 수는 없습니다.

체벌

요즘은 아동 학대가 세 살 이하 아이들의 주요 사망 원인이 되고 있습니다. 그러다 보니 양식 있는 많은 부모들은 아이들에게 체벌을 가하기를 주저하게 되었습니다. 하지만 체벌은 우리 자녀들을 양육하는 일에 일정한 역할을 담당하고 있다고 믿습니다. "아이의 마음에는 미련한 것이 얽혔으나 징계하는 채찍이 이를 멀리 쫓아내리라"(잠언 22:15).

체벌은 그것이 틀에 박힌 듯한 징계 방식이 되면 가치가 퇴색되므로 절제해서 사용해야 합니다. 그리고 자제력을 가지고 잘 통제된 가운데 행해야 합니다. 화가 나서 체벌을 가하는 일이 없도록 하십시오. 힘을 조절하고 너무 세게 때리지 않으며, 궁둥이의 살이 많은 부분을 조심해서 때리도록 하십시오.

아빠가 퇴근할 때까지 체벌을 미루지 않는 게 좋습니다. 즉시 행하도록 하십시오. "악한 일에 징벌이 속히 실행되지 않으므로 인생들이 악을 행하기에 마음이 담대하도다"(전도서 8:11).

체벌은 딴 사람이 없는 데서 해야 하고 가르침과 설명이 수반되어야 합니다. 후에 그 아이는 당신이 자기를 사랑하고 있다는 것과 자기의 유익에 관심을 쏟고 있다는 것을 확신해야 합니다.

포상

포상을 통한 훈련이 아이들의 주된 훈련 방법으로 널리 받아들여지고 있습니다. 행동을 바꾸어 주기 위해, 바람직한 행동을 하면 상을 주고 바람직하지 않은 행동을 하면 무시하거나 처벌을 합니다. 아이가 잠자리 정리나 숙제와 같은 과제를 완성했을 때 과자 한 봉지를 상으로 주겠다고 약속할 수가 있습니다.

실리적인 것을 추구하다 보면, 어떤 것이 '효과가 있으면' 그것은 옳은 것임에 틀림없다고 믿기가 쉽습니다. 하지만 주로 포상의 토대 위에서 자녀들을 훈련하는 것은 위험성을 내포하고 있는데, 아이는 상을 주는 사람은 누구에게나 쉽게 이끌릴 수가 있습니다. 그 아이는 옳고 그름에 대한 인식이 아니라 개인적인 이익 유무의 토대 위에서 결정을 내릴 것입니다. 또는 올바른 행동에 대한 인정이자 그 자연스런 결과로서 상을 기대하게 될 것입니다. 사실은 선을 행함으로 고난을 받을 수도 있는데도 말입니다(베드로전서 4:12-13).

상은 합당한 동기 부여 수단이 될 수 있습니다. 하나님께서는 충성된 자들에게 상을 약속하십니다. 바로 지난주에 나는 그레이엄이 누가 시키지도 않았는데 깡통 쓰레기를 치웠다고 과자 한 봉지를 상으로 주었습니다. 그러나 상이라는 것이 늘 즉시 주어지는 것은 아닙니다. 사실, 그리스도를 따르는 사람들이 올바른 행동을 했는데 먼저는 매를 맞고, 투옥되고, 심지어 죽음까지 당하는 경우가 있습니다. 상은 나중에 받게 됩니다.

내 책임하에 있다

하나님께서는 나에게 우리 아이들을 가르치고 훈련하는 책임을 맡겨 주셨으며, 그 일을 행하는 데 필요한 권위도 주셨습니다. 하나님께서는 우리 자녀들에게 나를 존중하고 나에게 순종하도록 명령하셨습니다. 나는 책임을 가지고 있고, 이와 더불어 하나님의 후원을 받고 있습니다.

많은 어머니들은 아이들과 말씨름을 하다가 기진맥진해지며, 자신들의 에너지를 다 소모하고는 무슨 함정에 빠져 있는 듯한 느낌과 더불어 분노를 느낍니다. 많은 경우 이러한 말씨름은 약간 뻗대는 듯한 태도나 불순종을 어머니가 눈감아 준 것에서 시작되며, 마침내는 내리막으로 뒷걸음질치는 어머니를 따라 굴러 내려오는 거대한 눈덩이처럼 되고 맙니다. 뒤로 물러서지 말고 멈추십시오. 단호한 입장을 취하도록 하십시오. 당신 자신에게 "이건 내 책임하에 있다"라고 말하십시오.

최근에 나 자신이 그러한 눈 덩이를 맞아 좌절감으로 울적해하고 있는 것을 알았습니다. 어질러 놓은 것은 반드시 치우도록 아이들에게 누누이 강조했지만 아무 효과도 없었습니다. '내가 말해도 귀를 기울이는 아이는 하나도 없구나' 하는 생각이 들었습니다. 그때 떠오른 것이 '내 책임하에 있다'라는 말이었습니다. 나는 아이들이 반드시 순종하도록 하기 위해 점검을 했습니다. 모든 지시가 실행되게 의도적으로 끝까지 돌보기 시작했습니다.

린다의 이야기를 하겠습니다. 어느 날 그는 열한 살 먹은 딸 사라에게 즉시 숙제를 시작하라고 시켰습니다. 그날은 전 가족이 친구 집을 방문하여 저녁을 같이 보낼 예정이었기 때문입니다. 사라는 "하지만 엄마, 나는 재니스에게 걔네 집에 가겠다고 했는데요"라고 했습니다. 린다는 한숨을 쉬었습니다. 사라는 엄마의 한숨을 묵시적인 동의로 받아들이고 밖으로 달려 나갔습니다.

린다는 여섯 살짜리 리안에게 갔습니다. "리안, 지금 네 목욕물을 받아 놓을게. 내가 나들이 준비를 하고 있을 동안 목욕을 하도록 해라." 리안의 목욕물을 받은 후 린다는 자기 옷을 다리기 위해 부엌으로 향했습니다. 그때 사라의 숙제가 생각났고, 그래서 사라에게 전화를 하여 집으로 오라고 했습니다. 사라가 30분만 더 있게 해달라고 사정하자 린다는 망설였습니다. "내 생각에는 네가 지금 집으로 와야 하는데. 숙제가 있다는 걸 너도 알잖아. 알았다. 하지만 내 생각은 여전히 네가 집으로 와야 한다는 거야."

린다가 옷을 다리기 시작했을 때 리안은 아직도 목욕을 하지 않은 채 부엌에서 어슬렁거리고 있었습니다. 린다는 화가 났습니다. "리안, 엄마가 열을 셀 때까지 욕조 안에 들어가지 않으면…."

린다는 다림질을 끝내고 옷을 갈아입기 위해 침실로 향했습니다.

욕실 곁을 지나가는데 리안이 내의를 입은 채 욕조 곁에 웅크리고 앉아 장난감을 가지고 놀고 있는 것이 보였습니다. 린다는 시계를 보았습니다. 시간이 별로 없었습니다. 그는 "리안, 당장 욕조 안으로 들어가!" 하고 소리친 후 침실로 달려가 옷을 후딱 갈아입었습니다. 그는 남편이 곧 귀가한다는 것을 알고 있었습니다. 그런데 사라는 어디 있지?

린다는 사라에게 다시 전화를 해서 "야, 빨리 집으로 달려오지 못해? 내가 …하기 전에." 이야기는 계속됩니다. 하지만 여기서 멈추겠습니다.

린다는 두 가지 중요한 사실을 잊고 있었습니다. 첫째, 그는 책임이 있습니다. 그는 결정을 '내려도 될' 뿐 아니라 결정을 '내려야' 합니다. 스케줄을 볼 때 사라를 친구 집에 놀러 보낼 만한 여유가 없을 것 같으면 린다는 결단을 내려야 하고 그 결단을 실행에 옮겨야 합니다. 그것은 인기 없는 결정일 것입니다. 그러나 린다가 어머니로서 책임을 가지고 있기 때문에 주도권을 잡아야 합니다. 비록 린다는 유능한 여성이지만, 가족 안에서 주도권을 잡기 싫어하다 보니 나약하고, 우유부단하고, 쉽게 좌지우지할 수 있는 사람으로 보입니다. 아이들은 엄마를 우습게 여깁니다. 린다가 "책임은 나에게 있다"라는 깃발을 내리기가 무섭게 아이들이 그 깃발을 낚아채어 자기들을 위해 그 깃발을 올렸습니다. '책임은 아이들에게 있다'가 된 셈입니다. 린다의 좌절감은 심해져 갔습니다.

둘째, 리안의 일과 관련해서는, 자기가 시킨 대로 그 아이가 움직이도록 끝까지 돌보지 않은 것이 결국은 시간을 앗아가고 감정적 고갈을 가져왔습니다. 리안이 욕조에 들어가게 하는 데 들이는 몇 분은 그만한 가치가 충분히 있을 것입니다.

어머니들이여, 용기를 내십시오. 당신이 아이에게 베풀고 있는 보살핌, 아이를 훈련시키기 위해 맡고 있는 책임, 부지런한 징계와 교훈을 통해 표현하고 있는 사랑은 결코 헛된 것이 아닙니다. 당신은 그 아이를 키우는 일에서 하나님의 파트너인 것입니다.

아이 키우는 일이 쉽다는 사람은 아무도 없으나 할 만한 가치가 있습니다. "네 자식을 징계하라. 그리하면 그가 너를 평안하게 하겠고 또 네 마음에 기쁨을 주리라"(잠언 29:17).

✷ 묵상과 토의를 위한 질문 ✷

1. 하나님께서 어떻게 자신의 자녀들을 징계하시는지 살펴보십시오. 당신에게 가장 감명을 주는 것은 무엇입니까?
2. 징계와 관련하여 가장 힘든 문제는 무엇입니까? 혼란스럽게 하거나 어렵게 하는 요소로는 어떤 것들이 있습니까?
3. "우리 자녀들을 징계하는 것도 바람직하지 않은 행동을 바로잡아 주거나 잘못에 대한 벌을 주는 것으로 끝나는 것이 아닙니다. 징계는 적극적인 사랑의 표현입니다. 징계는 훈련입니다. 하나님께서는 우리 자녀들에 대해 뜻하신 바가 있습니다. 징계는 우리 자녀가 바로 그런 사람이 되도록 돕습니다." 이 말을 깊이 생각해 보십시오. 당신의 생각, 태도, 행동에서 바꾸어야 할 것 몇 가지를 열거해 보십시오.
4. 하나님께서는 당신에게 자녀들을 훈련시키는 책임을 맡기셨습니다. 이 사실을 알고 난 후 이 일에 대한 당신의 관점은 어떻게 바뀌었습니까?

제11장
뿌리와 날개

산뜻한 수채화 밑에 이런 말이 적혀 있었습니다. "부모가 자녀들을 위해 해줄 수 있는 가장 좋은 일은 뿌리를 내리게 하고 날개를 달아 주는 것이다." 이 말을 좋아하는 이유는 나는 자녀들에게 생존 기술 그 이상, 즉 날아가는 기술도 가르쳐 주고 싶기 때문입니다. 우리 자녀들이 잠재력을 다 발휘하려면 '뿌리'와 '날개,' 둘 다 중요합니다.

'뿌리'를 내리게 해준다는 말은 우리 아이들을 위해 안전과 안정성의 토대를 마련해 주는 것을 의미합니다. 식물의 영양 상태와 안정성이 그 뿌리가 얼마나 잘 뻗어 있는지에 달려 있듯이 인간의 삶도 그 뿌리에 의해 유지되고 안정됩니다.

내가 자녀들의 영양 섭취를 위해 마련해 줄 수 있는 가장 훌륭한 원천은 두말할 필요도 없이 하나님과의 관계입니다. 자녀들이 하나님께 '깊이' 뿌리를 내리고 뿌리털이 하나님께 단단히 부착되어 영양을 잘 섭취하게 되면 최상의 뿌리를 가지게 된 것입니다.

내가 하나님과 남편과 자녀들과 갖는 관계는 그것이 어떠하냐에 따라 우리 자녀들의 뿌리 발육에 도움이 될 수도 있고 방해가 될 수도 있습니다. 안전감을 느끼게 하고 사랑이 깃든 가정은 자녀들의 연한 뿌리에 꼭 필요한 기름진 땅입니다.

우리 아이들의 삶의 깊이는 그들의 뿌리에 달려 있는 반면, 그들이 날아오를 수 있는 높이는 그들의 '날개'에 달려 있습니다. 여기서 날개라는 말은 창의성, 감상, 웃음, 자유로움 등을 암시합니다. 그러므로 날개를 달아 준다는 말은, 창의성을 길러 주고, 아름다움을 감상할 수 있게 하고, 즐거움과 기쁨이 있는 삶을 살게 하며, 불필요한 틀에 얽매이지 않고 자유롭게 행동할 수 있도록 도와주는 것을 의미합니다.

우리 아이들이 날개를 달게 되는 때는 그들이 하나님께 손을 뻗치고, 하나님으로 말미암아 다른 사람에 대한 두려움에서 자유롭게 되고, 스스로 부과한 한계들로부터 자유롭게 되며, 하나님께서 그들에게 뜻하신 존재가 되는 면에서 매인 데가 없어질 때입니다. 날개는 우리 아이들을 판에 박힌 일상의 일과 세상의 일 위로 번쩍 들어 올립니다. 이 높이에서 그들은 삶에 대한 새로운 전망을 갖게 되며, 눈에 보이는 환경에서 벗어나 삶을 바라보게 되고, 하나님께서 주신 삶의 기쁨에 민감해지게 됩니다.

우리 아이들이 자기 날개를 우리에게도 달아 주는 때가 있는데, 창가에서 우리를 불러 아름다운 저녁놀을 바라보게 하거나, 책을 읽다가 이야기 흐름의 뜻밖의 전개에 대해 우리에게 이야기할 때입니다. 스스로 식탁 장식을 할 때는 진일보한 것입니다.

우리 아이들에게 날개를 달아 주는 것을 생각할 때면, 나는 그들의 기본적인 필요를 채워 주는 것 이상의 '특별한 것들'을 해주는 것에 대해 생각합니다. 나는 아이들의 삶을 부요하게 하고, 깜짝 놀라게 해주고, 아이들에게 자극을 주고 신선함을 주며, 기쁨을 주고 황홀감을 느끼게 해주기 원합니다. 나는 우리 아이들이 우리 집을 하나님께서 함께 계시기에 활력이 넘치는 곳으로 여기기 원합니다.

누구에게나 있는 창의성

하나님께서는 우리 모두가 이러한 날개들을 갖도록 창조하셨습니다. 당신 주위를 둘러보십시오. 왜 하나님께서는 긴 다리에다 기다란 목을 가진 기린을 만드셨을까요? 왜 기린의 두 뿔 끝에는 우스꽝스럽게 생긴 조그만 혹을 붙여 놓으셨을까요? 왜 기린은 베이지색 한 가지로 하지 않고 거기다 그물망 무늬를 넣으셨을까요? 왜 황금빛의 사자, 알록달록한 나비, 반점이 있는 표범, 오색찬란하게 빛나는 공작을 만드셨을까요?

이처럼 다양하고 아름답게 하신 이유가 무엇일까요? 하나님께서는 우리를 창조하실 때 상상력과 감상력의 날개를 가지고 날아오르도록 하셨기 때문입니다. 하나님께서는 "우리에게 모든 것을 풍성히 주셔서 즐기게 하십니다"(디모데전서 6:17, 표준새번역 참조).

우리는 자녀들의 날개 발육을 돕기 위해 우리 자신의 창의력을 활용할 수 있습니다. 이는 우리 자녀들이 하나님께서 공급하시는 모든 것을 즐길 수 있도록 하기 위해서입니다.

당신은 "하지만 난 별로 창의적인 사람이 아닌데요"라고 말할지 모릅니다. 다음 사실을 알면 당신 자신도 깜짝 놀랄지 모릅니다. 첫째, 당신은 우주만물의 창조주이신 하나님의 형상을 따라 만들어졌습니다. 비록 잘 계발되어 있지는 않을지라도 당신에게는 분명히 창의력이 있습니다.

둘째, 자녀에게 헌신되어 있으면 날개 발육을 돕는 데 필요한 창의성을 발휘할 수 있습니다. 만약 당신이 '스위스의 로빈슨 가족'이나 '초원의 집'을 읽어 본 적이 있다면, 사람들이 생존이 걸려 있을 때는 얼마나 창의적이 되는지를 잘 알고 있을 것입니다. 이 책들에 나오는 가족들은 자신들이 활용할 수 있는 제한된 자원에다 자신들의 창의성을 결합시킴으로써 단지 생존하는 것 그 이상의 삶을 살 수가 있었습니다.

셋째, 창의성은 결코 바닥이 나지 않습니다. 당신의 창의성의 '근육'은 쓰지 않아 약해질 수 있으나, 조금만 노력하면 강해질 수 있습니다.

미술학도였던 시절, 나는 미술 작품을 많이 만들면 만들수록 더 많은 아이디어가 나온다는 것을 알게 되었습니다. 그러나 결혼을 하고 나서는 그림을 거의 그리지 않았습니다. 그래서 남편이 나더러 그림을 그리면서 느긋한 시간을 몇 시간 가져 보라고 권할 때면 나는 텅 빈 캔버스를 멀뚱멀뚱 바라보고만 있었습니다. 무엇을 그려야 할지 생각이 나지 않았습니다. 창의적인 생각이 다시 흘러나오게 하려면 화랑을 찾거나 미술 강좌를 들어야 했습니다.

어머니들의 경우도 마찬가지입니다. 창의적인 아이디어나 모델이 주어지면 우리의 창의성은 향상될 수 있습니다. 우리 가정에서 효과가 있었던 몇 가지 아이디어가 당신의 창의성을 높이고 당신 자녀의 날개 발육을 도와줄 것입니다.

깜짝 놀라게 하기

예기치 않은 일은 삶에 재미를 더해 주고, 우리의 사랑을 보여 주고, 우리 가족들에게 기쁨을 줄 수 있습니다. 변화는 삶에서 양념과 같은 역할을 합니다. 그러므로 변화를 활용함으로써 가정생활에 '놀라게 하기'라는 요소를 도입하십시오.

나의 어린 시절, 어머니께서는 봄가을의 대청소 때 내 방의 가구 배치 등을 다시 하곤 했습니다. 내 방은 작았기 때문에 선택의 폭은 크지 않았지만 조금만 바꾸어도 알 수가 있었습니다. 배치가 바뀐 방에서 첫 밤을 자는 것은 언제나 신나는 일이었습니다.

다음번에 침대 뒷면을 진공청소기로 청소하기 위해 침대를 밖으로 꺼낼 때 가구를 재배치해 보십시오. 그것이 여의치 않으면 다음에 소개한 아이디어 가운데 하나를 따르도록 하십시오.

1. 침대 시트와 담요를 다른 것으로 바꾸어 보십시오.
2. 아이들 방에 화초를 들여 놓으십시오. 또는 책상 위에 조그만 꽃꽂이를 하나 해주십시오.
3. 특별한 날이 다가오면 거기에 맞게 방을 장식하십시오. 보통 때라면 미술 공작용 판지에서 나비 모양을 여러 개 오린 후 아이들에게 시켜서 색연필이나 크레용, 또는 물감 등으로 색깔을 칠해서 천장에 줄로 매달아 두십시오.
4. 잡지 같은 데서 사진이나 그림을 오려서 아이의 방문에 테이프로 붙여 놓으십시오.

변화를 주기 위한 또 다른 아이디어들을 소개합니다.

'장난감을 순환시키십시오.' 오래 된 장난감을 분류하여 구호 단체 등에 보내기 위해 상자에 담을 때마다 겪는 일인데, 아이들은 몇 달 동안이나 가지고 놀지 않았던 장난감에 갑자기 강한 흥미를 나타냅니다. 종종 그 애들은 그 좋은 장난감을 제발 처분하지 말도록 부탁하곤 합니다.

어느 날 '눈에 보이지 않게 하면 좋아하는 마음이 생기지 않을까?' 하는 생각이 들었습니다. 그래서 장난감을 세 상자로 나누어서 두 상자는 장롱 위에 얹어 두고 한 상자만 가지고 놀게 했습니다. 두세 달 간격으로 교대로 다른 상자를 내려놓았는데, 새로 내려놓은 장난감은 언제나 뜨거운 환영을 받았습니다.

애리조나 주에서 워싱턴 주의 시애틀로 이사하게 되었을 때, 나는 시애틀에는 겨울에 비 오는 날이 많아 그런 날을 대비한 상자를 만들었습니다. 이삿짐을 싸면서, 오래 된 퍼즐, 게임, 색칠하는 그림책, 아동 잡지 등을 예쁘게 포장한 후 장식이 된 그 상자에 담았습니다.

훗날 "난 가지고 놀 것이 없어요"라는 불평을 들으면 그 상자를 꺼내어 그 속에 있는 꾸러미 가운데 하나를 고르게 한 후 포장을 풀고 잊고 지냈던 그 물건들을 가지고 놀게 했습니다.

우리 아이들은 저마다 문갑이나 책상 등에 잡동사니 서랍을 가지고 있습니다. 그들이 보관하고 싶어 하는 조그만 물건들을 넣어 두는 곳입니다. 이따금(그 서랍이 꽉 차서 닫히지 않을 때) 아이들에게 그 '잡동사니'를 분류하여 쓸모없는 것은 버리거나 다른 것과 교환하고, 간직하기 원하는 것은 다시 정리하게 합니다. 이런 식으로 정리하는 일을 통해 그들의 관심을 다시 끄는 '보물'들을 발굴할 때가 많습니다. 해변에서 휴가를 보낼 때 가져온 조개껍질, 친구한테서 온 오래 된 편지, 성적이 잘 나온 학교 성적표 등.

'유괴 작전을 펴십시오.' 어느 날 남편은 태연하게 아이들을 하나씩 침실로 불러들이고는, 갑자기 그들을 꽉 붙잡고 눈가리개로 눈을 가린 후 침대에 조용히 앉혔습니다. 그런 다음 그 애들을 차 있는 곳으로 끌고 가서 뜻밖의 장소로 싣고 갔습니다. 여전히 눈을 가린 채로 말입니다. 당신의 자녀들은 그런 식으로 차를 타고 가는 데서 짜릿함을 느낄 것이며, 또한 도착하게 되는 예기치 않은 장소에 대해서도 즐거워할 것입니다. 그곳은 회전목마를 타는 곳일 수도 있고, 모이를 줄 수 있는 오리가 있는 연못가일 수도 있고, 아이스크림 가게일 수도 있습니다.

'보물찾기를 하십시오.' 먼저 조그만 종이조각에 실마리가 되는 말을 적으십시오. 그 실마리들은 단순할 수도 있고 어려울 수도 있는데, 자녀의 연령에 맞추어야 합니다. 또한 그것은 여러 가지 형식을 취할 수 있는데 수수께끼 형식으로 할 수도 있습니다. 각 실마리는 차례로 다음 실마리로 이끌며, 마침내 상이 기다리고 있는 곳에 도달하게 합니다! 특히 나는 아이들이 식사 메뉴 또는 저녁 식사 후에 있을 뭔가를 약속하는 쪽지를 찾도록 했습니다.

특별 활동

자녀들과 함께할 수 있는 특별 활동은 한이 없습니다. 우리 가족들이 좋아하는 것 몇 가지를 소개하겠습니다. (기억해야 할 것이 있습니다. 나이 어린 아이들을 위한 활동들을 당신이 청소 등을 할 때 그들의 관심을 끌기 위한 방편 정도로 간주하지 마십시오. 어떤 특별 활동은 어른의 참여와 감독이 필요합니다.)

우리 아이들이 어렸을 때, 우리 부엌에는 아이들에게 맞는 크기의 식탁 하나와 의자 두 개가 있었습니다. 아이들은 종종 그 식탁을 사용하여 가벼운 식사를 하거나 공작을 했습니다. 한번은 오래 된 침대 시트를 적당한 크기로 잘라 그 식탁을 위한 식탁보를 만들었습니다. 그리고 감자 스탬프를 만들었는데, 그것은 감자를 반으로 잘라 거기에 간단한 도안을 새긴 것입니다. 아이들은 그 스탬프를 조그만 접시에 있는 먹이나 진한 포스터컬러에 적셔서 그 도안을 식탁보에 찍게 했습니다. 이 과제는 아이들을 한동안 바쁘게 했습니다.

집에서 여는 학교

매일 아침 설거지를 끝내고 나면 우리는 부엌에서 '학교'를 열곤 했습니다. 가족사진들을 보면 한 살짜리 베스와 두 살짜리 매슈가 부엌 교실에서 손가락 끝으로 그림을 그리고 있는 것이 있습니다. 나는 아이들의 도화지를 서류 정리함에 테이프로 붙였습니다. 아이들이 색칠을 할 때 도화지가 움직이지 않도록 하기 위해서였습니다. 그리하여 손가락 끝으로 그린 그림이 완성되면 그것을 물에 담가 두었다가 서류 정리함 위에 펴서 반반하게 만들면 됩니다.

우리 아이들이 각기 세 살 미만일 때 손가락 끝으로 그림을 그렸는데, 그 그림을 액자에 넣은 것 세 개가 아직도 우리 집에 걸려 있습니다. 나는 그것들을 좋아하며, 우리 집에 찾아오는 손님들도 좋아합니다. 아이를 둔 몇몇 사람은 그 그림들의 선명한 색깔과 참신한 디자인에 대해 놀라움을 금치 못했습니다. 그 나이 또래의 많은 아이들은 어떤 색깔들을 조합시켜도 함께 문질러서 적갈색의 혼합을 만들어 놓기 때문입니다. 우리 아이들도 예외는 아니었습니다. 그 애들이 그림을 그릴 때, 나는 아이들이 그릴 듯한 작품을 완성하고 그 축축한 그림을 서류 정리함 위에 놓아 반반하게 만들 때까지 기다렸습니다. 이런 식으로 아이들은 아빠에게 자랑스럽게 보여 줄 만한 그림을 만들 수 있게 되었으며, 뭔가 아름다운 것이 만들어졌을 때는 작업을 끝낼 줄도 알게 되었습니다.

저녁에 아이들이 잠자리에 들고 나서 나는 카탈로그나 잡지 같은 곳에서 아름다운 그림을 오려 내어 상자에 담아 두곤 했습니다. 부엌에서 하는 수업 중에 아이들에게 그 그림들을 종이에다 붙여 콜라주를 만들게 했습니다. (접착테이프를 조각으로 오려서 플라스틱 접시에 미리 가볍게 붙여 두는 것이 좋았습니다. 그렇게 해두니 아이들이 그림을 붙이는 데 테이프를 사용하기가 쉬웠습니다.)

우리는 아빠에게 보여 주기 위해 그 그림을 여러 장 모아 책을 만들거나, 한 장을 냉장고 위에나 방문에 테이프로 붙여 두기도 했습니다. 이것들은 새로운 말을 가르치는 데 매우 좋았으며, 우리는 함께 각 페이지에 있는 글을 읽고 그림에서 아기, 나무, 개 등을 찾아내었습니다. 며칠 후에는 그 그림들을 종이에서 떼어 내어 상자에 보관했는데, 훗날 다시 활용하기 위함이었습니다. 아이들이 자라 감에 따라 우리는 함께 붓으로 그림을 그리기 시작했고, 함께 자르기도 하고 풀칠을 하기도 했습니다. 우리는 색깔과 모양, 천에 대해서도 배웠습니다. 우리는 알파벳을 연습했고 숫자도 배웠습니다. 아이들이 성장해 감에 따라 연습장을 만들어 주어 거기에 글도 쓰고 그림도 그리게 했습니다.

상자들 또한 좋은 학습 도구입니다. 아이에게 커다란 마분지 상자를 하나 주어 가지고 놀게 하면, 아이는 그것을 기차, 스포츠카, 집, 또는 우주선으로 바꿀 수가 있습니다.

'변장용 옷장' 또한 아이들이 좋아하는 것입니다. 내의 등을 넣어 두는 옷장 바닥에 상자 하나를 보관하고 있는데, 그 속에는 여러 가지 잡다한 옷, 신발, 장신구, 가발 등이 들어 있습니다. 쓸 만한 것은 어떤 것도 좋습니다. 우리 아이들과 이웃집 아이들은 여러 해에 걸쳐 그 변장용 옷장을 자주 찾았습니다.

우리 아이들은 아주 어릴 때도 부엌에서 나를 도와주고 싶어 했습니다. 그 애들이 할 만한 일을 생각해 낸다는 것이 어려울 때도 더러 있었습니다. 무슨 일을 시키든 내가 할 때보다 시간이 더 많이 걸렸지만 남편은 아이들의 도움을 거부하지 않도록 권하면서 "아이들이 정말로 당신에게 도움이 될 날이 있을 거요"라고 했습니다.

실제로 그런 날이 찾아왔습니다. 그때 나는 30-40명분의 저녁 식사를 준비하고 있었는데 일이 밀리고 있었습니다. 동양 요리로 식단을 짰는데, 신선한 채소 몇 가지를 씻고 잘게 써는 것이 필요했습니다. 그래서 두 살이었던 베스와 세 살이었던 매슈는 싱크대 옆에 의자를 갖다 놓고 거기 올라가 채소를 씻고 나는 그것을 썰었습니다. 식사는 시간에 맞게 준비되었습니다. 그때가 처음으로 "너희들의 도움이 없었다면 엄마는 그 일을 마치지 못했을 거야"라고 했던 경우였는데, 그런 일은 그 후에 많이 있었습니다.

특별한 저녁 식사를 하면, 그 식사를 계획하고 준비하는 데 재미있는 방법으로 아이들을 참여시킬 수 있습니다. 내가 사용했던 방식을 소개합니다. 테마와 세부적인 내용은 당신이 살고 있는 나라와 문화에 따라 크게 달라질 수 있습니다.

나는 먼저 테마를 하나 정합니다. 그 테마는 이국적일 수도 있고(소파 앞에 놓는 나지막한 탁자를 중심으로 바닥에 빙 둘러앉아 일본식 식사를 하는 것), 역사적일 수도 있으며(식사를 하면서 베토벤의 음악을 들으면서 그가 태어난 날을 기념하는 것), 또는 교육적일 수도 있습니다(최근에 일어난 사건에 대해 토의를 하면서 식사를 하는 것). 아이들은 식탁 중앙의 장식을 만들 수 있으며, 장식 리본을 매달거나, 좌석표를 만들거나, 어느 시대나 지방의 특유한 옷차림을 하고 올 수도 있습니다.

다음에는 적당한 메뉴를 짭니다. 어떤 음식이 연상되는 테마도 있지만 무슨 특정한 음식과 관련이 없는 테마도 있으며, 그럴 때는 남아 있는 음식들을 잘 활용할 수도 있습니다.

메뉴를 적어서 전시해 둡니다. 이는 기대감을 불러일으키기 위함입니다. 그 메뉴는 단순히 내가 준비하고 있는 것을 말해 줄 수도 있고, 그 테마를 발전시킬 수도 있습니다.

식탁을 그 테마에 맞게 장식합니다. 카우보이 식사를 위해서는 아이들의 카우보이모자 따위를 중앙 장식으로 사용합니다. 아이들에게 각 가족의 지명 수배 포스터를 그리게 하여 식탁 가까운 곳에 붙여 둡니다.

그 테마에 음악을 곁들입니다. 카우보이 식사를 위해서는 서부 영화 음악을, 이태리식 식사를 위해서는 오페라 음악을 곁들입니다.

어느 날 저녁 나는 '특이한 복장의 식사'를 할 것이라고 선언하고, 모두가 거기에 맞는 차림을 해야 한다고 했습니다. 우리 집에 와 있는 손님들을 포함하여 모든 식구가 그 제안에 응했습니다. 우리는 색깔이 어울리지 않은 옷에다 셔츠는 뒤집어 입고, 거기다 기괴한 머리 모양을 한 패거리 모양을 하였습니다. 나는 식탁도 괴상하게 꾸몄습니다. 맞지 않은 접시받침, 비스듬히 기울어지게 놓은 쟁반, 특이한 냅킨 등. 각 좌석에는 접은 쪽지가 냅킨 곁에 놓여 있는데, 거기에는 각 사람에게 대한 지시 사항이 적혀 있습니다. 음식을 먹지 말고 계속 건네주기만 하라, 나이프만을 사용하여 먹으라, 음식에게 말을 걸라 등.

내가 사용하는 다음 두 가지 아이디어를 소개하는 것도 당신의 문화에 맞는 아이디어를 생각하도록 자극하기 위한 것입니다.

유럽 농부식 식사— 중앙 장식으로는 과일을 놓습니다. 앞치마를 두르고, 스카프를 목에 두릅니다. 풍성한 수프, 치즈, 빵, 그리고 신선한 과일을 내놓습니다. 함께 유럽에 있는 그리스도인들을 위해 기도합니다.

칠면조 식사 – 푹 삶은 칠면조 알과 토스트, 컵에 담은 과일 음료, 그리고 시금치를 내놓습니다. 아이들을 시켜 알에 염색을 하게 합니다. (나는 찻잔에다 물을 반쯤 채우고, 식용 색소와 한 스푼의 식초를 넣어 염료로 사용하게 합니다.) 과자를 굽는 데 쓰는 철판을 알루미늄 포일로 싼 후, 아이들에게 풀잎, 잔 나뭇가지, 낡은 실, 병뚜껑 등 어떤 것이든 사용하여 칠면조 둥지를 만들게 합니다. 염색한 알을 둥지에 놓고 그것을 식탁 중앙 장식으로 사용합니다.

창의적인 식사 시간을 위한 아이디어들은 더 있습니다. 예를 들면, 다른 가족의 이름이 적힌 쪽지를 각 사람의 접시 밑에 둡니다. 후식을 먹기 위해 식탁을 치울 때 거기에 적힌 사람과 관련하여 자기가 좋아하는 것 세 가지를 생각해 보게 합니다.

특정한 날에는 가족 중 한 사람을 높이기 위한 계획을 미리 짭니다. 그 사람에게 메뉴를 고르게 합니다. 아이들은 노래, 마술, 인형극 따위의 오락을 계획할 수도 있습니다. 모든 사람은 또한 주인공을 위해 개인적인 축하 카드를 만들 수도 있습니다.

휴가

내가 놀란 것은 성장한 우리 아이들이 함께 모이면 휴가에 대한 추억이 가장 신나는 이야깃거리가 된다는 사실입니다. 나의 결론은 어떤 가족이든 휴가를 위한 계획을 짜야 한다는 것입니다. 돈이 없다고 아무것도 못하는 것은 아닙니다. 창의적이 되십시오. 기도하십시오. 하나님께서 무엇을 해주실지 아무도 모릅니다.

잠자리에 드는 시간

어떤 날은 아이들을 일찍 잠자리에 들게 한 후 재미있게 해주십시오. 아이들 방의 불은 끄고, 현관이나 복도의 불은 켜두고, 아이들의 방문을 활짝 열어 두십시오. 아이들 문 앞을 지나갈 때마다 다른 방법으로 지나가십시오. 춤을 덩실덩실 추면서, 수영하는 시늉을 하면서, 뒷걸음질을 하면서, 기어서, 한발로 깡충깡충 뛰면서, 또는 빙글빙글 돌면서 지나갈 수도 있습니다.

거의 7년 동안 우리 아이들은 한 방에서 잤습니다. 때때로 우리 부부는 아이들을 잠자리에 들게 한 후, 성경 이야기를 들려주거나, 노래를 불러 주거나, 재미있는 이야기를 들려주곤 했습니다. 아이들이 성장해 감에 따라 이야기의 줄거리는 좀 더 복잡해져 갔습니다. 아이들은 특히 연속되는 이야기를 좋아했습니다. 나는 이야기를 꾸며서 해주었는데, 아슬아슬한 부분에서 이야기를 멈추곤 했습니다. 나머지는 다음날 밤에 이어지도록 했습니다. 연속되는 이야기를 해나갈 때는 아이들에게 잠자리에 들도록 타이를 필요가 별로 없었습니다. 아이들은 다음에 일이 어떻게 진행되는지 듣고 싶어서 견딜 수가 없었기 때문입니다. 이런 연속물은 한 주가 넘게 계속되는 경우도 있었습니다.

연속물 하나는 아이들이 사랑 이야기를 하나 해달라고 하는 바람에 들려주게 되었습니다. 당시 우리 아이들은 모두 초등학교에 다니고 있었습니다. 아이들은 남편과 나에게 우리가 어떻게 서로 사랑하게 되었는지 이야기해 달라고 했습니다. 이로 인해 아이들에게는 사랑 이야기를 듣고 싶은 분위기가 조성되었습니다. 그 연속물을 꾸미면서, 나는 이를 활용하여 건전한 이성 관계, 배우자의 선택, 사랑, 결혼의 영역에서 내가 중요하게 여기고 있는 원리들을 전달하기로 마음먹었습니다.

나는 고등학교에 다니는 존과 실비아로부터 이야기를 시작했으며, 두 사람이 친구가 되고, 대학에 들어가고, 그리스도께 헌신하고, 서로 사랑을 하게 되고, 결혼을 하고, 처음으로 선교사로 나가고, 자녀를 가진 것에 대해 이야기해 주었습니다. 우리 아이들은 요즘도 가끔 존과 실비아 이야기를 합니다.

아이들이 잠이 들기 전에 그 마음속에 즐거운 생각을 심어 주도록 하십시오. 성경 말씀을 들려주거나, 하늘나라에 대해 이야기해 주거나, 마음을 편안하게 하는 데 도움이 되는 장면을 묘사해서 생각해 보게 합니다. 예를 들면, "네가 지금 폭신한 건초 위에 누워 있는데, 네 곁에는 따뜻한 강아지가 웅크리고 자고 있다고 생각해 봐"라고 하는 것입니다.

여러 가지 활동의 성공 여부는 아이의 나이와 흥미에 달려 있을 것입니다. 우리 첫째와 둘째는 한 살이 되기 전에 책을 좋아했으나, 막내는 가만히 앉아서 그림을 보거나 이야기를 듣는 것보다는 뭔가를 적극적으로 행하는 데 더 흥미를 나타냈습니다.

때에 따라 아이들과 함께 다른 활동을 시험적으로 해보십시오. 만약 지금은 흥미를 별로 나타내지 않는 것 같으면, 4-5개월 정도 있다가 다시 같은 것을 시도해 보십시오.

브레인스토밍 목록

제초 작업용 장갑을 얼른 벗고 시계를 보았습니다. 저녁 식사까지는 한 시간밖에 안 남았는데, 깜빡 잊고 냉동실의 닭고기를 녹여 두지 않았다는 것을 알았습니다. 나는 집안으로 달려 들어가면서, 그토록 정신이 없었던 것에 대해 스스로 화가 났습니다. 바꿀 수 있는 다른 메뉴를 생각해 내려고 하는데, 한 아이가 "엄마, 심심한데 이럴 때 할 만한 것이 없을까요?"라고 했습니다.

　냉장고를 샅샅이 뒤지다가 허리를 펴면서 '지금 내 머릿속에는 저녁 식탁 위에 음식을 올려놓아야 한다는 생각뿐이란 말이야'라고 생각했습니다.

　그때 '브레인스토밍 목록'이 생각났습니다. 어제 주님과 단둘이 시간을 가지면서 만들어 둔 것인데, 아이들과 함께 해야 할 일들을 적은 것입니다. 급히 그 목록을 훑어보았습니다. "꼭두각시 인형을 가지고 와서 인형극 예행연습을 해봐. 저녁 먹고 나서 넌 가족들을 즐겁게 해줄 수가 있어."

　나의 브레인스토밍 목록은 곤경에 처했을 때 도움이 되었습니다. 이 자원은 가능한 한 자유롭게 많은 아이디어들을 생각함으로써 마련할 수 있었습니다. 예를 들면, 나는 그 목록에다 '서커스 구경 가기'라고 적습니다. 우리 스케줄에 여유가 있는지, 또는 예산이 있는지는 개의치 않습니다.

　가족 전체가 할 수 있거나 가족을 위해서 할 수 있는 재미있는 일들을 가능한 한 많이 생각해 두십시오. 한 명 이상의 사람들과 함께 브레인스토밍을 하는 것이 도움이 될 것입니다. 다른 사람들의 아이디어들은 종종 참신한 생각을 하도록 자극합니다. 이러한 목록을 절박한 순간에만 참조하지 마십시오. 언제든 가족들에게 활력을 불어넣고 싶을 때는 사용하십시오. 여기에 예가 있습니다.

❖ 가까운 계곡으로 도보 여행
❖ 해변으로 소풍가기
❖ 깜짝 파티 열기

- ❖ 선교사들에게 위문품 보내기
- ❖ 크리스마스 장식하기
- ❖ 박물관 관람
- ❖ 식물 채집
- ❖ 동물원에 가서 동물 그리기
- ❖ 멋진 식사 제공
- ❖ 저녁 식사 시간에 냅킨에 편지 쓰기
- ❖ 엄마 아빠의 침대로 불러서 책 읽어 주기

책

책은 우리 아이들의 날개를 계발하는 데 큰 기여를 합니다. 우리 집 식구들은 거의 언제나 무슨 책을 읽어 나가고 있습니다. 소파에서 읽기도 하고, 차 안에서 읽기도 하며, 치과 병원에서 차례를 기다리며 읽기도 합니다. 어느 곳에서나 읽는 것입니다.

여름날 저녁에는 종종 우리 뒤뜰의 잔디 위에다 담요를 펴곤 합니다. 우리 아이들은 잠옷 차림으로 담요에 누워서, 내가 책을 읽을 때 귀를 기울여 듣습니다. 때로는 풀잎 향기 그윽한 그 고요한 저녁을 즐기면서 우리는 별이 보이기 시작할 때까지 책을 읽습니다.

도서관에 갔을 때 너무 책이 많아 압도되는 듯한 느낌이 들면, 도서관 직원에게 아이들을 위한 우량도서 몇 가지를 소개해 달라고 하십시오. 그러면 그 책 내용을 짧게 요약해 주고 그 책을 읽기에 적당한 연령 그룹을 알려 줄 것입니다. 도서관 직원은 우수 아동 도서 목록을 가지고 있을지도 모릅니다. 그 책들은 내용도 좋고 삽화도 잘 그려져 있는 책입니다. 만약 좋은 작가를 찾게 되면, 그들의 작품들을 읽으면서 몇 개월을 보낼 수도 있습니다. 또한 다른 어머니들에게 그들의 자녀는 어떤 책을 좋아했는지 물어 보십시오.

값싸게 즐길 수 있는 즐거움

이 여러 아이디어 가운데 돈이 드는 것은 별로 없다는 사실을 알게 되었는지요? 몇 년 전 우리는 저녁놀 구경하기, 산책, 좋은 책 읽기, 잔디밭에 앉아 팝콘 먹기 등 '값싸게 즐길 수 있는 즐거움'에 집중하기로 결심했습니다. 돈이 없다고 해서 의미 있고 재미있는 여러 즐거움을 누리지 못해서는 안 됩니다.

하나님께서는 날개를 갖도록 우리를 창조하셨습니다. 그 날개는 우리의 환경 위로 날아오르기 위한 날개요, 소박한 재밋거리에서 기쁨을 발견하기 위한 날개요, 아름다운 것을 즐기고 감상하기 위한 날개요, 다른 사람을 들어올려 새로운 경험으로 나아가게 하기 위한 날개입니다.

✶ 묵상과 토의를 위한 질문 ✶

1. 자녀의 '뿌리 발육'을 돕기 위해 당신은 어떤 것을 하고 있습니까?
2. 여기서 소개한 아이디어 가운데 당신의 자녀에게 날개를 달아 주기 위해 사용할 수 있는 것 다섯 가지를 열거해 보십시오.
3. 당신의 창의성이 계속 흘러나오게 하십시오. 자녀와 함께 시도해 볼 수 있는 활동에 대한 '브레인스토밍 목록'을 만들되, 최소한

열 가지는 되도록 하십시오.
4. 다음에 소개한 것 가운데 하나에 대해 생각해 보고 계획을 짠 후 실행해 옮기십시오. 어떤 특별한 날에 늘 할 일, 돈이 별로 들지 않는 짧은 휴가, 잠자리에 들기 전에 할 일, 생일 파티, 식사 시간을 즐겁게 만들기 등.

제 12장

모든 환경을 다스리시는 하나님

당신은 아이를 키우는 일에 어려움이 가중되는 환경에 처할 수도 있습니다. 아이가 신체 불구일 수도 있고, 남편이 영적인 일에 대해 적대적일 수도 있습니다. 계속 직업을 가질 수밖에 없어 추가로 압력을 받을 수도 있고, 아이들이 다 컸는데 새로 아이가 태어나 이에 적응하느라 힘들어할 수도 있습니다. 어쩌면 남편의 지원 없이 자녀 양육의 책임을 혼자 떠맡고 있을 수도 있습니다. 또는 엄마로서의 삶이 기대했던 것과 다를 수도 있습니다.

라일라 트로트맨(네비게이토 선교회의 창시자 도슨 트로트맨의 아내)이 우리 남편에게 이런 말을 한 적이 있습니다. "하나님이 형제님의 유일한 환경이라는 것을 기억하세요." 하나님께서 우리의 환경을 주관하십니다. 하나님께서는 우리 삶의 어려운 측면들을 사용하여 우리의 선을 이루기 원하십니다. "우리가 알거니와 하나님을 사랑하는 자 곧 그 뜻대로 부르심을 입은 자들에게는 모든 것이 합력하여 선을 이루느니라"(로마서 8:28).

우리가 만나는 그 어려운 환경이 하나님의 손에서 온 것이든 우리의 잘못된 선택으로 말미암은 것이든 간에 하나님께서는 그 환경으로부터 긍정적이고 그분 자신에게 영광이 되는 것을 만들어 내실 수 있습니다.

사도 바울에게는 많은 문제가 있었습니다. 신체적인 질병이 있는데다, 매를 맞고, 투옥되고, 돌로 맞고, 굶주리고, 그리고 그 밖에 다른 문제도 많이 있었습니다(고린도후서 11:23-28). 그러나 그 환경이 어떠하든 바울은 그리스도를 알아 가는 일과 그리스도를 알리는 일을 계속 힘썼습니다.

하나님께서 이러한 환경들을 허락하신 것은 그리스도를 더 많이 경험하기 원하는 바울의 소망을 꺾기 위한 것이나 복음의 진보를 가로막기 위한 것이 아니었습니다. 오히려 하나님께서는 그 환경들이 바울의 삶을 위한 울타리가 되게 하셨습니다. 바울은 자기 생각대로 되도록 하기 위해 이 울타리들을 발로 차서 넘어뜨리지 않았습니다. 오히려 그 울타리들을 받아들이고 그 안에서 살았습니다. 바울은 어둠침침한 감옥에서 하나님을 찬양했으며, 심문하는 관원들 앞에 서게 된 것을 기회로 그리스도께 대한 자신의 믿음을 증거했고, 배가 난파되었을 때는 다른 사람들을 격려했으며, 상륙한 후에는 불을 지피기 위해 땔감을 모았고, 바쁜 선교 일정 속에서도 자기 손으로 장막을 만들어 팔았습니다.

하나님께서는 당신의 삶 둘레에도 울타리를 세우셨습니다. 당신의 자녀들은 그 울타리의 한 부분입니다. 하지만 기억하십시오 하나님께서 그러한 환경을 허락하신 것은 당신 삶의 경계를 더 명확히 하기 위함이지 삶을 제한하기 위함이 아닙니다.

도너의 환경

"신체적인 측면으로만 본다면, 이 아이는 식물인간이 될 것 같습니다" 라고 의사가 도너와 그의 남편에게 말했습니다. 도너는 둘째 아이 티머시의 성장이 비정상적으로 느린 것 같다는 생각은 했지만, 의사가 무뚝뚝하게 내뱉은 그 진단 결과에 대해서는 마음의 준비가 되어 있지 않았습니다. 하지만 도너는 그런 말을 들었다고 모든 것이 다 끝난 것으로 여기지 않았습니다. 티머시는 하나님께서 만드셨기 때문입니다. 그래서 도너는 아이의 잠재력이 발휘되도록 최선을 다하기로 작정했습니다.

이러한 결단을 내리자 도너의 삶은 새로운 방향으로 나아갔습니다. 그는 계속 기도했습니다. 그는 자신이 헌신적으로 아들의 성장을 도와 나갈 때 정보와 격려를 얻을 만한 곳으로 인도해 주시도록 하나님께 계속 기도했습니다. 그는 도움이 될 책들과 연구 결과들을 두루 공부했고, 도움을 줄 수 있을 여러 전문가와 기관에 편지를 쓰고 전화도 했으며, 사람의 잠재력 계발에 관한 강좌도 들었습니다. 그는 수도 없이 티머시에게 신체 마사지를 해주고 피부에 솔질을 해주었습니다. 신경계의 발달을 자극하기 위해서였습니다. 그는 아이에게 기는 법, 숟가락을 잡는 법, 정상적인 호흡을 할 수 있도록 긴장을 푸는 법을 가르치는 데 많은 시간을 들였습니다.

수많은 시간 동안 모든 에너지를 다 쏟아 붓는 수고를 한 결과 긍정적인 결과가 나타났습니다. 지금 도너는 "내가 노력을 들였을 때 하나님께서 역사하셨어요"라고 말합니다. 티머시의 성장을 지켜 본 친구들과 의사들은 놀라움을 금치 못합니다. 그 아이는 보이 스카우트와 교회의 청년회에 적극적으로 참여하고 있습니다. 또한 자전거도 타고 다니고, 특수 교육을 위한 학급에서 책 읽기 분야의 수석을 차지하고 있습니다.

도너와 그의 남편은 티머시의 성장과 자신들의 영적 성장이 분명한 상관관계가 있음을 보았습니다. 티머시를 돕는 데 헌신했을 때 그 부부의 삶에 뭔가가 일어났습니다. 하나님께서는 그 헌신을 통해 그들이 더 영적으로 성숙하도록 이끄셨습니다.

조안의 환경

조안은 뜻하지 않게 이혼을 당하는 바람에 감정적으로 큰 고충을 겪었습니다. 거부당하고 버림받았다는 느낌은 고통스러웠습니다. 이제는 많은 책임을 혼자서 감당하게 되었습니다. 네 아이(9살, 10살, 11살, 14살), 그리고 집과 정원 관리, 자동차, 청구서, 애완동물 등에 이르기까지.

"하지만 어머니로서 내가 겪는 가장 큰 어려움은 지원해 주는 사람이 아무도 없는 거랍니다. 이전에는 아이들이 무례하게 굴면 남편이 거들어 주었지요. 지금은 그의 지원이 없이 아이들을 다루어야 해요. 그리고 함께 대화를 나눌 만한, 그 아이들을 잘 아는 사람이 없다는 것은 고달픈 일이에요."

이혼 직후, 조안은 대리 교사 자리를 얻었습니다. 근무 시간도 짧고 날마다 일을 해야 하는 것도 아니었습니다. 그러나 학교에 나가는 날이면 수업이 끝나자마자 집으로 달려와서 긴급한 집안일 몇 가지를 처리하고 저녁 식사 준비를 시작하는데, 조안은 뭔가를 놓치고 있다는 느낌이 들었습니다. 자기는 아이들이 학교에서 돌아오는 것을 보지 못했고, 아이들의 대화 내용도 못 들었으며, 아이들의 삶에 무슨 일이 일어나고 있는지도 몰랐습니다.

조안은 시간이 너무 없어 자녀들에게 자신을 제대로 내줄 수가 없다는 것을 알았습니다. 그는 아이들이 자신들의 결정을 해나가는 데 필요한 분명한 기준과 확신을 심어 주기 원했지만, 피곤과 일에 대한 압력 때문에 자녀 양육의 중요한 이 영역에서 실패하고 있다는 것을 깨달았습니다. 아이들을 사로잡을지 모르는 활동들을 이전이라면 막았을 텐데 지금은 쉽게 허용하곤 했습니다. 너무나 피곤하다 보니 자신의 확신을 굳게 지키기가 힘들었습니다.

걱정도 되고 혼란스럽기도 하여 조안은 침대 곁에 털썩 주저앉아 하나님을 향해 외쳤습니다. "하나님, 제가 이 새로운 스트레스와 책임들을 어떻게 감당하기 원하세요? 하나님께서 아시듯이 저는 집에 머물면서 아이들 돌보는 일에만 전념하는 엄마가 되고 싶었습니다. 이혼 때문에 모든 것이 바뀐 것입니까? 아니면 제가 집에 있어도 됩니까? 하지만 어떻게 그럴 수가 있겠습니까? 우리는 생계를 꾸려 갈 수가 없습니다."

하나님께서 그를 돌보시지 않은 날은 하루도 없었습니다. 바로 이 사실을 하나님께서 조안에게 상기시켜 주셨습니다. 조안은 결단했습니다. 자기는 집에 머무르고 가족의 필요는 하나님의 공급을 의뢰하기로 한 것입니다. 그리고 하나님께서는 그를 저버리지 않으셨습니다.

바람이 세찼던 12월의 어느 날 밤, 조안의 아이들은 문에서 들려오는 영문을 알 수 없는 노크 소리를 들었습니다. 아이들은 자신들이 배워 온 대로 "누구세요?"라고 물었습니다.

아무 대답이 없었습니다. 놀란 아이들은 엄마를 불렀습니다. 조안이 조심스럽게 문을 열자 거기에는 크리스마스트리가 놓여 있었습니다. 이를 보고 조안의 아들은 어둠을 향해 "누구세요? 이리 좀 와봐요.

고맙다는 말씀이라도 드리고 싶어요"라고 외쳤습니다.

하나님께서는 친구들과 교회로부터 선물도 받게 하시고, 잊고 있었던 예금 계좌가 발견되어 돈을 찾을 수 있게 해주셨으며, 아기를 봐주고 돈을 받게 해주셨고, 그 밖에도 극적인 방법으로 물질을 더 공급해 주셨습니다. 조안의 딸에게 다른 도시에서 열리는 수양회에 참석할 수 있는 기회가 생겼는데, 200달러에 달하는 항공료는 너무 비싼 것 같았습니다. 조안은 이렇게 기도했습니다. "하나님, 하나님께서는 그 항공사의 컴퓨터를 움직여서라도 우리를 위해 뭔가를 해주실 수 있습니다." 그날 늦게 항공사 직원으로부터 전화가 왔습니다. 흥분한 목소리로 그 사람은 116달러짜리 왕복권이 있는 것이 발견되었다고 했습니다. 그 사람은 이렇게 외쳤습니다. "그런 일은 있을 수가 없어요. 하지만 사실은 사실입니다. 분명히 그런 표가 컴퓨터에 있었습니다."

조안은 집에 머무르기로 한 자신의 결정이, 안정을 잃고 엄청난 충격에 싸여 있는 자녀들에게 안정감을 주었다고 믿고 있습니다. 집에 머무름으로써 조안은 자녀들에게 가르침을 주기도 하고, 그 아이들이 당면한 문제에 대해 어떻게 생각해야 할지 지도도 해주며, 지혜롭지 못한 결정을 피하도록 도와줄 수도 있게 되었습니다.

고통과 충격 속에 살면서도 조안은 하나님의 선한 손길이 자기 삶에 함께하는 것을 경험하고 있습니다. "이는 너를 지으신 자는 네 남편이시라. 그 이름은 만군의 여호와시며"(이사야 54:5). 이 말씀에서 보여 주듯이 하나님께서는 남편처럼 그의 감정적인 필요를 채워 주시고, 가족을 부양해 주시며, 방향을 제시해 주고 계십니다. 조안은 자신과 자녀들에게 보여 주시는 하나님의 선하심과 사랑으로 인해 한층 더 하나님을 신뢰하게 되었습니다.

조안의 자녀들은 모든 필요를 채우실 수 있는 하나님의 능력을 경험하는 가운데 크리스마스트리, 치과에 갈 돈, 집에서 기르던 개의 치료비 등 온갖 것을 얻었습니다. 조안의 자녀들은 자신들의 유일한 환경이 되시는 하나님의 긍휼과 성실을 직접 경험했습니다.

리나의 환경

리나는 지금은 할머니가 되었습니다. 그는 오래 전에 자신의 어머니 댁에서 "나는 아이들이 너무 많아요"라고 불평했던 것을 회상합니다. 리나는 아이가 아홉이나 딸려 있는 상태에서는 정기적인 경건의 시간을 갖는 것이나 성경을 암송하는 것이 거의 불가능에 가깝다고 말했습니다.

리나는 삶에서 하나님을 첫자리에 모시고 싶은 간절한 열망이 있었습니다. 그리고 아홉 자녀를 키우느라 바쁜데도 불구하고, 리나는 자신의 빡빡한 일정으로부터 개인적인 영적 발전을 위해 시간을 내기로 결심했고, 그 결심대로 된 적이 점점 더 많아졌습니다. 그런데 어머니에게 불평을 했던 그날은 그런 시간을 갖지 못한 날이었습니다.

리나의 어머니는 동정심을 가지고 부드럽게 말했습니다. "하나님께서 네게 아홉 자녀를 주실 때 실수를 하셨다고 쳐봐라. 아마 그 애들 가운데 몇 명은 데려가실 거야. 그렇게 되면 너한테 그렇게 많은 자녀가 남지는 않게 되겠지."

그런 생각을 하자 소름이 끼쳤습니다. 그리고 정신이 번쩍 들었습니다. 아이들의 얼굴이 하나하나 눈앞을 스쳐 지나갔습니다. 리나는 그 아이들 모두를 사랑했습니다. 하나님께서는 그때까지 그 아이들 모두를 품고도 남을 만큼 충분한 사랑을 그에게 주셨고, 또한 그는 하나님께서 자신에게 충분한 힘과 지혜와 인내심도 주실 수 있다는 것을 알고 있었습니다.

리나는 자녀들이 자라 감에 따라 그들의 요구에 압도되는 듯한 느낌이 들 때는 종종 어머니에게 돌아갔습니다. 그러면 그 나이 많은 어머니는 리나를 위로하면서 두 사람에 관한 이야기 하나를 들려주곤 했습니다. 한 사람은 나이 어린 자녀들을 두고 있었는데, 옆집 유리창은 얼룩 하나 없이 말끔하다면서 그 집 사람을 부러워했습니다. 하지만 그 옆집 사람은 결혼한 지 오래 되었는데도 아기가 없었는데, 그 사람은 아이들이 때를 묻혀 놓고 손가락 자국으로 얼룩져 있는 이웃집 유리창이 그렇게 아름다워 보일 수가 없다고 힘주어 말하더라는 것입니다.

리나의 어머니는 또한 자녀들로 인해 하나님께 감사하고 찬양을 드리도록 권했습니다. 의지에 따른 이러한 행동은 하나님만이 우리의 환경이라는 사실을 인정하고 있음을 보여 줍니다.

메리의 환경

메리의 남편은 세계 대공황 때 세상을 떠났는데, 여섯 살짜리와 일곱 살짜리 딸을 남겨 두었습니다. 메리는 주님을 위해 딸들에게 영적 영향을 주고 싶었고, 딸의 양육을 남에게 맡기고 싶은 마음이 없었습니다. 그래서 그는 자기 집에서 하버드 대학생들을 대상으로 하숙을 치기로 했고, 또한 집에서 물리 치료 시설도 운영했습니다.

메리는 딸들에게 가르치기를, 아버지가 계셨으면 의뢰했을 것처럼 필요가 생길 때마다 하나님 아버지를 의뢰하라고 했습니다. 메리는 딸들과 함께 성경을 읽었고, 거기서 삶의 해결책을 찾도록 격려해 주었습니다. 빠듯한 살림에도 불구하고 메리는 딸들을 신앙 수련회 같은 곳에 많이 참석시켰는데, 거기서 그리스도와 동행하는 삶에 동기를 받도록 하기 위함이었습니다. 메리는 또한 선교사들과 하나님의 일에 열심인 사람들을 집에 초대했습니다.

그러나 그 무엇보다 중요한 사실은 메리 자신이 하나님을 신뢰했다는 것입니다. 그 두 딸은 성장했으며 경건한 어머니에 대한 많은 추억 거리를 간직하게 되었습니다. 그 어머니는 바로 가난하고 외로운 사람들을 집에 초대하여 음식을 대접한 어머니, 평생 동안 다른 사람에게 그리스도를 전한 어머니, 하나님의 말씀을 사랑한 어머니, 매일의 삶에서 그리스도의 임재를 경험함으로 안정을 누렸던 어머니였습니다.

메리는 하나님만이 자신의 환경임을 알고 있었습니다.

당신의 환경

이 장에서 당신은 어려운 환경들을 하나님의 도움으로 용감하게 대처했던 어머니들을 만나 보았습니다. 그들은 하나님께서 허락하신 환경을 자신과 자녀들의 성장에 긍정적인 요소가 되도록 했습니다. 그들이 직면했던 특수한 제약 조건들과 곤경은 오히려 하나님과 더 깊은 관계로 나아가는 데 디딤돌이 되었습니다.

당신도 특별히 어려운 환경에 놓여 있을지 모르겠습니다. 하지만 그 어머니들에게 위로와 힘과 격려와 지혜를 주셨던 바로 그 하나님이 그 모든 것을 당신에게 주시기 위해 기다리고 계십니다. "그는 목자같이 양 무리를 먹이시며, 어린 양을 그 팔로 모아 품에 안으시며, 젖먹이는 암컷들을 온순히 인도하시리로다"(이사야 40:11).

하나님께서는 우리를 인도하시겠다고 약속하십니다. 비록 하나님께서 당신을 인도하는 방법이 도너나 조안이나 리나나 메리의 경우와는 전혀 다를 수도 있지만 분명히 인도해 주겠다고 약속하고 계신 것입니다. 그러므로 우리 모두는 기도해야 하고, 하나님의 말씀을 읽어야 하며, 조언을 구해야 하고, 마음속에 하나님의 평안을 간직해야 하며, 믿음으로 행해야 합니다.

우리가 섬기고 있는 하나님의 크심을 깊이 생각하며, 하나님만이 우리의 환경이심을 분명히 알도록 해야겠습니다.

✳ 묵상과 토의를 위한 질문 ✳

1. 당신의 삶의 경계를 명확히 하기 위해 하나님께서 주신 울타리나 특별한 환경은 어떤 것입니까?
2. 이 울타리들이 어떻게 성장을 위한 기회가 됩니까?
3. 당신의 환경을 생각해 보십시오. 하나님께로부터 오는 것 가운데 어떤 것이 가장 필요합니까?
4. 오늘 하루를 위해 하나님께 구할 것 세 가지를 들어 보십시오.

제13장
자녀 양육-두려움이 아니라 믿음으로

❖ 세상 돌아가는 것을 보면 가족들을 모아 산 속으로 도망했으면 하는 생각이 든 적이 있습니까?
❖ 이 사회에서 자녀를 경건하게 키운다는 것은 불가능해 보입니까?
❖ 자녀들의 삶에서 관찰되는 부정적인 면들이 너무나 두렵습니까?

내가 젊은 시절이었던 1960년대의 일인데, 나는 그리스도인 여성들이 이 타락하고 불확실한 세상에서 과연 자녀들을 키워야 할 것인가에 대해 토의하는 것을 들었습니다. 흐루시초프는 유엔의 한 모임에서 구두로 탁자를 치면서 소련은 미국을 쑥대밭으로 만들어 버리겠다고 호언했습니다. 그때 이래 우리는 엄청난 변화를 목격해 왔습니다. 환경은 변화합니다. 그 시절 '무신론을 믿던 적국' 소련은 지금 세계에서 가장 비옥한 선교지 가운데 하나가 되었으며, 복음에 대해 미국보다 더 좋은 반응을 나타내고 있습니다.

시대마다 자녀 키우기를 두려워할 만한 그 나름의 이유가 있다는 생각이 듭니다. 이 세상은 타락한 환경이요, 이에 대해서는 의심의 여지가 없습니다. 하지만 우리는 1960년대의 그 여성들처럼 결코 현실이 되지 않을 것들에 대해 쓸데없는 걱정을 종종 하고 있는 게 아닐까 하는 생각이 듭니다.

몇 년 전에 나는 첫 아기를 안고 있는 한 어머니를 만났는데, 그는 이렇게 말했습니다. "엄마가 된 게 기뻐요. 하지만 얘가 십대가 되었을 때를 생각하면 걱정이 많이 돼요." 십대 시절에 대한 두려움 그 자체가 문제를 일으킬 수도 있습니다. 훗날 일어날지도 모르는 것에 대해 두려워하면 오늘도 힘이 빠지고 기쁨을 잃어버리게 됩니다. 이는 틀림없는 사실입니다.

두려움은 우리의 마음속에서, 상상의 세계 속에서 생겨나 점점 커집니다. 나는 이러한 두려움을 경험했으며 당신도 마찬가지일 것입니다. 실제로는 이루어지지 않을 것에 대해 두려워한 것이 우리가 처음은 아닙니다. 구약성경에 나오는 한 왕은 두 적국이 동맹했다는 소식을 듣습니다. 그 소식을 듣자 위협을 느꼈으며, "왕[아하스]의 마음과 그 백성의 마음이 삼림이 바람에 흔들림같이 흔들렸습니다"(이사야 7:2). 몸이 떨리고 다리가 후들거리는 그러한 두려움을 느꼈습니다. 공포감이 이 사람에게서 저 사람에게로 계속 퍼져 나갔습니다. 그러나 그때까지 아무 일도 일어나지 않았었습니다. 하나님께서는 이사야에게 이렇게 말씀하셨습니다. "그에게, 정신을 바짝 차리고, 침착하게 행동하라고 일러라. 시리아의 르신과 르말리야의 아들이 크게 분노한다 하여도, 타다가 만 두 부지깽이에서 나오는 연기에 지나지 않으니, 두려워하거나 겁내지 말라고 일러라"(이사야 7:4, 표준새번역).

하나님께서는 아하스 왕에 대한 위협이 있는 것은 사실이지만 "이

도모가 서지 못하며 이루지 못하리라"(이사야 7:7)고 말씀하시고는 아하스 왕에게 이렇게 경고하셨습니다. "너희가 믿음 안에 굳게 '서지' 못한다면, 너희는 절대로 굳게 '서지' 못한다"(이사야 7:9, 표준새번역).

하나님께서 한 문장에서 같은 말을 반복하시는 것은 주의하라는 표시입니다. 하나님께서는 아하스 왕에게 매우 강하게 말씀하고 계시며, 강력한 경고를 하고 계신 것입니다.

믿음 안에 굳게 서 있다는 증거는 무엇입니까? 우리는 정신을 바짝 차리며, 침착하게 행동하며, 두려워하지 말며, 겁내지 말아야 합니다. 공격해 오려고 국경에 집결해 있는 적군들이 아니라 하나님께, 앞으로 자녀에게 닥쳐올 십대 시절이 아니라 하나님께 시선을 고정시켜야 합니다.

아무것도 두려워 말고, 하나님만 두려워하라

하나님께서는 두려워하라고 하시는 적이 없습니다. 악을 미워하고, 악을 피하며, 악에 대해 깨어 있고 지혜로워지라고는 말씀하셔도, 악을 두려워하라고는 말씀하지 않으십니다. 하나님께서는 세상의 종말을 두려워하라고 하지 않으십니다. 사실은, 두려워하지 말라고 하십니다(마태복음 24:6). 하나님께서 자신의 목적상 우리 대적들에게 두려운 마음을 불러일으키시는 경우는 더러 있습니다. 그러나 자기 백성들에게는 두려워하는 마음을 주지 않으십니다(디모데후서 1:7).

성경 전체를 통하여 하나님께서는 자기 백성들에게 "두려워 말라" 또는 "무서워 말라"라는 말로 꾸짖기도 하시고 위로하기도 하십니다. 창세기에 맨 처음 등장하는 것부터 요한계시록에 마지막으로 나오는 것까지, 하나님께서는 이 "두려워 말라"라는 말을 그분 자신에 대한 어떤 설명과 결합하십니다. 하나님께서는 창세기에서 아브라함에게 "아브람아, 두려워 말라. 나는 너의 방패요 너의 지극히 큰 상급이니라"(창세기 15:1)고 말씀하셨습니다. 성경의 마지막 책에서는 사도 요한에게 이렇게 말씀하셨습니다. "두려워 말라. 나는 처음이요 나중이니, 곧 산 자라. 내가 전에 죽었었노라. 볼지어다. 이제 세세토록 살아 있어 사망과 음부의 열쇠를 가졌노니"(요한계시록 1:17-18). 하나님께서 "두려워 말라"고 하실 때는 우리의 환경으로부터 눈을 돌려 그분 자신에게 시선을 집중하라는 의미입니다.

"무서워[두려워] 말라." 이것은 천사가 우리 주님의 어머니인 마리아에게 했던 말이며(누가복음 1:30), 하나님께서는 그때 이래 똑같은 말씀을 모든 어머니들에게 하고 계십니다. 하나님께서는 우리가 얼마나 두려움에 잘 빠져드는지, 그리고 두려움이 얼마나 우리와 우리 자녀들에게서 힘을 빼는지 잘 알고 계십니다. 하나님께서는 위험이 존재하지 않는다고 말씀하지는 않으십니다. 위험은 분명 존재합니다. 때때로 더할 나위 없는 굉장한 두려움이 몰려오기도 합니다. 그럴 때마저도 진정 중요한 것은 하나님이 누구시며, 하나님께서 무엇이라 말씀하시는가 하는 것이며, 또한 하나님께서 우리와 함께하신다는 사실입니다.

불행히도 우리는 잘못된 것들을 두려워하고 잘못된 사람들을 두려워합니다. 하나님께서는 그분 자신을 두려워하라[경외하라]고 하십니다. 이 말은 성경에 자주 반복해서 나옵니다. 하나님을 두려워한다는 것은 진지한 태도로 하나님을 대하며, 하나님을 거룩하신 분으로 여기며, 하나님께 예배하고, 의뢰하고, 순종하는 것을 의미합니다.

두려움을 느낄 때면 나는 곧잘 시편 34:7 말씀을 붙들곤 합니다.

"여호와의 사자가 주를 경외하는 자를 둘러 진 치고 저희를 건지시는 도다." 이 약속은 사람이나 환경을 두려워하는 사람들을 위한 것이 아니라 하나님을 두려워하는[경외하는] 사람들을 위한 것입니다.

하나님을 경외한다면…

두려움은 득보다 해를 끼친다는 사실을 아십시오

당신의 두려움은 가족들에게 득보다는 해를 끼친다는 사실을 아십시오. 두려움은 우리로 움츠러들게 만듭니다. 두려움은 우리로 긴장하게 합니다. 우리는 두려움을 느끼는 그 순간에는 믿음의 사람이 아닙니다. 그 순간에는 소망의 사람도 아닙니다. 그리고 불행히도 두려움은 종종 우리가 사랑의 사람이 아님을 보여 줍니다. 적어도 두려움을 느끼는 그 순간만은 사랑의 사람이 아닌 것입니다. 온전한 사랑이 두려움을 내어 쫓듯이(요한일서 4:18) 두려움은 사랑을 내어 쫓습니다. 두려움이 있다면 사랑이 없는 것입니다. 사랑이 없으면 자녀들은 부모로부터 멀어지고, 두려워하는 부모를 보고 신앙으로부터도 멀어지게 됩니다.

두려움은 우리로 하여금 섣부른 결정을 하게 하거나 생각을 마비시켜 우유부단하게 하고, 경솔하고 나중에 후회할 만한 말을 하거나 돌처럼 굳어서 아무 말도 못하게 하고, 부당한 의심을 하거나 분별없는 거부를 하게 합니다. 분명, 우리의 두려움은 우리 가족들에게 득보다는 해를 끼칩니다.

하나님께서 주관하고 계심을 믿으십시오

하나님께서 당신과 당신의 가족을 선택하셔서 역사상의 바로 이 시점에 당신이 처한 바로 그곳에서 살게 하셨다는 사실을 인정하십시오. 만약 어느 때가 자녀를 기르기에 가장 좋은 때였는지를 결정하기 위해 인류 역사의 흐름을 그래프에다 표시해 본다면 좋은 때를 발견하기가 쉽지 않을 것입니다. 아담과 하와의 범죄 이래 역사는 줄곧 하향곡선을 그려 왔습니다. 사실, 만약 어떤 시대가 아이 키우기에 좋았는지를 그래프에 그려 본다면, 우리는 언제가 가장 좋았는지 결정하는 데 아마 애를 먹을 것입니다. 구약시대 가운데 황금기라고 볼 수 있는 다윗 왕 시대에 자녀를 기르기 원할까요? 간음, 강간, 그리고 살인이 그 왕실 이야기의 한 부분을 차지하고 있습니다. 예수님께서 이 땅을 거니셨던 그때가 가장 좋은 때였을까요? 육신을 입으신 하나님께서 육체로 함께해 주시는 그런 은혜를 누린 때가 그때 말고는 없었습니다. 하지만 베들레헴 부근에 살던 두 살 아래의 수많은 아기들이 살해되었습니다(마태복음 2:13-18). 예수님께서 태어나신 땅은 적국의 점령하에 있었고, 영적으로는 냉담하고 타락했으며, 예수님께서 오시기 전 무려 400년 동안이나 하나님께서 침묵을 지키셨던 터였습니다. 초대 교회로부터 시작하여 첫 1세기 정도의 기간이 좋은 때였을까요? 교회는 열정으로 불타오르고 있었고, 복음은 전파되고 있었으나, 그리스도인들은 사자들에게 찢겨 죽고 있었습니다.

우리가 살고 있는 지금은 좋은 때입니까, 나쁜 때입니까? 분명, 우리 문화에서 통탄할 만한 것들을 많이 보고 있습니다. 그러나 오늘날 미국에서는 과거 어느 때보다 더 많은 어머니들이 모여서 자녀들과 학교를 위해 기도하고 있습니다. 미국의 곳곳에서는 고등학생들이 수업 시작 전에 국기 게양대 앞에 모여서 기도를 합니다. 하나님께서는 자기 백성들이 함께 모여 기도하게 하실 때는 언제나 그 기도를 들으시고 뭔가 특별한 일을 행하십니다.

하지만 지금이 정말로 가장 나쁜 때 가운데 하나라고 가정해 보십시오. 하나님께서는 다음 말씀에 나와 있는 바와 같은 한 가지 목적을 위해 우리로 역사상 이 시점에 살게 하셨으며, 그 사실을 우리에게 확신시켜 주십니다. "인류의 모든 족속을 한 혈통으로 만드사 온 땅에 거하게 하시고, 저희의 연대를 정하시며 거주의 경계를 한하셨으니, 이는 사람으로 하나님을 혹 더듬어 찾아 발견케 하려 하심이로되, 그는 우리 각 사람에게서 멀리 떠나 계시지 아니하도다"(사도행전 17:26-27).

가라지 비유는 이 땅에서의 삶의 모습을 이해하는 데 도움이 됩니다(마태복음 13:24-30,36-43). 주인의 종들은 원수가 가라지를 좋은 씨에다 덧뿌리고 가는 바람에 고민을 합니다. 그때 주인은 종들에게 추수 때까지 기다렸다가 곡식과 가라지를 나누라고 지시합니다. 우리 시대에도 악인과 선인이 함께 살아갑니다.

믿음과 소망과 사랑으로 살아가십시오

"믿음은 바라는 것들의 실상이요 보지 못하는 것들의 증거니"(히브리서 11:1). 믿음과 소망은 하나로 뭉쳐져 있습니다. 둘 다 하나님의 말씀이 진실임을 믿는 것과 밀접한 관계가 있으며, 둘 다 눈에 보이지 않는 실체와 관계가 있습니다. 믿음은 "나는 하나님께서 보이지 않는 것에 대해 말씀하시는 바를 믿는다"라고 말합니다. 소망은 "나는 하나님께서 미래에 대해 말씀하시는 바를 믿는다"라고 말합니다.

천국에 가면 믿음이나 소망은 쓸모가 없을 것입니다. 모든 것은 눈에도 보이고 만져 볼 수도 있는 실체일 것입니다. 그러나 사랑은 영원한 나라에서도 존재합니다. 그래서 이 말씀이 있습니다. "그런즉 믿음, 소망, 사랑, 이 세 가지는 항상 있을 것인데 그중에 제일은 사랑이라"(고린도전서 13:13).

우리는 아이를 키우면서 눈에 보이는 것 그 너머를 볼 때는 믿음을 발휘해야 합니다. 어거스틴(354-430)은 어머니가 믿음도 좋고 기도에도 열심인 사람이었지만 그 자신은 부도덕한 삶을 살고 이상한 철학과 종파에 빠져 있다가 서른 살이 되어서야 주님을 따르게 되었습니다. 윌리엄 윌버포스(1759-1833)는 예수님을 잘 믿는 가정에서 자라났으나 스포츠와 사교 생활에 심취해 있었습니다. 윌버포스가 진정한 믿음을 갖게 된 것은 퀸즈 대학의 한 교수를 통해서였는데, 그 대학에서 윌버포스와 그 교수는 소리 내어 문학 고전들과 성경을 서로 읽어 주고 나서 읽은 것에 대해 토의를 했습니다. 주님께 돌아온 윌버포스는 존 뉴턴의 문하생이 되었습니다. 존 뉴턴은 노예선의 선장이었다가 회심한 후 "나 같은 죄인 살리신"이라는 유명한 찬송가를 작사한 사람입니다. 뉴턴은 윌버포스에게 성경 말씀을 암송하고 성경공부를 하도록 격려해 주었으며, 영국 의회에서 그리스도의 사람으로 살도록 권면했습니다. 그 의회에서 윌버포스는 노예 제도에 반대하는 법률을 통과시키는 데 공적인 삶의 대부분을 투자했습니다.

말하고자 하는 바가 뭐냐고요? 자녀들이 지금 당신이 원하는 삶을 살고 있지 않다 해도 모든 희망이 다 사라진 것은 아니라는 말입니다. 계속 기도하고 하나님께서 역사하시리라 굳게 믿으십시오. 특히 하나님께서 당신의 자녀들의 삶 가운데로 이끄셔서 영적 영향을 미치게 하실 사람들을 위해 기도하십시오. 집에 있을 때는 그리스도를 믿지 않았으나 하나님께서 다른 사람을 통해 변화시킨 사람들도 많습니다. 당신도 그런 사람들의 극적인 회심 간증을 들은 적이 있을 것입니다. 그들의 간증을 들으면 감동을 받습니다. 하나님께서 놀라운 방법으로 사람들을 찾아오시고 구원하실 수 있다는 사실을 생각하면 마음이 뜨거워집니다. 하지만 우리 자녀들에게도 그런 일이 있을 것으로 생각하는 데는 믿음이 필요합니다. 만약 하나님께서 천지를 창조하실 때처럼 무에서 유를 창조하실 수 있다면, 그리고 나쁜 것을 좋은 것으로 변화시키실 수 있다면, 분명히 어거스틴과 윌버포스를 변화시키셨던 것처럼 당신의 자녀도 변화시키실 수 있습니다.

다른 사람들을 격려하십시오

하나님께서는 우리가 믿음을 갖도록 서로 격려하기 원하십니다.

어떤 사람이 나에게 자기 교회의 여자 성도들에게 말씀을 전해 달라고 하기에, "제가 다루어야 할 특별한 문제라도 있으세요?"라고 물어 보았더니, 그는 "말도 마세요! 그들은 서로서로 굉장히 겁을 주고 있다니까요. 그 사람들은 요즘은 절대로 아이들을 훌륭하게 키울 수가 없다고 굳게 믿고 있어요"라고 했습니다.

서로 하나님을 의뢰하고 용기를 갖도록 해주기보다는 두려움을 심어 주고 있다면 이는 하나님을 욕되게 하는 것입니다. 하나님께서는 특히 이러한 어려운 시기에 우리가 믿음과 선행을 서로 격려하기를 원하십니다(히브리서 10:24-25).

두려움을 심어 주는 것은 대적 마귀의 가장 강력한 전략 가운데 하나입니다. 두려움은 우리를 사로잡아 꼼짝 못하게 하며, 하나님을 의심하게 하고, 올바른 분별력을 잃게 하고, 우리 멱살을 잡고 구석으로 몰아넣습니다. 예수님도 바울도 세상에 악이 존재한다는 사실을 무시하지는 않았으며, 캄캄했던 그 시대의 악에 대해 묘사했습니다. 그러나 예수님과 바울은 우리 그리스도인들이 이 세상이 주는 두려움 때문에 마비되어야 한다거나 서로에게 두려움을 주어야 한다고 하신 적이 결코 없습니다. 우리가 하나님을 두려워하는 대신 악을 두려워하면 악이 우리를 좌지우지할 것입니다.

하나님께서는 자신이 악보다 강하다고 하셨으며, 우리와 함께하시면서 도와주시겠다고 여러 차례 약속하셨습니다. 사탄은 하나님의 피조물에 불과하고, 모든 면에서 하나님께 적수가 되지 못하며, 활동 범위나 그 세력에 대해 하나님의 통제를 받습니다. 사도 요한은 이렇게 상기시켜 줍니다. "자녀들아, 너희는 하나님께 속하였고 또 저희를 이기었나니 이는 너희 안에 계신 이가 세상에 있는 이보다 크심이라"(요한일서 4:4).

최종 결과가 어떻게 될지 아직도 잘 모르고 있는 듯이 말하거나 선과 악의 싸움에서 누가 이길지 확실히 모르고 있는 듯이 말하는 것은 하나님을 욕되게 하는 것입니다. 최종 결과가 어떻게 될지는 성경에 분명히 나와 있습니다. 예수님께서 승리하십니다.

악을 두려워하지 않고 하나님을 두려워하는[경외하는] 사람들이 서로 이야기를 나눌 때 하나님께서 영광을 받으십니다. "그때에 여호와를 경외하는 자들이 피차에 말하매 여호와께서 그것을 분명히 들으시고, 여호와를 경외하는 자와 그 이름을 존중히 생각하는 자를 위하여 여호와 앞에 있는 기념책에 기록하셨느니라"(말라기 3:16). 하나님께 기쁨을 드리는 장면을 하나님께서 내려다보고 계십니다. 진정으로 하나님을 하나님으로 여기는 자들이 모여 하나님의 성실하심, 하나님의 약속들, 하나님의 자비와 인자하심에 대해 서로 이야기를 나누고 있는 장면입니다. 그 사람들은 함께 차를 마시고 있을 수도 있고, 음침한 지하 감옥에서 고난을 받고 있을 수도 있습니다. 그들은 자녀들이 영적으로 건강한 데 대해 기뻐하고 있는 어머니들일 수도 있고, 제멋대로 하는 자녀들을 위해 믿음으로 하나님께 의뢰하고 있는 어머니들일 수도 있습니다. 처해 있는 상황이 어떠하냐는 중요하지 않습니다.

그 모임의 분위기와 내용이 중요합니다. 하나님을 진실로 하나님으로 받아들이는 것이 중요한 것입니다.

그러한 장면은 너무나 하나님을 기쁘시게 하기 때문에 하나님께서는 천국의 서기를 불러서 그 대화 내용을 기록하게 하시며, 인류 역사에서 중대한 이 순간에 대한 기록을 영원히 간직하십니다. 그렇게 하시는 이유는, 하나님께서 보시기에 역사상 가장 중요한 순간은 결국 자신의 백성들이 그분 자신의 성품과 말씀을 의지하는 바로 그때이기 때문이 아닐까요?

믿음의 긴장을 안고 사십시오

믿음으로 산다는 것은 긴장을 안고 사는 것이요, 분명치 않은 경계선과 더불어 사는 것이요, 무엇이 믿음으로 사는 것인지 딱 부러지게 정의되지 않아 불편함을 느끼며 사는 것입니다. 이는 하나님께서 우리에게 원하시는 바가 있기 때문인데, 그것은 우리가 자녀를 키우거나 개인적인 삶을 살아가면서 그때그때 필요한 지혜와 능력과 지침을 얻기 위해 그분 자신을 의지하는 것입니다. 비록 '거짓말하지 말라,' '간음하지 말라'와 같이 구체적이고 세세한 명령을 주시기도 했지만, 우리를 향한 하나님의 의사소통은 대개 포괄적이고 일반적입니다. 예를 들면, 하나님께서는 마음과 뜻과 힘을 다해 그분 자신을 사랑하며, 부모를 공경하고, 이웃을 우리 몸과 같이 사랑하라고 말씀하셨습니다. 이 명령들은 명료하기는 해도 그 적용이 구체화되어 있지는 않습니다. '거짓말하지 말라'라는 명령의 적용은 쉽게 알 수 있지만, '네 이웃을 네 몸과 같이 사랑하라'라는 명령의 적용은 그렇지가 않습니다. 이웃을 사랑하는 것은 가난한 가정에 맛있는 요리를 만들어 갖다 주는 것, 다른 사람이 이야기할 때 끼어들지 않는 것, 물에 빠진 사람을 건져 주는 것, 또는 기타 수많은 것들로 적용될 수 있습니다. 믿음으로 자녀를 기르며, 하나님을 의뢰하고 하나님께서 원하시는 바를 이행해 나가고자 할 때, 실제로 우리가 어떻게 행하느냐는 가족에 따라 다르고 상황에 따라 다를 것이요, 또한 다를 수밖에 없습니다.

하나님께서는 당신 가족들에게 알맞은 적용으로 이끄실 것입니다. 예를 들면, 당신은 자녀들을 어떤 학교에 보내야 합니까? 각 가정을 향해, 하나님께서는 기도하고 하나님의 조언을 구하라고 하십니다. 어떤 응답도 모든 사람에게 다 해당되지는 않습니다. 사실 하나님께서는 한 가족 안에서도 자녀에 따라 여러 종류의 학교를 선택하게 하실 수 있습니다. 학교 선택의 문제는 여러 수많은 영역들 가운데 한 가지 예에 불과합니다. 나머지 영역들에 대해서도 가정에서 결정을 할 때 하나님으로부터 배우며 믿음을 발휘해야 합니다.

텔레비전, 음악, 컴퓨터, 이성 교제 문제 등을 어떻게 다루어야 하는가에 대해 한 가지 답변만 있는 것은 아닙니다. 각 가족은 하나님 앞에서 믿음으로 자신들의 결론에 도달해야 합니다.

주님을 따르기 위해 노력할 때, 종종 두려움이 몰려와 우리 믿음을 시험합니다. 두려움은 여러 가지 형태를 띱니다. 하나님께서 우리를 인도하지 않으시면 어떡하나 염려하고, 하나님의 인도를 분간하지 못하지 않을까 염려합니다. 우리는 매스미디어와 대중문화와 또래 집단의 압력 등 외부로부터 오는 영향에 대해 두려워합니다.

물론 또래 집단의 압력은 문제를 일으킬 수 있습니다. '또래 집단의 압력'이라고 하면, 불행히도 어머니들은 대개 '자녀들에게' 가해지는 부정적인 압력만을 생각합니다. 그러나 어머니들 또한 또래 집단의 압력에 굴복합니다. 다른 그리스도인 어머니들로부터 오는 또래 집단의 압력 때문에 때로 우리는 잘못된 행동을 하고 쓸데없는 걱정을 합니다. 우리는 어떻게 해야 할지 알기 위해 하나님을 바라보는 대신 지시를 받고 인정을 받으려고 주위 사람들을 바라봅니다.

그 결과로, 믿음으로 사는 삶의 모습에 대해 틀에 박힌 그림을 종종 그리곤 합니다. 우리는 경건한 사람들은 아이들 교육을 어떻게 시켜야 하는지, 어떤 옷을 입혀야 하는지, 머리 모양을 어떻게 해주어야 하는지에 대해 단 하나의 그림에만 얽매입니다. 우리 자신이 또래 집단의 압력에 굴복하지 말아야 할 뿐 아니라, 우리와 다른 결정을 하는 부모들을 판단하지도 말아야 합니다.

우리는 서로를 필요로 하며, 우리는 한 몸입니다. 우리는 서로에게 도전과 격려를 줄 필요가 있으며, 또한 서로에게서 배울 필요가 있습니다. 어떤 특정 적용을 유일하게 옳은 적용이라고 주장할 때 위험해집니다.

이 세상에 적절하게 대처하면서 사십시오

만약 우리가 이 세상을 벗어나 마음 맞는 사람들과 함께 한곳에 무리를 지어 즐거운 교제 가운데 산다면, 하나님의 부르심대로 사는 데 따르는 스트레스를 상당히 덜 수 있을 것입니다. 그러나 하나님께서 자기 백성들을 부르시는 것은 세상 사람들에게 자신을 알리기 위함입니다. 이 때문에 이 세상에 사는 것이 필요하며, 그와 더불어 여러 복잡한 문제와 긴장이 따라옵니다. 우리는 세상으로부터 자녀들을 보호하고 싶은 생각이 있습니다. 그러나 또 한편, 자녀들이 세상 사람들과 관계를 맺지 못한다면 그들을 그리스도께로 이끌 수 없다는 것도 깨닫습니다. 이 둘 사이에서 균형을 잡고자 할 때 어려움이 있습니다. 질문은 명료하나 답하기는 쉽지 않습니다. 질문의 예를 들어 보겠습니다. 아이들이 텔레비전을 보게 해도 되는가? 그렇다면, 어떤 프로그램을 보게 해야 하는가? 텔레비전의 부정적인 영향은 어떻게 차단할 것인가? 그들의 영혼을 위해 먹일 수 있는 참된 음식물로는 어떤 것이 있는가? 등등.

    이러한 복잡한 질문들을 다룰 때 깨달아야 할 것은 나 자신이 하나님 앞에서 내린 결론은 다른 부모들이 내린 것과 다를 수 있다는 점입니다. 그 부모들 또한 하나님의 인도를 구하고 있는 사람들인데도 말입니다. 하나님께서는 각 가족과 각 아이들을 위한 독특한 계획을 가지고 계십니다. 이는 마치 우리 모두의 얼굴이 똑같지 않은 것과 같습니다.

✽ ✽ ✽

이 세상의 악을 피하기 위해 산 속으로 도망하지 마십시오. 당신이 처한 바로 그곳에서 경건한 자녀를 기를 수 있습니다. 하나님께서 당신 자녀의 삶 속에서 역사해 주시도록 기도하십시오. 정신을 바짝 차리십시오. 침착하게 행동하십시오. 두려워하지 마십시오. 겁내지 말고 용기를 내십시오. 하나님을 신뢰하십시오.

✽ 묵상과 토의를 위한 질문 ✽

1. 당신이 걱정했는데 실제로는 일어나지 않았던 일을 세 가지만 들어 보십시오.
2. "정신을 바짝 차리라. 침착하게 행동하라. 두려워하지 말라. 겁내지 말라." 이 말을 카드에 기록하십시오. 그리하여 하나님을 의뢰하고 두려움에 굴복하지 않도록 이 말을 상기하십시오. 여기에

나오는 각각의 말(예를 들면, 두려워하지 말라)이 당신에게 두려움이 아니라 믿음으로 자녀를 양육하는 데 어떻게 도움이 될 수 있습니까?
3. 당신이 가지고 있는 두려움은 자녀 양육에 어떻게 부정적인 영향을 미칩니까?
4. 이 장에 나오는 아이디어 가운데 당신에게 가장 도움이 되는 것은 무엇입니까?

본 출판사의 서면 허락 없이는 본서의 전부 또는
일부의 무단 복제, 또는 원문에 대한 무단 번역을 금합니다.

자녀 양육, 그 고귀한 부르심

초판 1쇄 발행 : 2004년 5월 10일
초판 5쇄 발행 : 2021년 2월 25일

펴낸곳 : 네비게이토 출판사 ⓒ
주소 : 03784 서울시 서대문구 연희로 16 (창천동)
전화 : 334-3305(대표), 334-3037(주문), FAX : 334-3119
홈페이지 : http://navpress.co.kr
출판등록 : 제10-111호(1973년 3월 12일)

ISBN 978-89-375-0272-9   03230